일신서적출판사

머리말

　인간이 지상을 두 다리로 서서 걷고, 언어를 발명하여 말을 함으로써 회의의 원형이 시작되었을 것이다. 현대의 회의는 개개인의 사회생활로부터 점차 상호 절충의 장(場)이 되었다.
　원시생활의 고대로부터 오늘날의 문명사회에 이르기까지 기계문명은 많은 진보를 하였다. 이러한 사회의 진보는 회의를 하는 자체가 커다란 역할을 하였다고 할 수 있다. 그 외에 회의를 함으로써 각자의 마음을 용이하게 개선할 여지가 적지 않다고 말할 수 있다.
　회의를 하는 방법이 서투르면 오히려 많은 손실을 초래하게 된다. 협력을 얻는 반면 문제가 도리어 분리되기도 하는 것이 다반수이다.
　그처럼 회의는 가정이나 그룹 활동이나 학교 비즈니스 사회 등 사람들의 모임을 한결같이 개소에 밀착되게 할 수 있다.
　특히 민주주의 사회에 있어서는 정치 또는 일반 사회단체를 막론하고 회의가 많이 이용되고 있다. 그러나 일반적으로 회의의 올바른 지도와 진행 방법, 그리고 절차, 규칙 등을 잘 알지 못하고 있으며 따라서 이를 활용하지 못함으로써 능률적이고 원활한 회의 운영을 기하지 못하고 있다.

본서는 이런 실정을 고려하여 또한, 광범위한 계층 등을 위하여 이해하기 쉽게 회의의 방법을 해설하였다. 가정, 학교, 비즈니스 사회에서의 진행 방법, 그 외에 많은 계층을 통하여 회의의 원리와 방법을 이해시켜 실제적인 견지에서 해설하였다.

본서를 통하여 회의에 흥미와 관심을 갖고 그 기술을 개선, 향상시켜 상호간에 절충의 장을 효과적으로 갖는다면 커뮤니케이션의 조정이나 대중의 의견, 협력 관계가 뛰어나게 이루어지게 되는 것이 기대된다.

제1장 회의란 어떤 것인가 ·········· 13

회합과 회의 ·········· 14
1. 회의란 무엇인가 ·········· 14
2. 회의는 토론의 장(場)이다 ·········· 15

회의의 필요성과 그 효용 ·········· 17
1. 회의의 바람직한 상태 ·········· 17
2. 회의의 효용과 역할 ·········· 18
3. 회의는 왜 필요한가 ·········· 21
4. 그 밖의 회의의 기능은 무엇인가 ·········· 25

회의의 요건 ·········· 27
1. 집단 참여와 집단 사고 ·········· 27
2. 집단 토의(集團討議) ·········· 28
3. 회의에는 누가 참가해야 하는가 ·········· 29
4. 회의 무용론 ·········· 31

원 맨 철학과 그 비애 ·········· 37
1. 회의 없는 경영은 원시적이다 ·········· 37
2. 경영의 조직화 ·········· 38

회의는 인간관계를 원만하게 한다 ··· 39
   1. 많은 사람의 중지를 모은다 ·· 39
   2. 인간관계의 육성과 아이디어 발굴의 장이 된다 ·············· 40
   3. 다각적인 검토와 발언자의 인간성을 존중 한다 ············· 41

회의를 구성하는 것 ·· 42
   1. 리더와 그룹과의 관계 ·· 43
   2. 그룹의 마음가짐 ·· 45
   3. 옵서버 ··· 49
   4. 기록원 ··· 49

회의의 형태와 성질 ·· 50
   1. 여러 가지 회의 ··· 50
   2. 목적에 따라 회의의 방법을 바꾼다 ································· 50

제2장 회의의 계획 ··· 59

회의에 앞서 해야 할 일 ·· 60
   1. 목표를 설정하라 ·· 60
   2. 그룹을 분석하라 ·· 61
   3. 의제를 써보라 ··· 63
   4. 물리적 측면의 준비를 체크하라 ······································ 66
   5. 참가자에게도 준비를 하게 한다 ······································ 68

회의를 어떻게 설계할 것인가 ················· 69
　1. 계획에 대한 사고방식 ················· 70
　2. 회의 계획을 위한 세 가지 스텝 ················· 71

계획을 위한 체크 리스트 ················· 76

계획이 회의 성공의 열쇠 ················· 86
　1. 모든 것이 계획에서 시작된다 ················· 86
　2. PDS의 관계 ················· 87

계획은 여섯 가지 의문으로 ················· 88
　1. 여섯 가지 의문의 균형 ················· 88

왜…회의의 목적을 결정할 것 ················· 90
　1. 배후 사정의 이해가 필요하다 ················· 90
　2. 목적은 누가 결정하는가 ················· 91
　3. 간접적인 표현 ················· 92

무엇…의제를 결정, 관점을 분석한다 ················· 94
　1. 의제의 표현 ················· 94
　2. 무엇이든 말해버린다 ················· 95
　3. 관점의 분석 ················· 96
　4. 관점의 배열 ················· 96
　5. 관점의 구체적인 예 ················· 99

누구를⋯멤버를 예정한다 ･･････････････････････ 108
  1. 인원수 ･･････････････････････････････････････ 108
  2. 참석자의 면모 ････････････････････････････････ 108
  3. 기록원 ･･････････････････････････････････････ 110
언제⋯일시를 예정한다 ････････････････････････ 111
  1. 타이밍과 회의 시간 ････････････････････････････ 111
  2. 사회자와 예정표 ･･････････････････････････････ 114
  3. 개시 시작과 종료 시각을 명확히 ･･････････････････ 116
  4. 회의 연장의 경우 ･･････････････････････････････ 118
어디⋯장소를 예정한다 ････････････････････････ 119
  1. 회의실 ･･････････････････････････････････････ 119
  2. 세세한 준비와 점검 ････････････････････････････ 125
  3. 착석의 배치 ･･････････････････････････････････ 126
회의를 통지한다 ････････････････････････････ 129
  1. 타이밍을 고려한다 ････････････････････････････ 129
  2. 직접 연락으로 확인한다 ････････････････････････ 130
어떻게⋯진행 방법을 예정한다. ･･････････････････ 132
  1. 회의 지도 개요서의 작성 ････････････････････････ 132
  2. 작성의 절차 ･･････････････････････････････････ 133
회의 계획과 점검 사항 ････････････････････････ 135

제3장 회의의 지도 ··· 139

회의 진행의 4단계 ··· 140
- 1. 제 1단계 –주제의 소개 ··· 141
- 2. 제 2단계 –의견의 제출과 교환 ··· 143
- 3. 제 3단계 –평가의 촉진 ··· 144
- 4. 제 4단계 –마무리 ··· 145

질문의 종류와 방법 ··· 146
- 1. 질문법의 분류 ··· 147
- 2. 질문 사용법의 일반적 지침 ··· 151
- 3. 질문의 효과상의 분류 ··· 156
- 4. 질문의 작용 ··· 157
- 5. 사담은 유죄 판결 ··· 161
- 6. 토의 진행의 일반적 지침 ··· 163

질문과 태도 ··· 167

침묵하는 참석자 다루는 법 ··· 168
- 1. 왜 참석자가 침묵하는가 ··· 169

너무 말이 많은 사람을 다루는 법 ··· 171

제4장　회의의 평가 ····· 175

회의 계획의 평가 ····· 176
1. 여섯 가지 의문에 의한 검토 ····· 176
2. 회의 개최 전의 절차에 관한 검토 ····· 178

작업 측면에서 어떤 효과를 올렸는가 ····· 179
1. 누가 관찰 하는가 ····· 180
2. 기타의 효과 ····· 181

개인행동의 평가 ····· 182
1. 개인행동의 영향 ····· 182
2. 관찰 평가의 여러 가지 ····· 183
3. 회의를 성공시키는 포인트 ····· 188

제5장　여러 가지 회의 ····· 195

경영에서의 회의 ····· 196
1. 회의 규정의 예 ····· 197
2. 주주 총회 ····· 199
3. 이사회 ····· 201
4. 부·과장 회의 ····· 202
5. 판매 회의 및 영업 회의 ····· 204

    6. 생산 회의 ････････････････････････････････ 205
    7. 직장 회의 ････････････････････････････････ 206
    8. 아침의 회합 ･･････････････････････････････ 207
    9. 위원회 ･･････････････････････････････････ 208
  집단 토의와 그룹별 토의 ･･････････････････････ 210
    1. 워크숍 ･･････････････････････････････････ 212
    2. 필립스 66 (Pillps 66) ･･･････････････････････ 213
  3. 청중 앞에서 공개하는 회의 ･･･････････････････ 214
    1. 패널식 토의 ･･････････････････････････････ 215
    2. 심포지엄 ････････････････････････････････ 216
    3. 대담 ･･･････････････････････････････････ 217
    4. 렉처 포럼 ･･･････････････････････････････ 217
    5. 필름 포럼 ･･･････････････････････････････ 218
    6. 토의 포럼 ･･･････････････････････････････ 218
  집단 두뇌를 결집하여 문제를 해결하는 회의 ･･････ 219
    1. 창조성 개발 회의 ･････････････････････････ 220
    2. 워크 디자인법 적용 회의 ･･･････････････････ 221
    3. PAD 방식 회의 ･･･････････････････････････ 223

제6장　회의진행과 의장의 능력 ············· 227

의장의 마음가짐 ································ 228
　1. 의장의 발언 ································ 228
　2. 의장의 역할 ································ 230
　3. 의장의 마음가짐 ···························· 233

의장의 능력 ···································· 238
　1. 조정 능력이 필요하다 ······················· 238
　2. 의장은 회의의 교통 정리원이다 ············ 239
　3. 표결에 시간을 소비하지 않는다 ············ 241
　4. 의장의 역할 ································ 243

제7장　회의에 필요한 규칙 ·················· 253

회의의 규칙 ···································· 254
의사법의 의의 ································· 257
　1. 의사법은 회의의 룰이다 ···················· 257
　2. 의사법을 알아두는 것은 현대인의 상식이다 ······ 258
　3. 의사의 운영 규칙을 체계화한 사람 ········· 259

의사법의 기본 원칙 ································· 261
　1. 의사법의 기본 원칙 ···························· 261
　2. 의사법은 결코 어려운 것이 아니다 ················ 263
　3. 의사법에 의한 회의와 일반 회의의 차이 ············ 264
의사법에 의한 발언과 동의 ························ 266
　1. 발언의 요령 ································ 266
　2. 동의의 요령 ································ 267
　3. 동의와 의견을 혼동하면 안 된다 ················· 269
　4. 의사법에 따른 동의의 분류 ····················· 271
　5. 회의 기록 ·································· 281

제8장　동의에 관한 22항 ···················· 287

　각종 동의의 의미 ······························ 288
　특별한 동의의 일람 ···························· 309

부록

유명 인사들의 교훈 ······························ 312
테이블 스피치에 필요한 금언 · 명구 ················ 318

1장
회의란?

1. 회합과 회의
2. 회의의 필요성과 그 효용
3. 회의의 요건
4. 원맨 철학과 그 비애
5. 회의는 인간 관계를 원만하게 한다.
6. 회의를 구성하는 것
7. 회의 형태와 성질

회합과 회의

1. 회의란 무엇인가?

　회의는 사람들이 언어에 의하여 서로 의견을 교환하는 것이며, 2명 또는 그 이상의 사람이 만나면 언제든지 이루어지는데 이것은 회의가 모든 사람들과 관계가 있음을 이야기하고 있다. 그러한 의미에서 회의는 인간 사회가 비롯하였을 때부터 존재하여 왔다고 말할 수 있다.

　사람은 이 세상에 태어나는 순간부터 다른 사람들과 부딪치며 산다. 산부인과의 신생아실에서부터 모임이 이루어지며, 학교에 가면 보이 스카웃, 걸 스카웃 같은 모임이 있고 학급 회의도 있다. 성인이 되면 회사, 나아가서 어느 지역의 운영이나 지구의 여러 분쟁까지도 결정하기 위해 갖가지 모임에 참여한다. 이러한 모임은 동등한 입장에서 중지(衆

知)를 모아서 통합하는 것이다. 즉 회의는 민주주의를 실천하는 데 있으며, 독단전횡(獨斷專橫)이라든가 전제를 막아 그 폐단을 없애려는 사람들의 노력의 결과이다. 또한 회의는 사람들의 양식과 경험을 통합하고 개개인의 생각을 통일할 기회를 제공하여 참가 의식을 높인다. 그러므로 회의는 단체 생활에서는 필수적인 것이다.

회의를 효과적으로 지도할 수 있는 사람은 중인(衆人)을 지도할 수 있으며, 회의에 의해 중지를 통합할 수 있는 사람은 뛰어난 경영 관리를 할 수 있다. 회의를 훌륭히 지도할 수 있는 능력은 경영 관리자가 반드시 갖추어야 할 기본적인 능력이다.

경영의 과학화는 현대의 기업이 당면한 가장 중요한 과제이다. 이 과제를 해결하기 위해 모든 방법이 강구되어야 하는데, 이 방법 중 가장 유용하게 활용되는 것이 회의이다.

회의야말로 사람들의 지식, 경험을 통합하고 저마다 다른 의견을 조정하고 사람들로 하여금 협동의 조화를 갖게 하는 유일한 기회를 제공해 준다.

2. 회의는 토론의 장(場)이다

보통 일반적으로 일컫는 회의는 회합의 일종으로 도표의 표시와 같이 그 상호 작용의 관련도가 강한 것을 뜻하며 의견이나 사상 등을 서로 교환하면서 토의 방법을 취하는 것을 말한다.

토의(討議)라 함은 어떤 사항을 결정한다는 목적이 뚜렷한 화합이므로 좋은 의견을 갖고 있다 하여 자기를 돋보이게 하는 것보다도 결정할 사항을 좋은 방향으로 이끌어가려는 태도가 회의의 바탕에 없으면 토의라고 할 수 없다. 이렇게 볼 때 회의(會議)란 '특정의 의제(議題) 또는 문제를 탐구하여 해결하기 위해 갖가지 의견이나 정보를 적극적으로 교환하여 공통의 이해로서 의견의 일치를 꾀해, 행동화하도록 구성된 하나의 화합' 인 것이다. 이와같이 회의에 의해 의견이나 견해를 교환하거나 여러 사람이 모여 어떤 사항을 결정한다는 것은 인간에게만 주어진 특질로서, 특히 민주적인 사회에선 없어서는 안 될 사회적 기술인 것이다. 따라서 회의에는 다음과 같은 조건이 갖추어져야 한다.

(1) 목적이나 토의가 있다

회의 개최에 관한 명확한 이유나 근거가 있어야 하며, 어떤 견해를 서로 승인하거나 납득이 가는 결론을 내기 위해 충분한 의견의 교환이나 응답이 되풀이되어야 한다.

(2) 여러 사람이 한 장소에 모인다

따라서 회의에는 여러 사람이 참석하게 되며, 몇 사람의 개인 간 또는 개인과 집단 간의 상호 작용이 미치게 된다.

(3) 지식이나 경험, 의견의 교환이 적극적으로 이루어진다

그 결과, 참석자 각자의 상호 입장이나 의견이 명백하게 되어 서로의 견해를 통하여 의사 소통을 꾀할 수 있다. 자기의 견해를 당당히 전개하며 상대방의 의견은 세심한 주의를 기울여 듣는다. 납득이 안 가는 점은 설명을 구하는 등, 다방면의 정보를 수집하며 동시에 다각적인 토의·검토를 할 수 있으므로 건설적인 중지(衆知)를 모을 수 있다.

(4) 목적을 달성하려고 노력한다

회의에선 결론이나 결정을 얻는 것, 그리고 그것은 실행하는 점에 의의가 있다. 참석자 각자는 생리적으로는 별개의 존재라 하더라도 회의장에 있어서는 심리적으로 공통의 입장을 발견하는 데 있는 것이다. 그 결과로서 공통의 의사나 감정을 갖게 됨으로써 상호의 이해는 두터워져 결론이나 결정을 보게 된다. 그리고 그 결론이나 결정에 책임 의식을 갖고 실행으로서의 의욕에 연결되어간다.

(5) 회의를 진행시키는 마무리 역 (리더)이 있다

회의의 계획과 준비에 따라 효율적인 회의를 조종하여 요약하고 소기의 목적을 달성하기 위해 마무리 역 으로서의 지도자가 필요하다.

회의의 필요성과 그 효용

1. 회의의 바람직한 상태

회의라 해도 그 정의는 여러 가지의 표현 방법이 있으리라 생각되는데, 다시 이것을 적극적인 의견의 교환 즉 토의라는 관점에서 회의의 정의를 규정해보면 '모든 사람을 되도록 최선의 지식층으로 전환시킨 다음에 어떤 견해를 서로 승인하며, 또 납득이 갈 만한 결론을 얻기 위해 의견이나 응답을 구두로 교환하는 회합' 이라 할 수 있다. 회의에 참가하고 있는 출석자를 의제에 관한 지식의 정도로 분류해보면 몇 가지의 유형이나 여러 가지 계층으로 구분할 수 있다.

예컨대 〈어떻게 하면 경비를 절감할 수 있나?〉라는 의제의 경우
① 경비의 절감에 대하여 충분한 사정을 알고 경험도 있고 그에 대한 의견이나 개선안을 갖고 있는 사람
② 이제부터 회의에 출석하여 타인의 의견이나 견해를 듣게 되면 자기의 의견을 제시할 수 있으리라 생각하는 사람
③ 회의에 출석했지만 전혀 파악할 수 없고, 경비의 절감이라는 점에 관하여 지식이나 견해가 없기 때문에 의견을 제시하지 못하는 사람으로 나뉜다. 그래서 편의상 의제에 관해 잘 알고 있는 유형의 사람들을 A층, 상세히 모르나 조금은 알고 있는 사람들의 유형을 B층, 전혀 모르는 사람들의 유형을 C층이라 부르기로 한다. 또한 이 A층, B층을 지식층이라 한다.

회의를 바람직한 상태로 하기 위해서는 순조로운 회의 분위기에서 멤버 전원이 활발히 발언하는 것으로, A층의 사람들만 모여 회의를 하면 견해나 의견이 활발히 교환되어 좋은 결론이 나오게 된다. 그런데 B층이나 C층에 있는 사람들이 많으면 모처럼의 귀중한 시간을 내어 회의를 진행해도 회의는 지지부진하여 좋은 성과를 얻을 수 없다.

2. 회의의 효용과 역할

회의는 참석자 전원이 최선의 지식층인 상태에서 토의가 교환되어, 중지(衆知)를 모으지 않으면 회의 본래의 의의를 다할 수 없다. 그래서 회의에는 다음과 같은 효율이 요구되는 것이다.

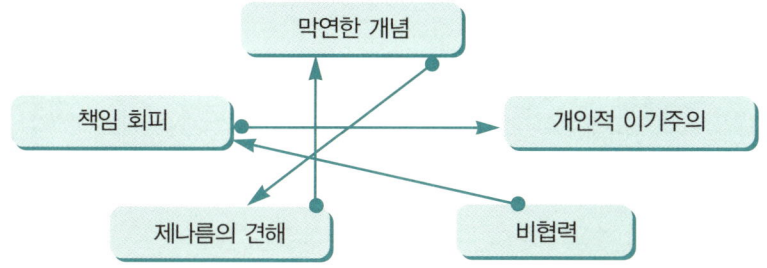

(1) 중지를 모아 창의를 끌어내어 보다 좋은 결정을 얻을 수 있다.

위 그림과 같이 A, B 및 C의 참석자의 지식 및 경험 범위를 동그라미 (O)로 표시하면 공통의 부문도 있고, 상이한 부문도 있다. 이들 사람들의 지식, 경험을 통합하여 공통된 결론을 창출해낼 수가 있는 것이다. 얼굴을 마주하여 대화를 교환함으로써, 각자의 심리 상태나 받아들이는 반응을 이해하여 사항을 결정할 수 있다.

(2) 많은 사람을 참석시켜 조직 내의 팀워크(teamwork)를 만든다

어떤 조직 내의 팀워크는 그 안에 존재하는 협력·협조의 정도에 따른다. 그것이 위 그림과 같이 각자의 주의나 견해 또는 목표가 각기 달라 흐트러져 있으면 팀워크는 이루어질 수 없다. 개개의 활동을 하나의 목적을 향해 벡터(Vector;속도와 힘)를 맞추려면 지시·명령 등의 강인한 방법으로 강제(强制)하지 않으면 안 되는 경우도 있으나, 이것은 바람직한 방법이 못 된다. 역시 미리 의논하고 연락 등을 위해 되도록 많은 사람을 참가시켜 회의장을 마련, 의사의 소통을 꾀하고 각자가 서로의 입장이나 의견이 납득되면 충분한 연락이나 조정이 이루어지는 수가 있어 팀워크를 이룩할 수 있다.

(3) 책임을 자각한다

자기의 책임을 명확히 하여 이것을 수행하는 객관적 방법을 발견해 내는 것이 회의이다. 회의에서는 각자가 자기의 문제로서 의견이나 견해를 피력하여 결론을 만들어가는 것이므로 일단 결정된 결론은 모두에게 납득이 가는 결론이 된다.

(4) 지식 경험을 계통적으로 조직화한다

오랜 기간에 걸쳐 경험이 풍부한 사람은 자기가 맡은 일에 대해서는 어느 정도 과거의 경험에 따라 습관적으로 또는 무의식적으로 거뜬히 해낸다. 그러나 어떤 사항에 대해서는 자기도 전혀 알아차리지 못한 것이나 미처 생각지 못하는 것도 있을 수 있는 것이다. 이러한 사례는 우리들의 일상생활 중에서도 있을 수 있는 것이다. 그래서 회의에 의해 타인의 경험이나 지식을 들어가며 토의함으로써, 자기의 지식이나 경험을 정리하여 통합하거나 이를 계통화하고 조직화하여 유효하게 활용할 수 있게 된다. 이러한 관계를 도표로 나타내면 다음과 같다.

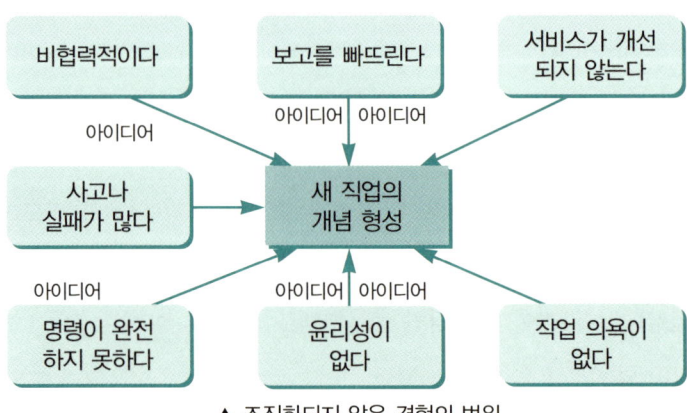

▲ 조직화되지 않은 경험의 범위

(5) 조직이 원만히 운영되고 연대 책임(連帶責任)을 명확히 한다

어떤 일을 계획한 대로 해나갈 경우에는 연대 책임을 질 경우가 있다. 각자가 자신의 책임이 명확하고 다른 책임과의 관계가 분명히 정해져 있다면, 오해가 생기거나 불필요한 지연도 없이 일이 원만하게 운영된다. 회의에서 각자의 막연한 오해에 따르는 현저한 지연의 이유와 원인에 대해 토의하고 각기 책임 한계를 분명히 해두면 일이 원만히 수행될 수가 있다.

이상, 몇 가지 회의의 효과나 역할에 대해 언급했으나 여기서 한 가지 주의해두어야 할 것은 회의를 하는 방법이나 운영 방법에 따라서는 회의가 책임 전가(責任轉嫁)를 위해 이용되거나 시간을 낭비하거나 불만의 실마리가 되는 경우가 실제로 많다는 점이다. 따라서 무엇보다 회의에 붙이지 않으면 해결될 수 없는 문제만을 선택해야 한다. 그 밖의 문제는 회의 이외의 방법으로 그 해결을 찾도록 해야 한다.

3. 회의는 왜 필요한가?

만일 회의가 지금까지 개최되었던 많은 경우들처럼 일방통행식의 치졸한 것이라면 이 '왜?'라는 의문은 매우 큰 의미를 가지게 된다. 그리고 그것은 아마 회의에 소집된 사람들이 가장 먼저 품는 생각이기도 할 것이다.

여기서 정의하는 회의는 몇 가지 실제적인 기능을 수행한다. 게다가 그 기능들은 동시에 수행되는 때가 많다. 그리고 그것들 중에는 다음의 사항이 포함된다.

① 정보의 전달
② 일의 진도에 대한 체크
③ 문제의 해결
④ 새로운 일의 창조

● **정보의 전달**

사람들을 모아 소식을 알리는 것은 협력을 얻기 위해 예부터 실시되어 온 테크닉이다. 앞으로 사태가 어떻게 진행될 것인가를 그룹의 멤버에게 직접 전하는 것은 메모에 의해 같은 정보를 배포하는 데 비해 훨씬 확실하며 이해도 빠르다.

예컨대 복잡하거나 설명이 필요한 사항인 경우에는 메모만으로는 그 질문에 대한 응답이라든가 그 문제가 안고 있는 문제점을 상세히 설명하기가 매우 어렵기 때문이다. 그러나 전달해야 하는 정보가 짧지만 확실한 내용, 예컨대 어떤 일의 마감 시한이 1주일 연장되었다는 등의 경우에는 메모만으로도 용건을 충분히 전할 수 있을 뿐 아니라 회의를 개최하는 시간과 노력과 경비를 절약할 수 있다. 결국 그 정보 전달을 메모로 할 것인가 회의로 할 것인가는 상황에 따라 판단할 필요가 있다.

● **일의 진도에 대한 체크**

매주 정기적으로 하는 운영 회의라든가 매달 열리는 부서별 실적 평가회의 같은 것에서는 이 체크가 기본적인 기능이 된다. 이러한 회의는 참가자가 일정하며 또 정기적인 회의로서 개최의 목적은 그 그룹 안에서 실시되고 있는 각종 프로젝트에 대한 인식을 새롭게 하고 회의 참가자에게 가장 새로운 정보를 알려주는 데 있다. 또한 진도를 체크하는 회의는 어떤 프로젝트를 담당한 소규모 그룹의 멤버 사이에도 개최된다.

많은 사람이 동일한 업무, 또는 동일한 업무의 서로 다른 측면을 공동으로 진행하고 있는 경우, 정기적으로 모여 다른 모든 사람들의 현재 진척 상황이라든가 정보 축적 상황을 이해하는 것은 불가결한 일이다. 이런 종류의 회의는 운영 회의라든가 각 부서의 실적 평가 회의보다는 특별한 준비를 필요로 하지 않으며 쉽게 개최할 수 있다.

어떤 의미에서 진도를 체크하는 회의는 참가자에게 각각 자기 시계의 시침을 맞추게 하는 기회가 되기도 한다. 동시에 상사로서는 전원의 시계가 느리다고 말할 수 있는 기회가 되기도 한다.

● 문제의 해결

어떤 일이 잘 풀리지 않을 때에는 해결책을 찾게 되는데 어떤 경우든 회의라는 형태를 통한 그룹의 노력이야말로 가장 좋은 해결책이다. 곤란한 문제에 대해 그 해결을 탐색하는 사람이 많으면 많을수록 해결책을 찾아낼 가능성도 커진다.

마찬가지로 수없이 많은 선택 사항 중에서 가장 좋은 해결책을 결정하는 데 있어서도 그룹은 도움이 된다. 또한 전원의 동의를 얻을 수 없는 것이 거의 확정적인 때에도 다수결 투표로 사태를 수습할 수 있다. 물론 당신에게 결정권이 있다면 그룹에서 끄집어낼 수 있는 모든 해결책을 여러 가지로 검토하여 정확한 결정을 내릴 수도 있다.

또한 결론은 이미 나와 있으나 그 결론을 일방적으로 전하는 것이 아니라 멤버 스스로 그 일이 그렇게 귀결될 수밖에 없음을 깨닫게 하기 위한 회의도 있을 것이다. 예컨대 조금 더 일에 열중하자는 결과가 분명히 나와 있어도 "마감 시간을 지키려면 어떻게 해야 하는가?"하고 우회적으로 질문을 하는 것이 바람직하다. 이렇게 그들 스스로 결론을 내리게 하면 이쪽에서 좀 더 일에 열성을 보이라고 지시하는 것보다 훨씬 좋은 결과가 나오는 것이 일반적이다.

● **새로운 것의 창조**

이런 종류의 회의는 다른 회의에 비해 비교적 마음이 편하고 비공식적인, 가장 심금을 털어놓고 할 수 있는 회의이다. 조직을 위하여 신선한 아이디어를 도입하기도 하고 새 제품을 개발하기도 하며 또는 새로운 순서를 연출하기도 하고 새로운 사고방식을 창조하기 위해 그런 회의가 활용된다. 이러한 회의는 조사 기관, 두뇌 집단, 광고 대리점, 교육 연구 기관 등에서는 이미 일상적인 것이 되고 있다.

회의의 목적에 따라 이제부터 개최하려는 회의의 종류가 결정된다. 그리고 종류가 결정되면 회의를 어떻게 운영할 것인가가 결정된다.

정보를 전달하기 위해 소집한 회의는 위에서 설명한 회의에 비하면 훨씬 틀에 박힌 일방적인 것이 된다. 회의의 리더는 그러한 회의의 각기 다른 이유를 염두에 두고 회의가 궤도에서 벗어나지 않고 목표를 달성할 수 있도록 진행시켜야 한다.

말할 것도 없이 한 회의에서 앞에서 설명한 기능 가운데 둘 또는 그 이상을 동시에 진행시켜야 하는 경우도 많이 있다.

'지금 어느 단계에 있는가를 점검하고 나아가서는 일이 스피드 업 되도록 대책을 결정하자' 는 것이 그 좋은 예이다. 그렇다고 꼭 어려운 문제만은 아니다. 최초의 목적을 달성한 다음 기어를 바꾸기만 하면 되는 것이다.

4. 그 밖의 회의의 기능은 무엇인가?

인간은 집단생활을 영위하는 동물이다. 어떤 조직의 멤버든 동료와 회합을 가지며 공통된 목표를 나눔으로써 만족감을 얻는다.

그 성격상 순수하게 친목을 도모하는 회합에 대해서는 거론하지 않기로 한다. 회사의 야유회나 여행, 크리스마스 파티 등이 그것이다. 그러나 그것과는 다른 정식 회의라 하더라도 모두 어느 정도는 사교적이고 친목도모라는 기능을 가지고 있다.

그러한 친목을 어느 정도로 활용할 것인가는 회의의 리더가 결정할 일이다. 만일 회의참가자가 억압이나 스트레스가 많은 장소에서 일을 해왔다면, 또한 긴장하고 있다면 가볍게 친목적인 요소를 도입하는 것도 바람직하다.

그와는 반대로 해야 할 일이 산적해 있는 경우라면 공연한 수다는 배제하고 전원이 모이는 즉시 회의를 시작하는 것이 바람직하다. 그런 경우에는 회의 진행 도중에 친목을 도모하는 적절한 시간을 두면 된다. 또한 참가자들은 그런 타이밍을 이내 포착한다.

회의는 선의와 협조적인 분위기를 조성하는 데 믿을 수 없을 만큼 효과적인 방법이 되기도 한다. 예컨대 어느 광고 대리점의 크리에이티브 (Creative) 부문에서 신규 광고주를 획득하기 위해 오랜 시간 진지한 회의를 열었다고 가정하자. 몇 주 뒤 실제로 그 광고를 따냈다면 사장은 물론 메모에 의해 그 정보를 알릴 수 있다. 그러나 관계자 전원을 소집한 자리에서 발표하는 것이 얼마나 그들의 기분을 충실하게 할 수 있는가를 생각해보라. 모두들 앞으로도 일을 더 열심히 하겠다는 결의를 다지고 자기 자리로 돌아갈 것이다. 또한 나쁜 소식도 회의석상에서 전하면 특히 효과적인 때가 많다. 회의석상이라면 참가자 전원의 불평불만을 한꺼번에 처리할 수 있고, 아마도 그러한 불평불만을 전달하고 토로하는 본인 자신도 마음속의 꺼림칙한 찌꺼기를 털어버릴 수 있는 계기가 될 것이다. 어쨌든 인간에게는 나쁜 소식을 전해야 하는 사람이 그런 소식을 용기를 내어 전하는 모습을 보면 오히려 그 사람을 존경하게 되는 경향이 있다.

위에서 살펴본 바와 같이 어떤 회의에도 얼마간의 친목을 도모하는 요소가 있는 셈이며 특히 그다지 형식에 구애되지 않는 회의에는 그런 경향이 비교적 강하다. 뛰어난 리더라면 그런 점을 인식하고 운영 중인 회의의 종류에 따라 회의의 한계를 확대시킬 것이다.

친목적인 측면을 전면적으로 억압하는 것만은 상책은 아니다. 그런 일은 근본적으로 불가능하며 오히려 공연한 긴장감만 낳을 뿐이다.

회의의 조건

1. 집단 참여(集團參與)와 집단 사고(集團思考)

앞서의 회의의 정의나 그 효용에서 회의에 어떠한 요건이 필요한 것인가를 생각해보면,

(1) 회의 구성원 전원이 회의에 참가할 것
(2) 회의 구성원 전원이 공통의 문제에 대하여 협동으로 생각할 것
(3) 회의 구성원 전원이 상호간에 토의를 거듭함으로써, 결정된 사항은 마음속으로부터 충실하게 실행할 수 있도록 하는 것

의 세 가지로 간추릴 수 있다. 이 세 가지 요건이 갖추어져야 집단 결정을 얻을 수 있다.

회의에 참가하는 사람들은 주제(主題)의 일면 내지 그 이상의 면에 대해서 의견을 말할 자격이 있으므로 토의장에 전원이 참가하게 된다. 이것을 집단 참여(group participation)라 부른다.

토의가 결론을 볼 때에는 참가자가 직접 참가했고, 그 결론은 제삼자로부터 강제된 것이 아니라 자기 자신도 결정에 참가했다는 심리적 조건이 극히 중요하다. 같은 사항이라도 자기 자신이 참가하여 결정한 경우와 자기는 관여하지 않고 제삼자가 결정한 경우와는 실행의 의욕이나 협력의 의식이나 그 태도에 차이가 생기게 된다.

다음으로 참가자가 공통의 문제에 대해 협동으로 생각하는 것을 집단 사고(集團思考;group thinking)라 부르고 있다. 이것을 간단히 말하면 참가자 전원이 같은 문제를 동시에 같은 장소에서 생각하는 것이다. 토의에서 결론을 얻게 되는 경우는 참가자의 다각적인 검토의 결과이

므로 그 결론은 참가자의 충분한 이해가 가는 사항인 것이다. 따라서 단독으로 사고하기보다는 집단 사고는 각기의 입장에서 사고한다 해도 언제나 전체적인 시야를 갖는 것이 되어, 단독적인 의견 등도 올바른 의견으로 따라 옮겨가게 된다. 즉 자신의 의견·나의 의견 그리고 올바른 의견에 도달하게 된다.

2. 집단 토의(集團討議)

서로 토론을 거듭하는 집단 토의(集團討議;group discussion)에 의하면 감정에 치우치지 않고 또 자기의 의견을 고집하지 않으며 대립하는 의견을 조정시키려고 노력하므로 그 문제의 해결책이 어떠한 결과에 의해 결정되었는가, 그 결정 방법에 대해서도 충분한 이해를 할 수 있어 토의에 의해 결정된 것은 마음속으로 지지하고 충실히 실행하게 된다.

이것은 집단 귀속 의식(集團歸屬意識)이라는 원리로서, 집단 토의에 의해 결정된 경우는 자기 혼자서 결정한 경우와 달라 제삼자도 그 결정을 지지하고 있다는 것이 명백하다. 자기가 어떤 집단에 귀속되어 있다고 의식하는 동시에 협조 의욕이나 책임이 높아져 혹시 집단에서 따돌림을 당해서는 안 된다는 의식이 작용하여 결정된 결론이나 해결책을 스스로 실행하려고 하는 것이다.

앞에서도 언급한 바와 같이 토의라는 것은 찬부(贊否)의 토론이 아니라 오히려 공통의 결론을 얻기 위해 협력하는 노력을 필요로 하므로 집단의 의사 결정 방법으로서는 하나의 훌륭한 방법이다. 그러나 토의는 그 참가자간에 열의 있는 진지한 태도와 마음가짐이 있어야만 유효한 것이 된다. 따라서 참가자 전원이 협동하여 결론에 도달하려고 하는 적극적인 의욕과 정신이 없으면 아무리 토의를 거듭해도 좋은 성과를 기대할 수가 없다.

그래서 회의의 일반적인 성격을 다시 한 번 되풀이한다면 집단의 멤버 한 사람 한 사람의 경험이나 견해를 제시된 문제에 집중시켜 객관적이고 건설적인 태도와 협력적이며 우호적인 분위기 속에서 멤버 전원이 자기의 의견을 자유롭게 서로 발표하고 비판하여 서로 되풀이해가며 최선이라고 믿는 견해를 발견하여 이것을 멤버 전원의 의견으로 선택하여 최후에 멤버 전원이 납득할 만한 견해로서 채택·결정하는 회합을 회의라고 할 수 있다. 회의의 역할은 많은 사람을 참가시켜 의사의 소통을 꾀하고, 중지(衆知)를 모아 보다 좋은 결정이 얻어지고 그러한 사실을 많은 사람에게 전달할 수 있도록 해야 한다.

3. 회의에는 누가 참가해야 하는가?

회의가 너무나 많은 사람으로 뒤범벅이 되어버리면 참석할 필요가 없는 사람의 시간 – 경비는 물론– 을 낭비할 뿐 아니라 다른 참가자의 시간도 낭비하게 된다.

인간은 그 본성으로 인하여 비록 아무런 득이 되지 않음에도 불구하고 회의하는 자리에 있었다는 것만으로도 어떠한 공헌을 한다는 생각을 가진다. 그러한 공연한 정신적 피로를 줄 뿐이라면 처음부터 회의는 소집하지 않는 것이 바람직하다. 그러나 그와는 반대 현상도 있을 수 있다. 즉 필요한 사람이 빠진 회의 역시 커다란 시간과 경비의 낭비가 되는 것이다. 그런 회의는 필요한 사람 모두가 참석할 수 있을 때까지 연기하는 것이 바람직하다. 즉 우선 회의에 참가해야 된다고 생각되는 사람의 명단을 작성하는 것부터 시작해야 한다. 한 사람도 누락시켜서는 안 된다. 다음에 그 회의가 어떤 회의인가, 진도를 체크하는 회의인가, 브레인스토밍(Brainstorming)인가 아니면 또 다른 어떤 구체적 목적이 있는 것인가를 살펴보아야 한다.

리스트를 재검토한다. 만일 회의 참가자 전원이 차례로 아이디어를 제출하여 그 중에서 최선책을 결정하는 브레인스토밍 회의라면 참가자 한 사람 한 사람에게 어떤 공헌을 기대할 수 있는가를 따져볼 필요가 있다. 공헌을 할 가망이 없는 사람은 리스트에서 지워버린다. 또한 정보 전달 회의를 계획하는 것이라면 참가자 한 사람 한 사람과 관계가 있는 안건을 다룰 것인가, 또는 그 사람 개인이 과연 발표할 만한 정보를 가지고 있는가를 체크한다. 그렇지 않은 경우에는 그런 사람은 명단에서 삭제하는 것이 바람직하다. 그리고 나머지 사람의 리스트를 다시 살펴본다. 참가자 한 사람 한 사람이 필요한 존재인가, 참석하는 사람들 모두 어떤 도움을 줄 수 있는가, 배울 만한 정보를 가지고 있는가, 또는 중요한 인물이 누락되거나 참석할 수 없지는 않은가를 검토하는 것이다.

동시에 회의에 참석하는 인원수에 대해서도 검토해야 한다. 회의는 참가자가 많으면 많을수록 시간이 길어지게 되어 있다. 특히 브레인스토밍이나 문제 해결 회의에서처럼 되도록 많은 사람이 참여해야 하는 회의에서 그렇게 되기 쉽다. 따라서 그만큼 많은 인원수로 예정 시간 안에 미리 설정한 목표에 도달할 수 있는가를 따져보아야 한다. 부정적이라면 리스트를 재검토해야 한다.

또 한 가지 고려해야 할 요소는 참가자들로 하여금 서로 어떻게 협력하게 만드는가이다. 불과 화약처럼 부딪치면 터질 것 같은 사람이 참가자 안에 있다면 그 중 한사람은 참석하지 않는 쪽이 참가자 전원을 위해 바람직하다.

시행착오를 반복하더라도 일단 함께 일하는 사람에 대해 파악해두면 거의 직관적으로 참가자에 대한 정확한 경향을 유지할 수 있게 된다. 단 그렇게 되기까지는 리스트에 대한 재검토가 크게 도움이 된다.

또 한 가지 회의에 꼭 참석해야 하는 사람이 기록자이다. 마치 비서와 같은 입장에서 발언 내용을 모두 메모하여 이를 보고서 형태로 만들 수 있으면 시간이 절약이 된다. 또 문서화되었기 때문에 회의에서 전원이 합의한 사항을 확인하기도 쉽다. 이에 대해서는 뒤에 다시 설명하겠다.

4 회의 무용론(會議 無用論)

인간의 집단적인 생활에 있어서 꼭 필요한 것이 통제력(統制力)이다. 이 동세력이 주로 그 집단을 지나치세 지배하는 경우에는 독재가 되기 쉽다. 이것이 심해지면 집단의 의사나 발언이 극히 억제되는 수가 있다. 이와 같은 독재 권력을 신봉하거나 그러한 경향을 가진 자는 전체의 의사 결정 방법으로서 회의 따위는 필요 없다고 처음부터 결정해버리는 경우가 많다. 소위 회의 무용론 등을 내세우는 것은 오늘날의 민주 사회를 모독하는 말이라 생각되는데 한편, 조용히 반성하면 회의 그 자체의 가치나 효과는 인정하고 있으나 그 운영에 유감된 점이 있거나 회의 본래의 역할이나 효과가 발휘되지 않는 경우에도 회의 무용(會議無用)이라면 너무 극단적인 표현일지 모르나 회의 무익(回議無益)이라는 말이 믿음직도 하다.

이것을 기업 사회에만 한정해보아도 기업 경영의 관리직에 있는 사람은 문제의 해결을 꾀하기 위해, 중지를 모아 결론을 얻기 위해 평소에도 직장에서 회의에 출석하는 기회가 많으며 1주일에 몇 시간 정도를 회의를 위해 소비하는가를 조사해보면 그 시간은 예상외로 매우 많고 그 횟수도 빈번한 것에 새삼 놀라는 경우가 많다. 그 때문에 관리직 본래의 작업 수행이 저해되는 경우도 있다. 또는 어떤 문제가 생겨 이를 해결하기 위해 회의 개최의 필요성을 검토하거나 확인하지 않고 느닷없이 회의를 여는 경향도 있다.

회의 개최 필요성의 결정에 대해서는 충분한 고려가 필요하며 그 문제의 해결이 회의 이외의 수단이나 방법으로는 해결될 수 없는 가 어떤가를 충분히 검토할 필요가 있다. 무턱대로 회의를 여는 것은 오히려 해결책을 얻지 못하고 다만 시간의 낭비일 뿐 아니라 경제적으로도 상당한 낭비를 가져오는 것이다.

요즈음 관공서나 학교 · 회사 · 조합 등에서 실로 많은 회의가 열리고 있다. 사람에 따라서는 1주에 10회나 회의에 참석했다는 사람도 있을 정도이다. 이러한 현상은 본인은 물론 그 주위의 사람이나 외래자(外來者)에 미치는 불합리한 점을 야기 시킨다. 이쯤 되면 그것은 회의 공해(會議公害)라 해도 과언이 아니다. 이들 공해를 다음에 예거해보기로 한다.

(1) 부외 자(部外 者)에 대하여

회의 중이라 하여 방문이 허사가 되는 경우가 많다. 미리 상대방 사정도 타진하지 않고 방문하는 것도 실례이지만 전화로 사전에 물어보아도 역시 "회의 중입니다."라는 답이다. "회의 중입니다만, 제가 대신 용건을 들어도 괜찮을는지요."라든가 "회의 중인데 불러낼까요?"라든가 "○○시에 회의가 끝나므로 이쪽에서 전화를 드릴까요?"라든가 하면 나름대로 이해하기 쉬운데, 덮어놓고 "회의 중입니다."라고만 하면 막연해진다.

회의를 하고 있는 본인에 있어선 회의보다 더 중요한 연락일 수도 있고 보다 중요한 상담일지도 모르는 것이다. 회의가 많다는 것은 그 회사나 관공서 나름의 사정이므로 어쩔 수 없는 것이나 그럴 때는 회의 중의 방문객이나 전화에 대한 응답을 연구하여 부외 자에게 친절을 베풀도록 해야 할 것이다.

어느 날 업무상 중요한 일로 거래 회사의 김 계장에게 전화를 하였더니 "회의 중입니다."라는 응답이다. 급한 용무이니 바꿔줄 수 없느냐고 물으니 "회의 중이라 곤란한데요."라는 음성과 함께 전화는 찰깍 끊어지고 만다. 급한 김에 차를 타고 그 사무실로 달려갔으나 그때까지도 회의 중이었으므로 회의실의 분위기를 깨뜨리고 불러내오기를 망설이는 여직원을 설득하여 김 계장을 간신히 만난 것은 그 한참 뒤의 일이다.

이와 같이 전화를 하거나 방문을 하여 회사의 어떤 사람을 찾았을 때, 특히 오전에 윗사람을 찾았을 경우 그가 회의에 참석중이라 제때에 만나지 못한 경우가 한두 번이 아닐 것이다.

요즈음 대부분의 직장에서 직원 조회, 간부회의, 보고회, 위원회, 분임 토의 또는 좌담회 등 여러 가지 이름으로 많은 회의를 개최하고 있다. 그 결과 어떤 사람은 하루에 서너 번씩 회의에 참석하는 경우까지도 생긴다.

너무 잦은 회의를 하느라고 본연의 업무에 지장을 가져온다면 그 직장 내부는 물론 대외관계에까지도 좋지 않은 영향을 미치게 된다. 오죽하면 '회의 공해', '회의 무용론'이라는 말까지도 생겨났을 것인가. 사실 회의를 한다고 해서 가봐야 참석 대상자가 제시간에 모이지도 않아 지루하게 기다리거나 의제를 출석한 다음에야 알려줘 충분히 생각할 여유도 없이 회의에 임하는 경우도 적지 않다.

또한 직장 내의 회의는 말이 회의지 일방적인 지시만 듣게 되어 교육인지 회의인지 구별이 가지 않을 때가 있으며 참석자는 대부분 꿀 먹은 벙어리가 되고 특정한 몇 사람만이 발언하는 경우도 있다. 그리고 예정 시간 내에 끝나지 않아 다음 약속이나 밀린 업무로 안절부절못하는 사람이 생기고 그나마 뚜렷한 결론이 나지 않는 경우마저 생긴다. 뿐만 아니라 담당직원은 회의 자료 준비하느라고 며칠 전부터 바쁘게 되고 책임자는 회의를 하느라 결재를 하지 못하여 책상에는 미결 서류가 가득 쌓여 있게 마련이다.

일부 기업체에서는 간부들이 일반 직원들의 출근 시간 전에 미리 출근 하여 그날의 중요한 문제를 논의하고 업무 개시 시작과 동시에 바로 업무를 집행하는 곳도 있다. 그러나 대부분의 직장에서는 출근한 뒤 30분 내지 1시간 정도는 간부 회의나 기타 회의로 시간을 보내고 있다.

간부 직원들이 회의 중인 이 시간 동안 다른 직원들은 커피를 마시거나 신문을 보는 등 아무래도 느슨하게 되어 사무 능률이 낮아지지나 않는지, 또는 외부와의 중요한 연락이나 상담을 할 기회를 잃고 있지나 않는지 생각해볼 문제이다. 그러나 이러한 여러 가지 문제점이 있기는 하나 회의는 역시 필요한 것임에는 틀림이 없다.

어떠한 조직체이든 간에 구성원과 이해 집단 간의 관계를 원활히 하고 그 조직 목적을 효율적으로 수행하려면 조직 내의 인간관계가 원만하게 유지되어 있어야 한다.

　조직 내의 인화를 이룩하기 위해서는 상하 동료 간에 상대방의 입장을 충분히 이해하고 존중할 줄 알아야 한다. 자기의 입장을 밝힘과 동시에 상대방의 입장을 이해한다는 것은 민주 생활의 기초가 되는 것이다.

　직장 내에서 자기의 지식이나 경험을 서로 발표하고 토의함으로써 서로의 정보를 교환하고 상대방을 이해하는 것이 바로 회의라고 할 수 있다. 이러한 회의를 통하여 서로 믿고 돕는 분위기를 조성할 수 있으며 협조 관계가 발생하게 됨에 따라 팀워크(teamwork)가 이루어져 조직의 목적은 보다 더 쉽게 달성될 수 있는 것이다.

(2) 부내(部內)에 대하여

　소식제라는 것은 대체로 피라미드형으로 소식이 짜여 져 소식에 의해 작업이 진행되는데, 실제에 있었던 피라미드 형태로 계통적으로 이루어지는 것이 아니고 상하·전후·좌우의 그물과 같은 유대 관계로 작업이 진행되는 것이다.

　명령·보고와 같은 것은 피라미드형으로 진행되어 그에 따라 업무가 집행되나 업무 집행 이전의 조정·연락·정보·의견수집·조사 등은 자유롭게 명령 계통을 넘어 그물코와 같은 모양으로 이루어지고 있다. 따라서 그물의 모든 매듭 코가 꽉 짜여 져 있으면 그물로서의 구실을 다하지만, 어디 한 군데의 그물코가 느슨하거나 끊어지거나 하면 다른 그물코가 튼튼해도 그물 전체는 느슨해져 쓸모가 없게 된다. 이와 마찬가지로, 상호 여러 가지 관계를 갖고 작업을 하고 있는 조직체 가운데는 어느 특정한 직위에 있는 사람이 회의 때문에 직무 집행이 정지되는 상태가 되면 뜻하지 않은 다른 직위의 업무가 영향을 받게 된다. 그리고 그 영향은 차츰 확산되어 나쁜 영향을 주어 결국 느슨한 그물과 같이 되고 만다. 그리고 이러한 영향이 겹치면 그 조직체의 사무 능률을 전체적으로 저하시키게 되어버린다.

(3) 아랫사람(下位 者)에 대하여

자료 작성의 공해 · 자료 처지의 공해 · 결재 지연의 공해가 있다. 원래 회의용 자료라는 것은 잘 검토하여 작성되어야 하는 것인데, 자료가 풍부한 것과 충분한 준비라는 것을 혼동하여 무턱대고 많은 자료를 준비하려는 사람이 있다. 이러한 윗사람을 모신 아랫사람은 회의를 앞둔 2,3일 전부터 자료 작성에 쫓기게 된다. 또 간신히 자료 작성이 끝났는가 하면 회의에서 돌아온 윗사람은 자기가 갖고 간 자료보다 몇 배나 더 많은 다른 자료를 갖고 와 부하의 책상 위에 놓으면서 "이것을 정리해 두도록 해요."하면, 부하는 후일 또다시 뒤져보지도 않을 것 같은 서류를 정성껏 정리해두어야 한다.

그리고 또 회의에 참석했던 사람의 책상 위에는 미결 서류가 잔뜩 쌓여있다. 오후 늦게야 제자리에 돌아온 윗사람은 미결 서류를 다음날로 미루어 미결함에 집어넣고 다음 회의에 나가든가 또는 30분 정도로 결재 서류의 내용은 잘 검토하지도 못하고 짧은 시간에 마구 결재해버린다. 즉 그는 그의 가장 중요한 '판결사무(判決事務)'를 30분 안에 해치우는 것이다.

(4) 본인에 대해서

직위에는 각기 직무 권한이 있다. 권한을 행사하는 사람에게는 그것을 행사하는 책임과 행사한 결과에 대한 책임이 있다. 그런데 모처럼의 권한을 갖고 있으면서도 이것을 행사하지 않고 회의에서 결론을 내리는 사람이 있다. 이러한 사람은 '그것은 회의에서 결정할 것이니까' 라고 하는 빠져나갈 자리를 마련하고 있다. 결과의 책임 등을 질 생각을 안 한다. 그는 얼핏 보기에는 민주적이라 생각되기 쉬우나 사실은 회피하는 것으로 권한을 스스로 행사할 자신이 없는 사람으로 오히려 권한 불행사(權限不行事)의 책임을 문책 받아야 마땅하다.

너무 '회의 회의' 라 하여 회의만 하고 있으면 자꾸만 자기가 권한을 행사하는 점에 대해 두려움을 갖게 된다. 이것은 가장 무서운 공해로 직무에 대한 리더십이 없는 관리자가 되고 만다. 이러한 관리자가 장기간 그 자리를 남낭하고 있으면 그 소식에 미치는 상해(障害)는 매우 커지게 된다.

원 맨 철학과 그 비애

1. 회의 없는 경영은 원시적이다.

소규모 경영에서는 경영자 한 사람이 경영을 지배하고 스스로 판매·수금 등 때문에 외부와의 절충을 해야 하며 내부적으로는 일일이 작업의 배치를 비롯, 작업 방법의 지시라든가 작업 상황의 감독까지 모든 것을 도맡아 수행하는 사례를 흔히 볼 수 있다. 그러므로 만약 경영자에게 사고가 생기거나 하면 경영에 지장을 일으키는 경우가 많다. '사장이 없으니까 작업이 안 된다' 라는 사태가 생기기 쉽다. 이러한 경영에 있어선, 으레 '내가 시키는 대로 잠자코 일만 해주면 좋다' 라는 식으로 종업원이 회사를 위해 적극적인 의견이나 작업을 보다 능률적으로 하기 위한 설비의 개선 등을 제안하거나 요구하는 행위 등이 억압되기 쉽고 종업원이 기업을 위한 건설적인 제의 그 자체가 무시되는 경우가 많다. 이러한 방식의 기업 상태에선 아무리 종업원을 독려해 작업 능률을 올리려 해도 뜻대로 작업이 진행되지 않는다. 모든 것을 자기가 해야 직성이 풀린다. 하지만 능력에는 질량과 함께 한계가 있고 시간적으로도 한도가 있는 것을 명심해야 한다.

2. 경영의 조직화

사업이 차츰 발전하여 일이 많아지면 기업 활동은 질적으로나 양적으로도 증대하여 경영자 혼자서는 해낼 수 없다. 또 기업이 발전하고 있는 회사에서는 아무리 자기의 사업이라 해도 무엇이든 혼자서 결정하려는 것은 무리이다. 조직을 확립하여 모두가 나누어 담당하여 각자의 작업에 책임을 갖도록 하면 일도 잘 되어나가며 능률도 오르게 마련이다.

그러기 위해 경영 조직을 세워 종업원 각기의 담당을 정해 그 일에 대한 책임을 맡기고 때로는 회의를 열어 의견을 교환한다든가 의논을 하도록 해야 한다. 그렇게 하면 경영자 자신에 있어서도 자질구레한 사항에 지나친 신경을 쓸 필요가 없게 되어 여유를 갖고서 사업 발전의 차분한 계획을 세울 수 있다. 한편 종업원도 스스로의 판단과 책임감을 갖고 일하게 되며 일의 열의를 갖게 되어 노사(勞使) 쌍방에도 좋고 사업도 번영해간다.

이와 같이 경영자가 사업을 조직화하는 능력이 없으면 사업은 발전하지 못한다. 조직화한다는 것은 사무나 생산의 조직이나 기구를 복잡하게 한다는 의미가 아니라 가장 능률 좋은 기업 활동이 될 수 있도록 조직을 만든다는 의미이다. 이른바 원 맨 컨트롤과 같은 원시적인 경영은 근대 산업사회에서는 통하지 않는다.

회의는 인간관계를 원만하게 한다

1. 많은 사람의 중지(衆知)를 모은다

회의를 개최하는 첫째 목적은 많은 사람의 중지를 모으는 데 있다. 많은 사람의 능력이나 의견에 의존함이 없이 혼자서 생각하고 어떤 사항을 결정해나가는 방법은 과거에 있어 독재자라 지탄받을 사람이 취해왔던 방식이다. 그러나 인간의 평등이 이루어지고 민주적인 방법을 요구하게 되는 한편, 정보도 많아져 한 사람의 힘으로 결정하기에는 매우 곤란하며 또한 위험이 따르기 때문에 많은 사람에 의해 도출(導出)되는 결론(즉 회의에서의 결론)에 모두가 따르도록 되는 것이다.

특히 현대의 민주주의 사회에 있어서는 어떤 뛰어난 한 사람의 지혜가 다른 많은 사람들이 짜낸 결론보다 훌륭하다 하더라도 그 후자를 선택하는 것이 올바른 룰이다. 확실히 어떤 뛰어난 한 사람의 지혜가 많은 사람의 지혜보다 나은 경우도 있다. 그리고 그것은 많은 사람이 모여 어떤 사항을 결정하는 것보다 빠를지도 모른다.

그러나 인간 평등의 원칙에서 우리들은 중지를 모으는 방법을 선택, 그것을 최선의 방법으로 삼는 것이어야 한다. 특히 정보가 끊임없이 쏟아져 나오고, 전문적인 지식이 요구되는 오늘날에 있어서는 각 분야의 지식이나 정보를 가진 사람이 모여 협의하는 것이 금후에도 더욱 필요하게 될 것이다.

2. 인간관계의 육성과 아이디어 발굴의 장(場)이 된다

회의의 둘째 목적은 인간관계의 육성에 있음을 들 수 있다. 서로 이야기를 교환함으로써 인간관계가 육성되며 상대편의 입장도 이해할 수 있게 되고 자기의 입장도 이해받게 된다. 그래서 거기에 공통의 장(場)이 생기며 협조하는 것이 생기게 된다.

인간이란 감정의 동물로서 대수롭지 않은 문제에 오해가 생겨 서로의 반목(反目)이 생기는 경우가 많다. 더구나 어떤 사항의 조정이라든가 정보의 전달이라는 것은 사람을 경유하거나 시간이 지나면 잘못 와전되어 전달되는 경우가 있다. 어떤 사항의 조정이라든가 정보의 전달이라는 것은 문서나 그 밖의 다른 수단으로도 가능하지만 회의에 의해, 즉 인간이 한자리에 모여서 담화를 교환함으로써 큰 역할을 하게 되는 것이다.

셋째는 아이디어를 발굴하는 작용을 회의 목적으로 들 수 있다. 인간이 모여 각자가 제 나름의 견해를 피력함으로써 회의 참가자 사이에는 지혜의 상승 작용(相乘作用)이 일어난다. 이제까지 미처 생각지도 못한 점이 회의에서 토론됨으로써 새로운 발상이 떠오르는 것이다.

3. 다각적인 검토와 발언자의 인간성을 존중한다

회의는 인간이 모여 구성하는 것이다. 그런데 십인십색이라는 말과 같이 가양가색의 인간이 회의에 모이는 경우가 많다. 그리고 갖가지 문제를 토의하게 된다. 한 가지 의제(議題)에 대해서도 열 사람이 모이면 열 사람의 의견이 다르듯이, 그 발전 과정을 보면 각양각색인 경우가 많다.

인간은 감정의 동물이기 때문에 그 감정에 좌우되는 수가 많다. 평소 온순한 사람도 회의에 참석하면 과격해지는 경우도 있고, 비교적 비타협적인 사람이라도 문제에 따라서는 매우 협조적인 경우도 있다. 간혹 회의의 주제보다 오히려 개인적인 감정이 앞서 회의 자체를 망쳐버리는 경우가 있다. 생각하기에 따라서는 10분이면 결론지을 수 있는데도 지지부진 몇 시간을 끄는 회의를 행하는 수도 있다. 이것은 진행자의 리더십(leadership) 여하에도 좌우되지만 인간이 얼마나 복잡하고 함축성 있는 존재라는 것을 시사(示唆)하고 있는 증좌(證左)이다. 그러므로 회의를 소집할 경우 그 소집자는 물론 회의에 참가하는 사람도 '인간'이라는 점을 잘 이해한 다음에 그 회의에 성격과 회의에 임하는 계획을 미리 세워 출석하도록 해야 한다.

막연한 회의 소집은 흔히 혼란을 가져오기 쉽고 너무 일방적이고 강압적인 회의는 반발 이외에 별로 얻는 것이 없다. 언제나 인간으로서 그

존엄성이 존중되고 개성이라는 것이 무시되지 않아야 비로소 회의의 평등이라는 것이 있게 되며 성심껏 대화를 교환하는 장이 형성되는 것이다.

그 때문에 회의 소집 자는 먼저 그 회의 출석자를 잘 알아둘 필요가 있다. 예컨대 어느 출판사의 판매 확장 회의의 경우, 그 회의에 영업부는 물론이고 기획부·편집부가 출석한다고 하자. 회의의 소집 자가 영업부이건 기획부이건 간에 우선 주의하여야 할 것은 그 회의를 다만 영업 면에서만 추구하는 판매 확장 회의로 하면 안 된다는 것이다. 즉 소집 자는 출석자가 영업부만 아니라는 점을 잘 인식하고, 사전에 배포하는 회의 자료에도 기획부나 편집부에서도 쉽게 의견을 제출할 수 있는 항목을 세우는 배려가 필요하다는 것이다.

또한 소집 자는 적어도 그 회의에 출석하는 참석자의 성격이나 인품 정도는 파악해두는 각오가 필요하다. 이 주제에 대해 '이 사람은 이런 발언을 할지도 몰라. 그런 경우 이러한 방향으로 이끌어가야 좋지 않을까.' 이러한 예비지식이야말로 회의를 성공시킬 수 있는 요소이다.

회의를 구성하는 것

회의는 집단 참여에 의해 집단 사고에 바탕을 두고 집단 토론을 하는 일종의 집단이므로 당연히 집단을 구성하는 구성원이 있게 마련이다.

그 구성원의 짜임새와 주어진 임무를 자각하고 그 맡은 바 임무를 완전히 수행한다는 것이 회의 성공의 양부(良否)에 주는 영향이란 결코 간과할 수 없을 만큼 지대하다. 회의가 유효하게 운영되지 못하고 소기의 성과를 거두지 못하는 까닭으로는 회의의 계획과 준비의 부족이나 회의에 붙이는 의제 선택에 잘못이 있기 때문이다. 또한 회의 지도자인 리더[司會者]의 서투른 솜씨 또는 회의 참석자인 멤버의 비협력에 의한 경우도 상당히 많다. 회의의 구성원을 분류해보면 회의 지도자인 회의의 리더(사회자 또는 의장), 회의 참석자인 회의의 멤버(회원 또는 의원) 및 그 밖에 관찰자 및 의사(議事)나 기록을 담당하는 기록원(서기)으로 나뉜다.

회의의 리더에 대해서는 이 책 전체에 걸쳐 여러 모로 언급될 것이므로 여기서는 다만, 리더와 그룹의 관계 및 그룹으로서의 유의할 점에 대해서 기술하기로 한다. 멤버라 함은 회의 참석자를 한 사람씩 따로 단수로 보았을 경우이고 그룹이라 함은 그 멤버로 구성된 복수의 뜻으로 해석하면 된다.

1. 리더와 그룹과의 관계

회의의 리더와 그룹과의 관계는 학교에 있어 선생과 학생과의 관계와 같아서는 안 된다. 리더는 회의를 진행하여 지도해가기 위해서는 회의 지도 기술의 연구와 상당히 풍부한 경험에 따른 연마와 숙달을 필요로 한다. 리더는 회의의 운영을 지도하여 회의를 다루어나가는 것이 임무이다. 따라서 자기의 의견을 강요 내지 고집하거나 그룹의 의견이나 아이디어를 경시하거나 무시해서는 안 된다. 리더 자신은 물론 그룹 자체도 이러한 기본 상식을 주지시켜 그대로 실행에 옮기도록 해야 한다.

회의 운영에 있어 리더의 관심은 그룹의 멤버에 향해져 있는 동시에 자기 자신에게도 향하여 있어야 한다. 그러기 위해서는 회의 첫 머리가 극히 중대한 의의를 갖는 것으로, 회의 벽두에 있어 리더는 회의의 목적이나 의의 · 방침이나 운영의 방법을 그룹에게 충분히 이해시키는 것이 긴요한 일이다. 그룹은 회의 처음에는 회의의 목적이나 성격에 다소 의문점도 갖고 있으므로 만약 리더가 그룹의 신뢰를 얻지 못하면 회의는 성공하기 어려울 것이다. 그래서 회의 중에 있어서 리더와 그룹간의 노력의 분담 관계를 표시하면 다음 그림과 같이 된다.

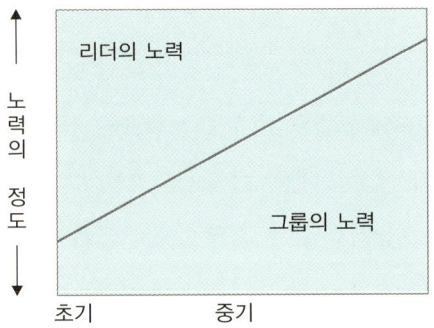

즉 회의의 초기에 있어 리더는 더 많은 노력을 해야 한다. 그것이 종회(終會)에 가까워질수록 그룹의 노력 정도가 많아지는 것이 일반적인 경향이다. 그러나 이 경우에 리더와 그룹은 회의의 주제에 대한 지식이나 경험의 정도 여하에 따라 일반적 경향을 상당히 변화시키는 것이다.

그룹의 역할 중 회의의 리더에의 협력, 리더에의 원조 등 회의의 리더십을 분담하고 있는 것은 매우 중요하여 결코 방해하는 일은 없어야 한다. 또 전술한 바와 같이 그룹에는 지식층에 있어 정도의 차가 있고 경험에 있어서도 상당한 격차가 있는 경우도 있는데 그룹의 노력과 멤버의 노력을 대비해보면 그 관계는 다음 그림과 같다.

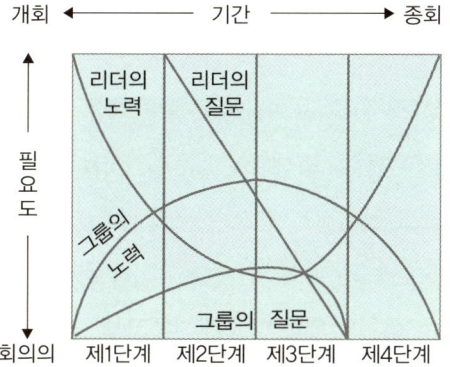

이 그림은 다음에서 언급하는 〈회의 진행법의 4단계〉에 대하여 리더의 노력과 멤버의 노력의 정도를 도시(圖示)한 것이다.

2. 그룹의 마음가짐

회의에 출석하여 참여하는 그룹의 멤버는 회의를 성공리에 끝내기 위해서는 다음과 같은 점에 유의하여야 한다.

(1) 의견을 진술할 경우
- 전원이 알아들을 수 있도록 말하고, 리더에 대해서가 아니라 그룹을 향하여 의견이나 견해를 말한다.
- 질문을 받고서 그 질문의 내용과 상이한 의견을 진술해서는 안 된다.
- 어떤 책이나 자료 등에서 읽었거나 또는 남에게 전해들은 기억의

되풀이가 아닌 자기가 충분히 이해하고 있는 것을 표현한다.
- 특별한 경우를 제외하고는 반대를 하거나 다른 사람에게 무조건 동조하는 의견은 삼간다.
- 개인의 인격을 손상시키는 발언은 삼간다.
- 옆의 멤버와 귓속말(side discussion)을 주고받지 않는다.
- 무리하게 자기 의견만을 주장하지 않는다.

그래서 의견을 발표하는 것은 자기의 거짓 없는 인격을 표현하는 것이 된다. 따라서 의견 발표는 하나의 기술이라 바꾸어 생각할 필요가 있다. 다음을 참고삼아 회화의 기술을 소개해보기로 한다.

● 무엇을 말할 것인가.
① 때와 장소에 어울리도록 회화는 과장하지 않고 끝내는 정도로 시작한다. 자기의 의견을 강조하지 않는다.
② 수박 겉핥기 지식이나 확실히 모르는 것은 입 밖에 내지 않도록 한다. 결국 난처해지는 것은 본인 자신이다.
③ 타인이 싫어하는 화제를 삼간다. 자기 본위의 흥미로 말하지 않는다.
④ 회화의 시작에서는 질문을 던지면서 상대방도 이야기할 기회를 주도록 한다. 즉 일방적이 되지 않도록 한다.
⑤ 상대방의 질문에 답하도록 한다. 상대방의 질문이 자기에게 꼭 흥미 있는 것은 아니지만…….

● 능숙한 회화 자가 되려면
① 상대방의 기분을 맞추도록 노력한다.
② 자기가 굳어지거나 지나치게 수줍어하지 않도록 하고 또 상대방도 굳어지게 하지 않도록 한다.
③ 상대방에게 이야기할 기회를 주도록 한다.
④ 상대방의 옳은 점을 인정, 칭찬함에 인색하지 말라.
⑤ 좋은 대화 상대가 되도록 한다. 비웃지 말라. 비판하지 말라. 협력적인 태도로 임한다.

● 삼가야 할 일
① 상대방의 이야기를 중단시키는 언사를 사용하지 말도록 한다.
② 자질구레한 것을 너무 길게 늘어놓으면 귀찮아한다.
③ 상대방을 불쾌하게 만드는 언사를 사용하지 말라.
 "내가 한 말을 알겠습니까?"
 "못 알아듣겠습니까?"
④ 불친절한 언사는 하지 말라.

● 회화의 요령
① 간결하게 설명하도록 한다.
② 포인트를 확실히 파악하고 말한다.
③ 대화를 언제나 온화하게 한다.
④ 상대방의 흥미를 짐작(확인)한다.
⑤ 지루하거나 싫증이 나는 화제는 삼간다.

⑥ 개인적인 소문이나 험담을 하지 말도록 한다.
⑦ 상대방을 지나치게 추어올리지 말도록 한다.
⑧ 회화 때와 장소, 상대방과 화제(話題) 등에 대하여 주의한다.
⑨ 자연스런 몸가짐, 자연스런 말투로 한다.
⑩ 잡담(gossip)은 좋지 않다.
⑪ 자신의 체험을 준비해둔다.
⑫ 상대방에 관한 미세한 것도 알아두었다가 회화 때 이용하면 좋다.

(2) 토의할 때의 태도
- 허심탄회(虛心坦懷)한 태도로 임할 것
- 타인의 아이디어를 받아들일 것
- 자유스런 표현을 할 것, 다만 의견을 발표하는 경우 과격한 언사를 사용하지 말것, 자기의 의견, 타인의 의견을 잘 생각하고 취할 것
- 상호 신뢰하는 입장에 서야 한다.
- 협력의 정신을 갖고, 관용의 태도를 표시할 것
- 열심히 참여할 것. 단, 흥분하지 말 것. 흥분하여 발표하는 견해에는 편견이 따른다는 것을 알아 둘 것

(3) 시간을 지킬 것
- 개회 시간에 늦지 않도록 할 것
- 개회 시간에 늦는 것은 이미 출석한 사람에게 자기를 인식해주기를 바라고 있다는 오해를 줄 위험성이 있다.
- 회의 중에는 시간을 중시하여 타인과 자기의 시간을 헛되이 하지

않도록 한다.
- 회의 중에는 피치 못할 사정 이외에는 자리를 비우지 않도록 한다.

3. 옵서버(觀察者)

토론을 중점으로 한 일반적 회의에 있어서는 옵서버(observer)는 주로 회의를 전반적으로 관찰하여 회의가 끝난 뒤에 평가·반성의 자료를 작성·제공하는 역할을 한다. 그러나 실제로는 옵서버를 따로 두지 않는 경우가 많으며, 설사 두더라도 사회자를 정부(正副) 두 사람으로 해서 교대로 사회를 맡으면서 그 중 한 사람이 옵서버의 역할을 수행하는 방식이 일본 같은 데서는 많이 행해지고 있다 한다.

그런데 보통 국제회의 등에서 옵서버라고 하면 한 나라의 전권(全權) 이외의 사람으로서, 방청하면서 의견을 전할 수 있으나 표결권(表決權)이 없는 사람을 말한다.

4. 기록원

보통 서기라고 부르며, 회의 진행상 언제나 리더(사회자 또는 의장)와 연결을 짓고 그 회의 내용의 발전을 정리·기록하여서 후일에 증빙 또는 도움이 되도록 하는 임무를 가진 사람이다. 기록원은 보통 그 회의의 일시·장소·인원 수 및 제출된 과제와 그 정리 상황, 토론의 내용 등을 기록한다.

회의의 형태와 성질

1. 여러 가지 회의

우리들은 회의라고 흔히 말하지만, 자칫하면 그것이 어떤 성질의 회의인가를 잘못 인식하고, 또 그 잘못된 인식을 반성하는 데 게을리 하는 경우가 있다. 생각나는 대로 회의의 명칭을 들어보면, 연구보고회, 예산편성회의, 주주총회, 연수회의, 판매할당회의, 기획회의, 영업회의, 경영협의회, 부·과장회의, 담당자회의, 기술분과회의, 판매특약점회의, 기술회의, 설명회, 단체교섭, 임원회의 또는 이사회, 환담회, 위원회, 총회, 토론회 등 세기 힘들 정도로 많다.

회의라는 것은 다수인의 모임이며, 의견이나 견해가 교환되어 결론을 얻고자 하는 것이라면, 거기에는 분명한 목적이 있을 것이고 그 목적에 따라 회의의 성질이나 형태도 달라지는 것이다.

2. 목적에 따라 회의의 방법을 바꾼다.

(1) 결론 내리는 것을 목적으로 한 회의

이른바 '우물가 회의'와 같이 결론이나 아무것도 얻지 못하는 목적 없는 회의도 있으나 보통 우리들이 생각하는 회의라는 것은 그 어떤 결론을 구하기 위해 열리는 것이다.

이런 종류의 회의에는 앞서 말한 위원회, 총회, 토론회 등등 여러 가지 호칭이 있으나 회의의 목적의 항에서 말했듯이 중지(衆知)를 모아 하나의 결론을 내리는 행위이다. 그러므로 결론을 얻는 것을 목적으로 한 회의에는 그 나름대로의 규칙과 회의 참가자의 의식과 정보의 평균화가 필요하다. 그리고 리더에 의해 이것이 진행된다. 또 참석자의 발언에 의해 의견이 교환되고 다수의 의지(意志) 즉 다수결에 의해 이것이 결정된다. 통상 우리들이 회의라고 말하고 있는 것은 대개의 경우 이런 형태의 회의가 많다.

2) 전달을 목적으로 한 회의

한 사람 한 사람 개개인에게 정보를 전하는 시간적 낭비를 한꺼번에 해결하고 정보를 전달하는 가운데 문제 해결을 꾀하려고 하는 회의이다. 이러한 회의는 당연한 사실로서 정보의 전달에 그치지 않고 정보의 교환이라는 것도 행하는 경우가 있다.

전달을 목적으로 하는 회의의 전형적인 것으로는 직장의 조례(朝禮) 등이 있다. 그 하루 일과 전에 전원을 모아 행동 계획이나 판매 계획 등의 전달 사항을 전원에게 철저히 주지시키는 방식의 회의이다. 이 경우는 대개 질문은 없고, 오히려 일방적인 것으로 치우치기가 쉽다.

강연회라는 것도 일종의 회의로서, 이것 역시 강사(講師)에 의해 일방적인 전달 회의이다. 넓은 의미로 해석한다면 학교 등에서의 수업도 하나의 전달 회의라고 할 수 있다. 이런 종류의 회의는 결론을 얻는다든가 아이디어를 개발한다든가 하는 것이 아니고 오히려 정보를 많이 갖고 있는 사람으로부터 많은 사람이 그 정보를 받아들이는 방식의 회의라고 말할 수 있다. 회의의 목적에는 분명히 집단 토론이라는 것이 따라야 하지만, 이 경우는 토론이라기보다는 오히려 질의 형식(質疑形式)이 취해지고 있다. 또한 이 경우 그 전달을 보다 효과적으로 하기 위해서는 시청각에 호소하는 도구(TV나 영사기 및 환등기)를 준비하는 것도 그 효과를 높이기 위해서는 필요한 한 가지 방법이다.

(3) 연구 등을 목적으로 한 회의

이 종류의 회의는 앞서의 전달을 목적으로 하는 회의와 거의 유사한 점이 있으나 어느 의미에선 오히려 전문적인 색채가 농후하다고 할 수 있다. 이른바 심포지엄(Symposium)이라고 부르는 회의 방법이 이에 속한다.

어떤 하나의 주제를 중심으로 많은 보고서, 즉 연구자에 의해 각기의 입장에서 관련된 사항이 강연 방식에 의해 논술되는 방식이다. 모두가 전문가의 모임이므로 전문적 지식이 요구되는 것은 물론이고 학회·연구회·체험 발표회 등이 이에 속한다.

이 회의는 전문적인 지식을 가진 사람끼리 모여 연구 발표를 한다든가 정보 교환을 한다든가 하는 회의이므로, 결론을 얻기보다는 거기에 제기된 문제를 각자가 받아서 연구 자료로 이용하는 수가 많다.

(4) 복합적 요소를 갖는 회의

전항의 (1)에서 (3)까지를 각각 포함된 것과 같은 대회(大會)라든가 그 일부를 포함한 것과 같은 예회(例會) 등이 그 회의이다.

이런 종류의 회의에는 많은 사람들이 참가하기 때문에 소규모의 회합을 많이 개최한 다음 그 결론을 집약하여 전체 회의에 상정하는 방식이 자주 취해진다. 그러한 소규모 회합 중에는 연구적 요소를 갖는 것, 혹은 결론을 얻으려는 것, 전달만으로 그치는 것 등이 포함된다. 그리고 이런 종류의 회의는 회의 이외에 회식(會食)이라든가 관광을 겸한다든가 하는 부대적인 행사가 병행되는 경우가 있다. 또 진행 방법이나 준비 절차 및 회의에 붙일 의제(議題)도 어떤 일정한 형태를 갖고 있다. 출석자가 많기 때문에 질서 유지가 당연히 필요하게 된다.

또 회의 일정도 단 하루에 끝나는 것이 아니고 수일에 걸쳐 행하는 경우도 있다. 따라서 회의 시간도 장시간을 요하게 되므로, 이런 종류의 회의에 성공 여부는 그 프로그램과 그 프로그램에 의한 회의를 스케줄대로 진행시켜 가느냐에 달려 있다 해도 과언이 아니다. 회의가 장시간을 요한다는 것은 그만큼 회의의 순서·운영 등을 짜임새 있게 하는 것이 중요하며 그것이 참가자를 회의에 이끌려 따라오게 하느냐 못 하느냐가 회의의 성공을 좌우하는 절대적인 요소라 해도 좋다.

그런 의미에서 이런 회의에는 반드시 회의의 고비가 되는 중요 사항의 결의나 통과, 요행을 바라는 모험 등을 처음에 붙이느냐, 중도에 또는 최후에 가져가느냐는 대회 주최자의 판단·재량에 의하는 것으로서, 결과적으로 그 대회 의장의 판단에 달려 있다. 이와 같은 신중한 프로그램이 필요한 것이다.

(5) 의식 개발(意識開發)을 목적으로 한 회의

회의는 결론을 얻을 뿐 아니라 그 참석자에 의한 지혜에 의해 상승 작용을 일으키는 수가 있다. 어떤 새로운 제품을 개발하려 한다든가 판매 방법에 대한 새로운 방식을 모색한다든가 이른바 플랜스토밍(plan storming)과 같은 회의가 이런 종류의 회의이다.

이 경우 (1)과 같이 결론을 내리지 않고, 오히려 아이디어의 색출에 그치는 경우가 있다. 그것으로 족 한다. 그런데 플랜스토밍이란 뜻은 직역

하면 '두뇌 폭풍우'가 되는데, 모두가 모여서 의견을 내놓고 그 자극 작용에 의해 보다 좋은 아이디어를 찾아내려는 것에 그 의의가 있다. 개인으로는 한계가 있는 아이디어를 집단의 집중적인 토론에 의해, 사고(思考)를 보다 발전시키려고 하는 것이다.

1941년 미국의 광고 대리업을 경영하는 알렉스 오스폰이란 사람이 고안해낸 것이라 하는데, 우리들 자신도 평소 의식하고 있지 않지만 이와 같은 방법을 이용하여 토론을 하는 수가 있다. 그러나 이러한 방식을 너무 무차별하게 행하면 수습할 수 없게 되므로 다음과 같은 규칙이 설정되어 있다.

a. 타인의 의견에 반대나 비판을 하지 않는다.
b. 좋다든가 나쁘다든가 결정하지 않는다.
c. 아이디어의 양을 집중적으로 대량으로 얻는다.
d. 자유분방하게 의견을 내놓는 것을 환영한다.
e. 타인의 아이디어를 자기의 아이디어, 또는 집단 속에 나온 아이디어와 결부시키거나 개선하거나 분해하거나 취소시킨다.
f. 지도자는 자기가 먼저 서두르지 않을 것. 발언하지 않는 사람에게 발언 기회를 주어 재촉하는 정도로 한다.
g. 왜, 언제, 어디서, 누구와 어떻게 등등의 의문을 구사하여 아이디어를 발전시킨다.

그리고
① 또 다른 이용도는 없을까
② 다른 형태로 바꿀 수 없을까

③ 그 대용(代用)은

④ 크게 하면

⑤ 작게 하면

⑥ 생략하면 어떨는지

⑦ 다른 데선 아이디어가 없을까

⑧ 나누어보았을 땐

⑨ 순서의 변경

⑩ 반대로 해보면

⑪ 결합방법은?

이상과 같은 여러 가지 힌트를 그 아이디어 개발에 유도하도록 한다.

이런 방식의 회의는 딱딱한 분위기가 아니라 서로 흉금을 털어놓고 탄력적으로 문제를 다루어보자는 데 있다. 활발한 발언, 기발한 사고도 환영받으며 때로는 결론을 얻어내지 못해도 상관이 없다.

(6) 의식 개발(意識開發)을 목적으로 한 회의 전개의 준비

의식 개발을 목적으로 한 회의를 전개시키기 위해서는 준비가 필요하다. 그래서 다음에 그 준비 절차를 열거해보기로 한다.

a. 규칙을 큼직하게 써서 붙여놓는다. 그리고 전원이 언제나 이 규칙을 지키도록 인식시킨다.

b. 리더 1명, 기록계 1명을 선출한다.

c. 아이디어 제출자를 선정한다.

d. 전혀 상이한 입장이나 다른 분야의 사람을 모을 것. 그렇게 하면 그 그룹에서는 생각하지 못했던 새로운 아이디어가 나오게 된다.

예컨대 판매 회의에 판매 부분과는 전혀 관계가 없는 문화인, 가정주부, 종교인 등을 참석시키는 경우이다.

e. 흑판(黑板)을 십분 활용할 것. 이것은 제안된 아이디어를 흑판에 계속 써두어 그것과 관련된 아이디어를 하나로 간추려 정리하도록 한다.

f. 규칙 위반을 경고하기 위해 종(bell) 또는 버튼(button)을 준비한다.

g. 인간의 집중력이 가장 잘 발휘될 수 있는 장소·시간을 선택한다. 관심을 흐트러지지 않게 전화, 출입자는 전부 차단한다.

h. 배가 부를 때나 공복 시는 피한다. 알코올은 원래 회의에선 금지사항 인데 머리를 부드럽게 전환시키기 위해 특별한 경우에 한해 음주를 허용하는 것도 효과가 있을 수도 있다.

i. 시간은 1시간 또는 1시간 이내로 한다. 전원이 익숙해지면 20분 정도로도 큰 효과를 나타낼 수가 있다.

j. 사전에 회의 참가자에게 문제를 제시해두어 생각할 여유를 주는 것도 한 방법이다.

k. 회의 참가자는 문제에 관련된 구체적인 자료를 지참·준비한다.

l. 인원수가 너무 많을 때는 나눌 필요가 있다. 이것은 전원이 시간 내에 평등한 발언을 할 수 없기 때문이다.

다음에 리더는 되도록 단란한 분위기를 조성토록 한다. 또한 발언을 유도하는 방법으로 침묵을 지키는 사람에게는 질문을 자주 던진다.

리더나 기록원[書記]은 조건 반사가 좋은 사람, 머리의 회전이 빠른 사람이 바람직하다. 또 말이나 표현이 긴 아이디어를 하나의 짧은 말로 표현할 수 있는 능력을 갖추고 있는 사람도 필요하다. 때로는 말로서만 아니라 기호나 그림을 구사하여 전원에게 표시하는 유머와 재치도 요구된다. 다만, 이 능력 개발을 위한 회의는 플랜스토밍에 한한 것이 아니고 이와 비슷한 형식을 취해도 좋다.

2장
회의의 계획

1. 회의에 앞서 해야 할 일
2. 회의를 어떻게 설계할 것인가
3. 계획을 위한 체크 리스트
4. 계획이 회의 성공의 열쇠
5. 계획은 여섯 가지 의문으로
6. 왜…회의의 목적을 결정할 것
7. 무엇…의제를 결정, 관점을 분석한다
8. 누구를…멤버를 예정한다
9. 언제…일시를 예정한다
10. 어디…장소를 예정한다
11. 회의를 통지한다
12. 어떻게…진행 방법을 예정한다
13. 회의 계획의 점검 사항

회의에 앞서 해야 할 일

1. 목표를 설정하라

　우선 회의를 개최하기 전에 참으로 회의를 할 필요가 있는가를 충분히 확인할 필요가 있다. 그 다음에 생각해야 하는 것은 회의를 통해 무엇을 얻으려는 가 즉 회의의 목적이다. 이는 회의 준비의 가장 기본적인 단계이며 그 밖의 계획은 모두 이를 기초로 하여 이루어진다.

　이제부터 개최하려는 회의로부터 끄집어내려는 결과를 간단하게 메모해 보라. 그다지 어려운 일도 아니다. 다음에 그 예를 들어본다.

　"새로운 질병(요양) 휴가 방침에 대하여 전원에게 알리고자 합니다. 이에 대한 질문이 있으면 오분 정도에 한하여 대답하겠습니다."

　"출하의 급격한 둔화에 대해 생산 부문에서 대응책을 세워주기 바랍니다."

"출하의 둔화를 막기 위해 잔업을 하는 방법을 생산 부문에서 생각해 보기 바랍니다."

회의를 개최하는 목적이나 회의 중에 처리할 안건이 간략하게 메모되지 않는다면 그 회의의 목적을 다시 한 번 생각해보는 것이 좋다.

회의의 목적을 열거한 리스트를 머릿속이든 종이 위든 테이프에 녹음을 하든 일단 정리해야 한다.

회의의 상세한 계획 작성은 목표 하나 하나를 모두 이해하고 있어야 가능하다. 또한 그 목표에 대해 비록 머릿속으로만 이라도 문장화시켜 두면 도움이 된다. 계획 입안에서부터 종료 후의 요약에 이르기까지 단계적인 목표를 머릿속에 담아두어야 하는 것이다. 그렇게 하면 회의 도중에 궤도를 벗어나는 일도, 아무 결론도 없이 시간이나 보내다가 돌아가는 일도 없다.

2. 그룹을 분석하라

어떻게 회의 참가자를 선택하는가에 대해서는 '회의에는 누가 참가하는 가'에서 거론한 바 있다. 그러나 그 인선을 자신이 하건 하지 않건 그 다음에 해야 하는 중요한 사항은 그룹에 대한 분석이다.

이 책에서는 만일 행동을 인식하고 관리할 능력이 있다면 누구라도 회의를 운영할 수 있다는 전제에 입각하고 있다. 말할 것도 없이 사람들 중에는 전투적인 사람도 있고 겁쟁이도 있다. 또한 신경질적인 사람이 있는가 하면 참을성 있는 사람도 있다. 그러나 인간의 성격에 대한 정신 분석적인 그룹 분석은 본서가 목적하는 바와는 거리가 멀며 또한 본서의 범위를 넘는 문제이다. 다만 참가자를 인선하는 데는 어느 정도의 인물 분석이 필요해진다.

참가자에 대해 잘 알고 있는 경우에는 문제가 없다. 그러나 전혀 알지 못하는 인물과 회의를 할 때라면 우선 냉정하게 상대방을 보는 데에서부터 시작해야 한다.

우선 그룹의 멤버들에 대해 살펴보자.
*자신감을 가진 사람은 누구인가?
*별로 자신감이 없는 사람은 누구인가?
*군중 심리에 휘둘리기 쉬운 사람은 누구인가?
*흐름을 역행하는 타입은 누구인가? 그리고
*리더의 방침은 참석자의 행동에 어떻게 나타날 것인가? 즉
*그로 인해 좋은 영향을 받을 사람은 멤버 중 누구인가?
*실망하는 사람은 누구인가?

이러한 질문에 대한 대답과 별도로 성격, 현재의 환경, 개성적인 특징, 머리가 얼마나 빨리 도는 사람인가 등 가능한 모든 정보를 모으면 행동의 예측을 하기가 쉽고 상대방의 특징을 빨리 분석할 수 있게 된다.

다음으로는 그들 각자가 어떠한 프로세스로 행동을 함께 하게 되는가, 즉 어떻게 그룹을 형성하여 행동하게 되는가를 생각해야 한다. 물론 이 경우 변동 요소나 복합 요소가 작용하므로 개인별 분석보다 더 복잡하다. 그러나 회의가 시작되고 실제로 눈에 띄는 것에 주의를 기울

이다 보면 식별력이 생기고 예증에 의해 기본적인 회의 운영법도 알게 될 것이다.

예컨대 그룹 가운데 한 멤버가 또 다른 멤버에 대해 으쓱대는 경우가 있다. 이때 앞으로 벌어질 상황을 분석할 수 있는 자료가 없으면 그 작은 싸움을 둘러싸고 당사자 두 사람 이외의 다른 사람들이 어떠한 프로세스를 거쳐 그들 중 어느 한 사람을 편들게 되는지 알 수 없다.

그룹 전체로서의 개성과 그 그룹 안의 개인의 개성에 주의를 기울이는 목적은 일어날 수 있는 모든 상황을 예측, 회의를 되도록 생산적이며 좋은 분위기에서 진행하기 위해서이다.

행동을 예측할 수 있으면 그에 따라 행동을 관리하는 능력도 높아진다. 까다롭기로 이름이 난 멤버에 대해 그가 무엇인가 단단히 벼르고 있다는 정보를 입수한 경우에는 둘밖에 없는 장소에서 은밀하게 협력을 의뢰하는 것도 좋은 방법이 된다. 또한 귀중한 아이니어를 가진 참가자가 지나치게 수줍어하는 성격이라면 그가 독선적인 논쟁자들과의 쓸데없는 토론에 말려들지 않도록 그를 보호할 수 있는 상황을 형성, 그의 아이디어를 끌어낼 수도 있다.

3. 의제를 써보라

회의를 어떻게 진행할 것인지 세부적인 계획을 세워두면 문제가 발생되기 전에 미리 해결할 수 있는 경우가 많으며 스케줄도 세분화해서 조정할 수 있다. 또 논의할 과제를 순서대로 결정해두면 그만큼 시행착오를 막을 수 있다.

회의에는 반드시 의제가 있다. 그러나 어떤 회의에서라든지 리더가 의제로 삼는 것과 배포하는(발표하는) 의제의 두 가지가 있다. 논의할 과제가 하나 둘이 아닌 경우라든가 과제가 아직 명확하지 않는 경우, 거기다 리더의 의제까지 없다면 회의는 시작하지 않는 것이 좋다.

그러나 의제가 되는 모든 상황에는 그에 따른 소 항목이 있게 마련이며 거론할 과제가 비록 하나뿐이라 하더라도 그러한 소 항목으로 철저히 의제를 부각시키면 그 이미지를 분명하게 할 수 있다.

그러면 이제 의제를 써보자. 회의에서 거론하고자 하는 과제를 남김없이 쓰면 된다. 다음이 그 좋은 예이다.

① 화물이 왜 금요일까지 도착되지 않았는가?
② 왜 그토록 많은 화물이 손상되었는가?
③ 다음 휴일 시즌까지 작업을 계획대로 진행시키려면 어떻게 해야 하는가?
   a. 시간제 고용원을 늘릴 것인가?
   b. 잔업으로 해결할 것인가?
④ 업무 운영을 담당할 신임 매니저 소개.
⑤ 새로운 질병(요양) 휴가 방침에 대한 토의

그 다음에는 그 의제를 살펴본 뒤 누락된 사항이 없는 가 검토한다. 예컨대 〈계획대로 진행 시킨다〉는 항목에 대해서는 위 두 가지 외에도 세 번째 선택 사항이 있다는 사실을 깨닫게 될는지도 모른다. 즉 우선 상품만을 급히 출하하고 우선시킬 필요가 없는 상품은 휴일이 끝날 때까지 보류해두는 대책이다.

거론하고자 하는 항목을 모두 적었다고 판단되면 다음에는 그 사항에 대한 토의 순서를 생각한다. 예컨대 업무 운영을 담당할 신임 매니저 소개는 회의 중간에 하기보다 회의 서두에 하는 것이 효과적일 것이다.

순서의 결정은 간단한 것에서부터 복잡한 것으로 원활하게 흘러가도록 계획한다.

① 관련이 있는 과제는 모아 배열한다.
② 긴 시간이 걸리는 복잡한 과제 뒤에는 간단한 항목을 배치하여 일단 구분을 짓는다. 아니면 아예 휴식을 취한다.
③ 상승 무드에서 회의를 끝내도록 노력한다.

리더의 의제는 공식적인 의제에 비해 훨씬 완벽하며 또한 상세하다. 그 이유는 명백하다. 리더는 회의를 컨트롤하는 사람이다. 때문에 거론해야 할 문제를 정확하게 알고 있어야 하며 의제가 논리적이고 질서 있는 방법으로 그 문제점을 완전히 파악하고 있는 가 확인할 수 있어야 한다.

그러나 배포하는 의제(또는 만일 그것이 실제로는 문서화되지 않았거나 배포하지 않는 경우라 하더라도 최소한 발표만은 해야 한다)는 그다지 상세하지 않아도 된다. 참석자가 회의의 방향을 알 수 있게 하는 데 그 의미가 있기 때문이다. 참석자가 마음의 준비를 할 수 있는 여건을 만드는 것이라고나 할까.

참석자가 의제를 필요로 하는 이유는 또 한 가지가 있다. 이번 회의에서 어느 정도의 영역을 커버할 것인가를 참석자도 알아두는 것이 바람직하기 때문이다. 다루어야 할 과제의 수가 많다는 것을 알게 되면 참석자도 발언을 간결하게 하는 등 협력하게 된다.

4. 물리적 측면의 준비를 체크하라

다음과 같은 회의가 있었다.

리더가 자리에서 일어나 회의의 시작을 알리려 했다. 그런데 장치된 마이크의 높이가 맞지 않았다. 서둘러 마이크의 키를 맞추자 이번에는 마이크가 불통이다. 귀를 따갑게 하는 잡음이 얼마간 계속되다가 이럭저럭 해결되었다. 그러자 몇 사람의 지각생들이 뒤이어 회의장으로 들어온다. 장내를 이리저리 살피며 의자를 찾는다. 밖으로 간이 의자를 가지러 가는 사람도 나온다.

참석자들이 리더의 개회 인사를 놓치기는 했지만 그 뒤는 슬라이드를 몇 장 상영할 시간이 되기까지 그럭저럭 순조롭게 진행되었다. 그런데 여기에서 그야말로 웃을 수도, 울 수 도 없는 사태가 일어난다.

슬라이드 프로젝터의 코드가 콘센트에 닿지 못하는 것이다. 짧기 때문이다. 누군가가 연장 코드를 가지러 갔다. 전원이 이어지고 프로젝터에 조명이 들어온다. 그러나 불행하게도 비친 그림은 아래쪽 절반이 스크린 밖으로 나와 있다. 프로젝터의 높이를 높이기 위해 책을 몇 권 고여야 했다. 다시 장내에는 불이 켜진다. 불이 꺼지고 겨우 최초의 슬라이드가 스크린에 비추어졌다. 그런데 아래 위가 반대이다. 회의 참석자들은 도무지 무슨 일이 어떻게 일어나고 있는지 사태를 알 수 없어 웅성거리기 시작했다.

문제는 어디에 있는가?

분명히 준비 부족이다. 그러나 리더는 매우 주의 깊게 회의를 준비했다고 생각하고 있었다. 미리 의제도 써놓았고 스피치 연습도 했고 시간도 정확하게 쟀으며 질문을 받을 여지도 남겼고 대답도 몇 가지 준비했다. 요컨대 머릿속에서는 분명하게 회의에 임할 체제를 갖추고 있었던 것이다.

다만 그가 미처 생각하지 못했던 것은 물리적인 면에서의 준비였다. 그리고 그것이 빠지면 작은 코미디가 되고 만다. 그런 일이 일어나지 않도록 다음에 기억해두어야 할 사항 몇 가지를 적어본다.

① 회의장에 가볼 수 있으면 미리 가볼 것. 회의장의 크기와 시설이 적합한지 확인한다.
② 회의장이 오피스 회의실 등 익숙한 곳이라 하더라도 재차 체크해야 한다. 다른 회의가 방금 끝났을지도 모르는 것이다. 재떨이에 담배꽁초가 산더미 같이 쌓여 있을는지도 모른다. 빈 커피 잔이 흩어져 있을지도 모른다.
③ 소집한 사람의 수와 의자 수를 확인한다. 두세 자리 정도는 여분으로 준비하는 것이 바람직하다.
④ 슬라이드를 사용하는 경우에 특히 실수를 하기가 쉽다. 다음의 사항에 대해 반복 체크하라.
   a. 플러그의 위치
   b. 영상이 스크린에 비치게 되는 위치
   c. 슬라이드가 바르게 장전되어 있는 가

d. 기계 그 자체가 작동하는 가
⑤ 가능하면 리허설을 현장에서 해볼 것.
⑥ 안건 등을 문서로 작성, 배포하는 경우에는 그 수량이 충분한지의 여부를 확인한다.
⑦ 중단됨이 없이 회의를 진행하려면 전화를 받을 사람을 미리 마련해 둔다. 그리고 회의 중이므로 전화를 받을 수 없다는 점을 상대방에게 정중하게 전하도록 철저히 훈련시켜둔다.

5. 참가자에게도 준비를 하게 한다

　회의에 참가하는 사람들이 제각기 준비를 한 경우에는 그렇지 않았을 때에 비해 모든 사람이 보다 많은 것을 얻을 수 있다.

　그러면 참석자로 하여금 미리 준비를 하게 하려면 어떻게 해야 하는가? 우선 간단한 설명을 해둔다든가 의제를 배포하는 등 주의를 환기시키는 방법이 있는데 이는 회의 발표 시점에서도 할 수 있다. 참가자 전원에게 직접 회의에 대해 전하는 경우에는,

　"함께 모여 그 사건에 대해 이야기하고자 합니다. 오늘 아침 신문에 관련 기사가 있었습니다." 등으로 간단하게 하면 된다.

　빈번하게 그리고 정기적으로 개최되는 회의에서는 의제를 문서로 준비하는 일이 드문데 이 경우에도 그에 앞서는 회의에서 사전 기회를 포착하여 이례적인 사태가 일어났을 때를 대비하도록 미리 주의를 주면 참가자에게도 크게 도움이 된다.

　브레인스토밍 회의에서도 서면에 의해 의제를 배포하는 일이 매우 드물지만 하루나 이틀 전에 브레인스토밍에 대한 테마를 전해두면 참

석자에게 사전 준비를 시킬 수 있다.

  돌발적으로 소집하는 회의라 하더라도 단 몇 분 전 의제를 밝혀 참가자가 자신의 생각이나 자료를 갖출 준비를 준다면 이 역시 큰 도움이 되리라 본다. 그 밖의 상황이라면 의제를 미리 배포하는 것이 가능할 것이다. 그런데 특히 의제가 긴 경우에는 어떻게 해야 하는가? 의제로 제기된 과제나 소 항목을 참가자들에게 각기 분담을 시킨다. 다시 말하면 의제 가운데 어느 부분은 일정한 사람이 해답을 내도록 하는 등 사람에 따라 또는 테마에 따라 분류한다. 의제가 극단적으로 길면 참가자의 능력을 상회하게 된다. 따라서 의제 모두에 대해 준비할 시간이 없다는 구실 아래 준비를 생략하기 쉽다.(사실 그러한 상황에서는 회의가 한 번에 끝나지 않고 여러 차례에 걸쳐 개최되는 마라톤식 회의가 필요해진다.) 그러나 큰 의제 가운데 어느 작은 한 가지 특정 문제에 대해 준비를 요구하면 참사자들의 준비도 한결 쉬워진다.

회의를 어떻게 설계할 것인가

  이제 이 시점에 이르면 회의를 계획하며 설계하는 작업이 생각처럼 간단하지 않다는 것을 느꼈으리라 생각된다. 상당히 번거로운 것이다.

  사실 그런 면이 없지도 않지만 그러기에 더욱 계획과 지도에 대한 업무를 보다 간단하게 할 수 있고 낭비라든가 착오를 방지하기 위한 노력이 바로 지금 여기에서 진행되고 있음을 알아야 한다.

이제 실제 회의에 대한 설계나 차례를 계획해보자. 여기에 계획 단계에 대한 제안이 달린 3매의 계획서를 준비했다. 계획 단계에서는 회의에 대한 체크 리스트가 도움이 될 것이다.

1. 계획에 대한 사고방식

첫째 사고방식은 어떤 회의든지 그것을 지도할 책임이 있는 사람들은 주의 깊게 회의를 계획해야 한다는 점이다. 다른 사람으로부터 말로 듣고 머릿속에서만 생각해서는 안 된다.

시간은 귀중하다. 생산적인 경험이나 성과가 가능하도록 바람직한 계획이 세워진다면 질서 있고 사려 깊은 참여나 협력을 얻게 된다는 점을 명심해야 한다.

둘째는 회의나 세미나 또는 클래스에 참가할 예정에 있는 멤버는 가능한 한 바람직한 회의 성과를 얻을 수 있도록 각 층에서 선발된 대표자이어야 한다.

그를 위해 앙케이트를 받거나 프로그램 위원회와 회합을 가지거나 견본을 제시하며 전화 인터뷰를 한다. 또는 회의에 앞서 참가자로부터 필요한 사항, 흥미 사항, 우선 사항, 기대 사항을 끌어내면 된다.

만일 사전에 아무런 조치도 취할 수 없는 경우라도 필요한 사항과 기대 사항에 대한 조사는 회의 시작 시점에서 실시할 수가 있다.

셋째는 회의 계획은 누구나가 참가할 수 있는 기회 즉 그들의 관심을 자극하여 인적(人的)자원이나 아이디어를 끌어내어 활용할 수 있는 기회를 제공하는 것이어야 한다.

넷째는 회의 설계에는 참가자로부터 만족감, 생산성, 좌절감 개선 아이디어 등을 피드백 시킬 수 있는 준비가 따라야 한다.

전체 진행을 회의 중에 수정하거나 참가자가 회의를 진행하는 도중에 자신의 영향력을 체험할 수 있도록 하기 위해서이다.

다섯째는 폴로우업은 누가 무엇을 언제 할 것인가 하는 사항을 포함하여 계획 프로세스의 일부분을 형성하는 것이어야 한다는 사실이다.

이상과 같은 기본적인 사고방식에 입각하여 세 가지 특정된 계획 도구와 그것을 사용할 수 있는 스텝을 작성해본다.

2. 회의 계획을 위한 세 가지 스텝

회의를 열 필요가 있다는 결정이 나면 그 최초의 단계로서 설계 이전의 준비가 있어야 한다.

타이밍이나 회의 또는 회합의 흐름에 대해 생각하기에 앞서 다음 세 가지 의문에 대해 최선의 답을 준비해야 하는 것이다. 이를 실시하기 위한 아웃라인은 '계획서 ①'에 제시되어 있다.

세 가지 의문은 다음과 같다.

① 참가자의 필요 사항, 관심 사항, 기대 사항, 개인적인 차이에 대한 정보 중 통합할 수 있는 것은 무엇인가?
② 참가자와 계획자의 필요 사항 및 기대 사항을 실현하게 해줄 수 있는 회의의 목적과 성과는 무엇인가?
③ 우선 사항의 성과 달성을 촉진하는 활동, 수단, 인적(人的)자원 및 협의 사항은 무엇인가?

먼저 ②와 ③의 의문점에 초점을 맞추어 우선 사항을 선택해야 하며 그러기 위해서는 브레인스토밍이 도움이 된다. 이 브레인스토밍은 계획 그룹이나 계획자 또는 몇 사람의 참가자에 의해 실시할 수 있다. 만일 필요하다면 그룹의 최초 모임 때 해도 된다.

두 번째 스텝은 회의나 회기의 순서를 위한 실제 설계이다. '계획서 ②'는 그 설계를 위한 기본 폼이다. 이 '계획서 ②'는 '계획서 ①'에서 결정된 목표라든가 성과를 요약하는 데 도움이 된다.

나머지 공백에는 최초의 참가자가 회의장 문을 열고 입실할 때부터의 개시 시간, 리더십의 책임 분담, 그룹화, 필요 자료, 여러 가지 기재 및 실내 스페이스의 할당 등을 포함하여 회의의 타이밍과 진행 예측에 대한 계획을 써넣는다.

계획서 ①
참가형 회의를 설계하기 위한 진단 계획

• 참가자나 멤버에 대한 고찰 : 인원 수, 서브 그룹인가 개인인가의 차이, 필요 사항, 흥미 사항, 관심 사항, 기타 사항 등	• 회의의 바람직한 성과 : 스킬, 정보, 유용성, 개념, 행동, 계획, 권고 결정 등	• 성과를 촉진하는 행동이나 경험을 위한 아이디어 : 실천, 프로젝트, 자원, 설비, 작업 그룹 등
• 참가자 사이의 중요한 특질과 차이	• 가장 우선되어야 하는 성과	• 가장 적절하며 효과있는 그리고 실천성이 있는 설계 요소

계획서 ②
회의 설계 : 타이밍, 흐름, 과제, 준비
바람직한 성과와 목표

시간 견적	행동, 수단, 그룹 나누기	책임자	장소, 설비, 재료의 준비
	1. 회의 전과 회의 개시		
	2. 행동 개시 후의 회의의 흐름		
	필요에 따라 계획서를 추가한다.		

계획서 ③
조치, 폴로우업, 원조

1. 회의 종료를 위한 계획 : 활동의 중단, 평가, 실천 계획의 보고, 마감, 조치 등

2. 폴로우업 행동은 누가 할 것인가, 무엇을 할 것인가, 언제 어디에서 할 것인가 : 참가자의 이름, 주소, 전화 번호에 대한 일람표는 이 시점에서 매우 중요하다. 또한 달력에 폴로우업할 날짜를 기록해두는 것도 중요하다.

3. 뒷마무리와 기타 회의 직후의 조치 : 대여해온 것의 반환, 감사장 우송, 청구서 지급 등.

세 번째 스텝은 발표, 성명, 폴로우업의 단계 등 회의를 끝내기 위한 준비를 촉진하는 데에 있다. 여기에는 '계획서 ③'을 이용한다. 또한 폴로우업은 회의의 성과와 그 지속을 보증하기 위한 설계의 부분이다.

설계 가운데 회의 이후의 부분은 그 회의와 시간과 에너지가 값어치 있는 것인가 아닌가에 대한 중요한 결정 인자가 된다. 제시한 계획서를 잘 검토해보면 뒤에 나오게 되는 '회의를 성공으로 이끄는 도구 상자'에 있는 몇 가지 설계를 이용하고 싶어질 것이다.

각 개인에게 적합한, 매우 개성적이고 특별한 계획을 제시할 수 있으면 좋겠지만 여기에서는 불가능하기 때문에 세 가지를 사용하여 설계의 견본을 제시했다. 그 세 가지 계획서를 충분히 활용한다면 큰 도움이 될 것이다.

계획을 위한 체크 리스트

회의를 계획할 때 몇 가지 중요한 항목을 잊기 쉽다. 관리 책임자에 대한 전화, 명패(名牌), 지난 번 회의에 대한 예비 의사록 등이 그것이다.

회의의 계획 및 지도에 대한 프로세스를 재조사하고 대조가 끝난 부분에 표시를 하기 위한 체크 리스트를 준비해두면 그런 문제를 방지할 수 있다.

이하에 기재된 것은 바람직한 회의 진행을 위해 당연히 부가되어야 할 사항이다. 왜냐하면 회의는 저마다 다르고 모든 항목이 어떤 회의에나 관련이 있는 것은 아니기 때문이다. 그러나 경험상 주요한 제목과 항목 대부분은 매우 보편적이다.

체크 리스트는 다음과 같은 항목으로 구성되어 있다.
① 광고 – 촉진 – 통지
② 협의 항목과 여러 가지 기재(器材), 자료
③ 회의에 대한 책임
④ 회의장에 대한 체크
⑤ 회의용 설비
⑥ 회의용 재료(소도구)
⑦ 예산
⑧ 회의 직전
⑨ 회의 도중
⑩ 회의 종료 후

이 체크 리스트는 앞에서 설명한 세 가지의 계획서와 그리고 뒤에 나오는 '회의를 성공으로 이끄는 도구 상자'를 보충해준다.

혹 특정 회의에 대하여는 이보다 더 간략한 체크 리스트가 필요할지도 모른다. 어쨌든 거기에 적합한 것이라면 어떤 형식의 간략 체크 리스트든지 무방하다. 일단 작성하여 관계자 전원이 활용할 수 있도록 충분한 수를 복사, 배포하도록 한다.

프로그램을 위한 체크 리스트 설명은 뒤에도 다시 나온다. 그것을 사용하면 계획한 회의가 만족할 만한 것이 될 수 잇는지를 검토할 수 있다.

체크 리스트

1. 광고/ 촉진/ 통지   책임자   시 기
    - 통지-누구에게
    - 초대장
    - 회의장에 대한 지시
    - 전화 호출
    - 뉴스 내보내기
    - 매체와의 접촉
    - 스피치의 복사
    - 회의 계획의 복사
    - 그림이나 사진
    - 게시판
    - 개인적인 접촉
    - 기타
2. 협의 항목과 여러 가지 자료
    - 협의 항목 복사
    - 협의 항목에 대해 사람들과 접촉한다.
    - 필요한 자료 (복사 등)
    - 지난번의 동의 사항과 시간 조치
    - 위원회 리포트
    - 기타
3. 회의에서의 책임
    - 리더의 할당

- 문서화나 기록의 할당(분담)
   - 자원이 되는 사람은?
   - 옵소버는?
   - 호스트 역할 담당은?
   - 리포트 작성
   - 도구를 시험해본다
   - 도표나 포스터를 읽을 수 있는가 없는 가 테스트 한다
   - 전기 콘센트를 테스트 한다
   - 타이밍과 내용을 보기 위해 영화를 시사한다
4. 회의장에 대한 체크
   - 회의장에 넓이와 형태
   - 전기 콘센트
   - 마이크 콘센트
   - 음향 효과
   - 도어
   - 화장실(장소 및 수용 인원 수)
   - 계단
   - 엘리베이터
   - 냉난방
   - 환기
   - 주차 설비(대수와 입구)
   - 시설에 대한 입구 표시
   - 회의장 위치
   - 회의 장소로의 교통편의
   - 방의 배열
   - 회의실로 가는 통로
   - 조명
   - 관리 책임자와 설비 기술자의 소재 확인

- 전달이나 호출위한 전화가 있는 곳까지의 통로
- 게시 공간
- 문서를 부칠 벽면 공간
- 정서적 효과(색체, 심미)
- 기타
5. 회의용 설비
- 테이블(수, 사이즈, 형태)
- 의자(앉았을 때의 느낌, 수)
- 마이크로폰
- 오디오 테이프 레코더
- 오디오 카세트 테이프
- 비디오 테이프 레코더
- 비디오 카세트 테이프
- 연장 코드
- 오버 헤드 프로젝터(OHP)
- 뉴스 레터 받침대(챠트 받침대)
- 슬라이드 프로젝터
- 스크린
- 받침대
- 레코드 플레이어
- 레코드
- 망치
- 커피 찻잔, 주전자
- 컵
- 카메라
- OHP용 투명 필름과 사인펜
- 연장 코드
- 복사기 또는 다른 복사 설비

- 필름, 프로젝터
- 칠판, 백묵
- 타이프라이터
- 휴지통
- 게시판
- 칠판 지우개
- 영사용 테이블
- 게시판
- 도표 받침대
- 기타

6. 회의용 소도구
   - 명패, 텐트
   - 가는 사인펜
   - 굵은 사인펜
   - 보호 테이프
   - 종이 클립
   - 크레용
   - 핀
   - 가위
   - 호치키스
   - 풀
   - 뉴스 레터
   - 편지지
   - 연필
   - 복사 용지와 복사 마스터
   - 복사 마스터 용액
   - 단색 카본지
   - 항목의 복사

- 지난 번 의사록 복사
- 리포트 복사
- 서적
- 시청각 교재
- 인형(모델)
- 색종이
- 팜플렛
- 진열 자재
- 꽃 또는 꽃꽂이
- 장식
- 포스터
- 지시서
- 인물의 약력
- 회의실로 가는 방향 지시판
- 백묵(여러 가지 색깔)
- 파일 홀더
- 기타

7. 예산

〈비용〉   견적비용
- 우송과 우표   _____
- 전화 호출   _____
- 전화에 의한 협의   _____
- 설비 사용료   _____
- 종이 재료   - 명패   _____
             - 뉴스 레터   _____
             - 용지   _____
             - 조립 용지   _____
- 필기도구   - 펜   _____

　　　　　　　- 크레용　　　　　　　　　　_____
　　　　　　　- OHP용　　　　　　　　　　_____
　　　　　　　- 사인펜　　　　　　　　　　_____
　　　　　　　- 유성펜　　　　　　　　　　_____
　- 서기의 시간 수당　　　　　　　　　　_____
　- 운임　　　　　　　　　　　　　　　　_____
　- 식사　　　　　　　　　　　　　　　　_____
　- 바　　　　　　　　　　　　　　　　　_____
　- 커피, 녹차, 주스　　　　　　　　　　_____
　- 재료 복사　　　　　　　　　　　　　_____
　- 홀더　　　　　　　　　　　　　　　　_____
　- 테이프　　　　　　　　　　　　　　　_____
　- 시청각 기재(마이크 등)의 취급자　　_____
　- 스피커에 대한 사례　　　　　　　　　_____
　- 컨설턴트에 대한 사례　　　　　　　　_____
　- 꽃　　　　　　　　　　　　　　　　　_____
　- 필름 재생산　　　　　　　　　　　　_____
　- 테이프의 재생산　　　　　　　　　　_____
　- 기타　　　　　　　　　　　　　　　　_____
〈수　입〉　　　　　　　　　　　　　　견적수입
　- 등록 요금　　　　　　　　　　　　　_____
　- 비품 매각　　　　　　　　　　　　　_____
　- 협조금　　　　　　　　　　　　　　　_____
　- 식사 티켓 판매　　　　　　　　　　　_____
　- 보조금　　　　　　　　　　　　　　　_____
　- 기부　　　　　　　　　　　　　　　　_____
　- 회원비　　　　　　　　　　　　　　　_____
　- 커피 요금　　　　　　　　　　　　　_____

- 기타

8. 회의 직전   책임자
    - 좌석 배열(총회용과 서브 그룹용)   _____
    - 예비 의자   _____
    - 예비 테이블   _____
    - 시청각 기재(마이크 등)   _____
    - 체크아웃   _____
    - 도구(칠판 걸기, 스크린 등)   _____
    - 용구(종이, 펜 등)   _____
    - 재떨이   _____
    - 물, 컵   _____
    - 온도계   _____
    - 창문 개폐   _____
    - 음료 설비   _____
    - 등기 접수 설비   _____
    - 도표, 칠판, 스크린이 어디에서나 보이는 가 체크한다. _____
    - 이름표, 텐트   _____
    - 테이블 번호   _____
    - 커피, 녹차 등   _____
    - 평가 용지의 준비   _____
    - 재생 장치(복사기 등)   _____
    - 오디오 비디오 장치   _____
    - 기타

9. 회의 도중   책임자
    - 참가자와 게스트의 회합, 인사, 착석   _____
    - 문서화의 기록   _____
    - 지각자의 인사   _____
    - 평가 활동   _____

    – 소도구 배급 　　　　　　　　　　　　 _____
    – 설비의 작동 　　　　　　　　　　　　 _____
    – 프로세스 검토, 회합 중단 등 　　　　 _____
    – 발표 　　　　　　　　　　　　　　　 _____
    – 기타 　　　　　　　　　　　　　　　 _____
10. 회의의 종결–종료 후
    – 미사용의 소도구를 모은다. 　　　　　 _____
    – 설비를 본래의 상태로 환원한다. 　　　 _____
    – 뒷마무리 　　　　　　　　　　　　　 _____
    – 원조자에게 감사 　　　　　　　　　　 _____
    – 평가나 피드백을 읽고 분석 　　　　　 _____
    – 피드백에 대비 한다 　　　　　　　　　 _____
    – 폴로우 용 자료의 발송 　　　　　　　 _____
    – 출석자에게 폴로우 업 하도록 전화나 편지로 촉구　 _____
    – 다음번의 회의 계획을 수립 　　　　　 _____
    – 대금을 지급 한다 　　　　　　　　　　 _____
    – 미지급 대금의 회수 　　　　　　　　　 _____
    – 기타 　　　　　　　　　　　　　　　 _____

계획이 회의 성공의 열쇠

1. 모든 것이 계획에서 시작 된다

어떤 일을 진행시키는 데 모두가 계획_실시_검토의 사이클(주기:cycle)이 있기 마련이다. 그 중에서도 계획은 사이클의 첫째 단계로써 즉, 스타트 라인을 설정하는 것이므로 충분한 노력을 기울여 신중히 생각하여 결정해야 한다. 그렇지만 실제에 있어선 이 계획의 관계가 자칫하면 소홀히 다루어져 그 때문에 제자리걸음을 하거나 차질의 반복을 거듭하는 수가 많아 소기의 성과를 올리지 못하는 경우가 많다. 회의의 경우에서도 이러한 경향이 있다고 하기보다는 회의에선 한층 그런 경향이 더 심하다고 말할 수 있다.

회의 계획이라고 하면 의제와 일시와 출석자와 회의장의 네 가지를 들 수 있다. 이 중 어느 하나도 가볍게 다룰 수 없는 계획인데, 예컨대 회의 통지의 예정도 타이밍을 맞추지 못하고 회의 직전에 통지되어 출석의 예정이 바뀌어 부득이 결석하는 수도 있으며, 또 리더가 회의 진행의 사전 계획이 안 되어 있어 개회사가 초점과 맞지 않거나 또 예정된 시간에 끝나지 않아 결론도 목적한 바와 동떨어진 것이 되어버리는 수가 있다. 그래서 결국 멤버는 참여의 보람도 느끼지 못하고, 또 모든 사람의 결론이 되지 못하며 그 결론은 실행으로 옮겨지지 못하게 된다.

이러한 성과 없는 회의를 계속 개최하면 결국엔 '회의라는 것은 그저 이러한 것이구나.' 라는 고정된 관념이 만연되어 언제나 회의에 지각하는 사람이 늘어나고 회의는 언제나 성과 없는 상태가 되고 만다.

2. PDS의 관계

모든 일의 진행은 계획 – 실시 – 검토의 3단계의 사이클이라고 앞에서 말했지만 이것을 도시(圖示)하면 다음과 같다.

이 사이클은 계획(Planing), 실시(Doing), 검토(Seeing)의 머리글자를 딴 P- D- S사이클이라고 하여, 경영의 극치 원칙적인 사고방식이며 가장 기본적인 용어이다.

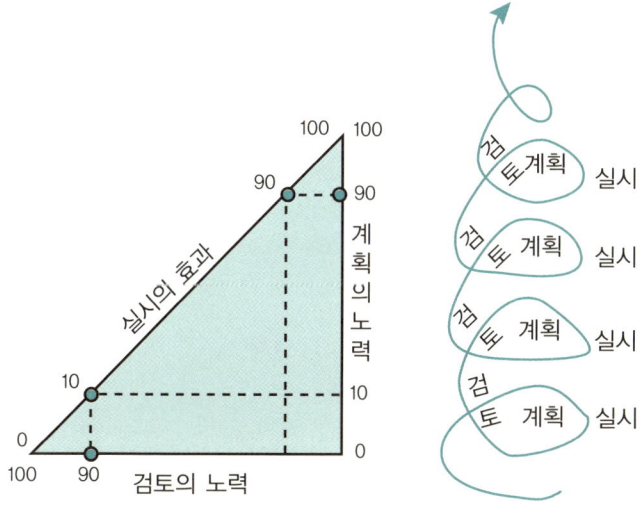

그런데 이 계획 – 실시 – 검토의 세 단계의 관계를 도시하면 위 그림과 같이 된다. 예컨대 '계획'에 필요로 하는 노력의 100 중에서 10만 노력을 기울이지 않았다고 하면 '검토', 즉 뒤처리 때문에 90의 노력을 기울였다 해도, 역시 '실시' 10의 효과밖에 오르지 않는 셈이 된다. '계획'에 90의 노력을 기울였다면 '실시'의 효과는 90으로 올라가 '검토'에 10의 노력을 요하게 된다. 만약 '계획'을 갖고 '실시'에 대처했다면 그 효과는 100으로 올라가 뒤처리의 노력은 전혀 필요치 않게 된다.

이상과 같이 P – D – S의 사이클 중에서 P 즉 '계획'이 중요한 구실을 하고 있다는 것을 그림의 표시에서 알 수 있듯이 회의의 리더는 '계획'에 온 힘을 기울여야 하는 것이다.

회의 진행에 있어서도 마찬가지로 보다 성과 있는 회의를 기대하려면 회의의 계획을 충분히 세워야 한다.

계획은 여섯 가지 의문으로

1. 여섯 가지 의문의 균형

여섯 가지 의문이란 왜, 무엇, 어디, 언제, 누구, 어떻게 라는 것으로 보편화된 상식이다.

계획을 세울 경우에도 이 여섯 가지 의문에 맞추어 계획의 내용을 확인하는 것이 필요하다. 여섯 가지 의문을 회의 계획에 맞대어 견주어 보면 다음과 같이 된다.

왜 …… 회의 개최의 이유를 명백히 하여 회의의 목적을 결정한다.

무엇을 …… 무엇에 대하여 토의할 것인가를 결정, 의제(議題), 주요한 논점을 준비한다.

누 구 …… 회의에 출석할 사람을 정하고 리더나 기록원 등의 역할을 분담, 예정한다.

　언　제 …… 회의의 개최 일정, 시간을 예정한다.
　어　디 …… 회의실 장소를 결정한다.
　어떻게 …… 회의의 토의를 어떻게 진행시킬 것인가의 줄거리를 만든다. 또 필요하면 경비를 예산하고, 자료 준비의 계획을 세운다.

　회의의 계획을 세울 경우에는 이 여섯 가지의 의문을 염두에 두고 필요한 세목(細目)을 생각하여 메모해둔다. 그리고 이 여섯 가지 의문의 사용법에선 회의를 필요로 하는 상황이나 배경에 따라 융통성 있고 임기응변적으로 이용할 수 있도록 해야 한다.
　의제나 주요한 논점 등 진행법의 순서는 회의에 참가하는 멤버의 면모에 따라 달라지는 수도 있으며, 또 그러한 고려를 하지 않았기 때문에 토의가 분규(紛糾)되는 수도 허다하다.
　회의의 일시가 결정되는 데 따라서 회의실을 예정하는 것이 올바른 계획의 순서인데, 사실 회의실의 사정이 회의 개최의 날짜를 지배하는 수도 적지 않다. 또 결정된 회의실이 좁기 때문에 출석 예정 인원을 제한해야 될 경우도 있으며, 필요로 한 경비가 사정에 의해 삭감되었기 때문에 출석 예정 인원을 제한하거나 장소를 변경해야 될 경우도 있다. 회의의 멤버의 견해나 사고가 어떠할 것인가 미리 파악함으로써 회의의 목적, 목표를 2단계, 3단계로 나누어 회의를 거듭 개회하는 것을 계획하는 수도 있다.
　이상과 같은 이치이므로 이 여섯 가지의 의문을 서로 관련시켜 즉 상호 간섭의 상황을 연관시키는 것이 중요하다. 그것을 서로의 관련성을 고려하지 않고 계획을 짜면, 인원수와 회의실의 넓이에 균형이 엇갈려 개최 일에는 멤버의 사정이 여의치 않아 출석치 못한다든가 토의의 진행과 멤버의 견해 사이에 틈이 벌어져 결론을 얻는 데 지지부진하는 수가 생긴다.

왜……회의의 목적을 결정할 것

1. 배후 사정의 이해가 필요하다

계획을 세우는 데 있어 첫째 조건은 목적을 결정하는 일이다. 회의의 리더는 목적을 신중히 분석해서 정해야 하며, 실제 회의 개최 시에 사회자는 그 목적을 분명하게 표현해야 한다.

목적은 계획을 세우기에 앞서 어떤 배후의 사정이 있어 이 '사정'이 목적을 세우도록 재촉하는 것과 마찬가지이다. 예를 든다면 그룹 여행 계획을 세운다고 하자. 그룹의 멤버는 누구나 그룹 여행을 하고 싶다고 생각하며 말했다. 그래서 총무(부장)가 그 계획을 세우게 되었다고 하자.

총무는 우선 그룹 여행에 대하여 모두가 어떤 것을 기대하고 있는가에 대한 사실을 파악, 고려해야 한다. 그에 따라서 그룹 여행의 목적이 체육적인 것인가 유흥적인 것인가 지식 견문을 넓히기 위한 것인가 취미적인 것인가 간담회 성격인가 또는 이러한 것들을 몇 가지 겸한 것인가를 결정해야 한다. 그러한 목적에 따라 계획의 내용은 아주 달라진다는 점을 주목해야 한다.

또 그 목적은 시기나 장소, 경비 등의 구속을 받는다. 그룹 여행이 5월이나 10월경에 계획된다고 하면 체위 향상적인 것이나 신록(新綠)이나 단풍놀이와 같은 행락적인 것도 좋을 것이고, 또한 연말이나 기말, 학년말이라 했을 때는 친목을 겸한 간담회 같은 것이 생각된다.

목적은 해결하지 않으면 안 될 문제에 따라 결정되는 수가 있다. 그룹 안에서의 불화, 개운치 않은 문제 등이 있어 이것을 그룹 자체로 하여금 해결하고자 할 경우에는 간담회적인 것이 주된 목적이 될 것이다. 또 환경이 좋지 못한 직장에 종사하는 경우에는 종업원의 건강을 증진시키기 위한 목적이 되어 그 계획의 내용에는 맑은 공기를 마시게 한다는가 능 목적에 맞는 장소, 기일[季節]이 선정되어야 한다. 또 목적은 목표나 방침에서 정해지는 수가 있다. 그룹의 윗사람에 의해 지시되어 있는 목표나 방침에 따라 목적이 정해져야 하는 경우도 있다.

그룹의 자발성에 의해 약속된 목표, 방침에 따라 계획의 목적이 정해지는 경우도 있다. 가령 그룹 여행 계획의 목적도 그러한 조직, 그룹의 목표, 방침으로써 환담회적인 것도 되고 지식이나 견문을 넓히는 것이 목적이 될 수도 있다. 이와 같이 계획의 목적은 그 계획의 배후의 사정에 의해 정해지게 된다는 점을 주목해야 한다.

2. 목적은 누가 결정 하는가

그런데 그룹 여행 계획을 세우는 회의에서 회의의 리더는 사전에 그룹 여행 계획의 배후 사정을 면밀히 조사하여 그 토의의 목적을 회의 때 설명하도록 해야 한다.

예컨대 "이번 그룹 여행에 의해 여러분의 친목이 더욱 두터워지도록 계획의 내용을 세우는 것이 이 회의의 목적입니다."라든가, "서로의 ○○에 관한 지식, 견문을 넓히는 여행을 하기 위해 어떻게 하면 좋은가를 여러분의 중지를 모아 계획하고자 합니다."라든가 등으로 회의의 목적을 말한다.

그런데 회의의 목적에 대하여 회의의 리더가 사전에 목적을 정해놓고 회의를 개최하는 경우와 회의의 목적을 모든 사람의 토의에 의해 결정하고 회의를 시작하는 경우 등 두 가지 방법이 있는 것을 고려해야 한다. 후자의 경우에는, "우리들의 그룹 여행의 목적을 어디에 두느냐를 여러분의 토의에 의해 분명히 결정할 것을 우선 첫째로 다루고자 합니다."라고 리더는 말하게 된다.

3. 간접적인 표현

회의의 목적은 조심스럽게 표현해야 할 경우가 있다.

예컨대 멤버 사이의 이해관계가 있는 문제를 다룰 경우에 회의의 목적을 직접적으로 내밀면 멤버의 참여 의욕이 저하될 염려가 있으므로 회의의 목적은 간접적으로 표현하는 것이 좋다.

구체적인 예를 들어보면 동기회(同期會)의 회비가 연(年) 10,000원이었던 것을 20,000원으로 인상하는 문제를 의결할 것을 목적으로 한 회의에서 처음부터 "오늘의 회의에선 동기회의 회비 10,000원을 20,000원으로 인상하는 것을 결론지으려는 것이 목적이므로 기탄없는 여러분의 토의를 바랍니다."라고 말했을 때 경우를 생각해보자.

참석한 멤버들은 엄청난 회비 인상의 어림수에 놀랄 것이다. 또 그 당돌함에 기분이 나쁠 것이다. 강제하는 것 같은 회의의 목적에 반발심이 생겨 저항하는 멤버도 나올 것이다. 이런 식의 목적을 제시하는 것은 가장 비굴한 지도적 및 강제적 회의의 일례이다.

능숙한 회의의 리더는 이런 예에서는 다음과 같이 진짜 목적을 숨기고 말할 것이다.

"우리들 동기회의 활동은 최근의 물가고에 의해 매우 제약을 받고 있습니다. 한편 일부 회원께서는 더욱 활발한 활동을 하도록 요청하고 있습니다. 이러한 회원의 기대에 어긋나지 않는 활동을 이 물가고 속에서 전개하려면 어떻게 하면 좋을까를 토의해주시어 필요한 대책을 결정했으면 합니다."

이토록 노골적이 아닌 부탁조로 제시된 목적을 향해 말하면 회원은 자연스럽게 토의를 시작한다. 리더는 토의 과정에 세심하게 신경 써서 요소요소에서 필요한 자료를 제시하며, 질문을 하여 회원의 의견을 정리하고, 어떤 의견에는 강조하고 어떤 의견에는 되받는 질문이나 릴레이식 질문으로 재고를 촉구하여 방향을 굳힌다. 리더의 의도는 간접적이기 때문에 회원의 참여 의욕이나 빈도는 저하되지 않아 리더가 원하는 방향으로 차츰 이끌게 된다. 그리고 결국엔 동기회의 회비, 20,000원으로 인상의 결론으로 낙착된다. 그것도 전원 합의의 결론으로. 이러한 회의는 솜씨 있는 지도형의 회의이다. 이 솜씨 좋은 지도형의 회의 진행법의 요점의 첫째는 회의 목적의 조심스런 표현에 있는 것이다.

무엇……의제를 결정, 관점을 분석 한다

1. 의제의 표현

회의의 목적이 명백히 정해지면 다음에는 의제의 표현을 정한다. 앞에서 인용한 예에서 의제를,

〈동기회 회비 증액에 관한 건〉 등이라 표현했다 하면 너무나 직접적이다. 그것을 더구나 〈동기회 연 회비 2배 증액에 관한 건〉 등으로 표현한다면 회의는 처음부터 난행할 것이다. 그러므로 의제는 교묘하게 표현해야 한다. 그 요점으로는 다음과 같은 것을 들 수 있다.

① 간결한 표현일 것
② 관심과 흥미를 갖게 하는 표현일 것
③ 회의의 내용을 잘 이해할 수 있도록 할 것

앞의 예에서 〈동기회 활동의 적극화 계획에 관하여〉라고 의제를 표시했다고 하면 그 의제가 회비 인상에 관해서는 설명하고 있지 않다고 해도, 토의에서는 동기회는 어떤 활동을 전개할 것인지의 방향으로만 진행 되어 회비 인상에 관해서는 좀처럼 토의되지 않을 것이다. 그렇다고 이것을 무리하게 토의에 붙여 회비의 인상을 결론지으려고 하면 회원은 어딘가 속임수에 넘어가는 듯한 인상을 가질 수도 있다. 그러한 까닭에 〈동기회 활동의 장래 대책에 대하여〉라는 식의 표현으로 의제를 제시하면 좋을 것이다.

이상의 예에서와 같이 의제가 그 회의의 전체적인 성격이나 내용을 잘 파악할 수 있도록 표현하지 못하면 멤버의 견해나 관심의 방향이 엇갈려 토의는 목적한 방향대로 진행되지 못하게 된다.

2. 무엇이든 말해버린다

의제는 또한 토의될 몇 가지 관점을 분석해두어야 한다.

예컨대 그룹 여행 계획을 토의에 붙여 결정하려고 할 경우는 리더가 의제를 제시하고 목적을 말한 다음에 우선 첫 질문을 다음과 같이 던졌다고 하자.

"여러분, 무슨 좋은 방안이나 의견이 있으면 말씀해주십시오."

여기서 멤버는 잠시 생각하려고 침묵을 한다. 그러면 리더는 다음과 같은 질문을 거듭 던진다.

"어떤 의견이라도 좋으니 말씀해보십시오."

이래서 멤버는 아무것이든 머리에 떠오른 것을 제각기 말하기 시작한다.

A : "금년에는 한번 먼 곳으로 여행하는 것도 멋이 있을 거야."
B : "그것 참 좋아. 2박 3일 정도로."
C : "제주도나 울릉도 같은 데가 어떨는지."
D : "그래, 찬성이야. 갈 때는 비행기로, 돌아올 때는 페리호로 부산을 경유, 제주도가 좋지."
E : "총무부장님. 제주도로 하되, 이번 여행을 취소하고 가을까지 여행기금을 적립하는 것이 어떻습니까?"

이래서 제주도니 울릉도니 떠들어대다가 회의의 분위기가 이루어지지 않는 수가 있다. 리더는 혼자서 못마땅하다고 짜증을 내도 별수 없다. "어떤 의견이라도 좋으니……."라고 말했으므로, 모두가 무엇이든 말해도 좋다. 무엇이든 말해버린다고 반응했을 뿐이다.

이와 같은 경우 회의의 분위기는 질서 없는 자유 토론의 분위기가 되어버려 멤버는 흥에 겨울는지 모르나 본래의 의제·목적은 분산되고 만다.

3. 관점의 분석

그러므로 의제와 관련된 회의 진행에 중요한 점은 의제를 토의하려는 관점을 분석해주는 것이다. 예컨대 이 그룹 여행 계획을 세우는 회의에서는,

  a. 어디로 가나……행선지.
  b. 언제 가나……일시, 당일이냐, 1박이냐.
  c. 무엇으로 가나……교통편(탈것), 경로.
  d. 무엇을 하나……행선지에서 무엇을 하는가, 무엇을 보느냐.
  e. 경비는 얼마인가……예산, 지출액, 방법.

등과 같이 토의해야 할 관점을 분석하여 준비해두어야 한다. 리더는 준비된 관점에 따라,

"우선 첫째로 어디로 가나, 이런 점에 대해 의견을 제시해주시기 바랍니다."라고 질문을 한다. 이때 멤버로부터 "제주도, 울릉도가 좋다." 등 범위 외의 의견이 나오면, 리더는 "이번 그룹 여행의 목적으로 보아 좀 어떨는지요."라고 목적을 상기시키며 회의를 조정한다.

어디로 가느냐에 대한 관점이 귀결(歸結)되면 다음엔 언제 가느냐에 대해 토의를 진행시킨다. 이와 같이 사전에 분석된 관점에 대하여 토의를 진행, 각 관점에 대한 결론을 하나하나 귀결 짓고 전체의 결론으로 이끄는 것이 이 여행 계획을 토의하는 회의의 방법이다.

이 경우 중요한 것이 두 가지가 있다.

a. 각 관점의 결론 사이에 유기적인 관련이 있을 것
b. 각 관점이 올바른 논리적인 순서로 배열되어 있을 것

앞의 여행 계획은 회의를 예로 들면 행선지와 여행일은 상호간의 관련이 고려되면서 회의가 진행되어야 하며 그것은 또 교통편 이용의 가능성과의 관련에서 토의되어야 한다. 경비는 행선지, 교통편, 행사 등과 관련해서 결정되게 마련이고, 또 반대로 경비가 전체의 제약이 되어 그 범위 내에서 행선지, 교통편, 행사 등에 관해 결론지어져야 할 경우도 있다.

4. 관점의 배열

또 어느 관점부터 시작하여 어느 관점으로 옮기고 어느 관점을 최후로 돌리느냐의 관점의 순서가 논리적으로 배열되어야 한다.

예컨대 여행에 소요되는 경비 문제를 우선 토의하여 결론을 짓고 그 범위 내에서 행선지나 행사, 교통편을 결론을 짓게 하는 경우도 있다. 또 교통편이나 숙박지의 사정이 우선하여 결정되고 이에 따라서 행선지나 날짜, 경비가 결론지어지는 경우도 있다. 또는 참가 멤버의 사정이 먼저 의논되고 그 다음에 날짜, 장소가 결정되는 경우도 있다. 이상 토의 관점의 논리적인 배열의 순서는 어느 것을 먼저 해도 상관없다.

여행 계획을 토의할 경우의 각 관점의 배열은 그 관점 자체의 논리성에 있는 것이 아니라, 그 관점의 배후에 깔린 사실에 의해 논리성이 지배되는 것이므로 그 사실의 여하에 따라 경비를 선의(先議)해야 되기도 하고, 또 행선지를 선의 해야 되기도 하며, 참가 멤버의 사정이 선의 되

지 않으면 안 될 사정도 있게 된다.

　문제 해결 회의에서 문제의 원인을 탐구하고, 그 원인에 대하여 대책을 강구해야 할 경우에는 그 토의해야 할 관점의 논리적인 배열에서는 다음과 같은 것이 올바를 것이다.

　a. 문제는 무엇인가.
　b. 원인은 무엇인가.
　c. 원인에 대한 대책은 무엇인가.
　d. 대책의 실시 계획은 어떻게 할 것인가.

　이상과 각 관점은 어느 사항에 대해서는 이미 알고 있는 경우도 있다. 그런 경우에는 그 사항의 토의는 생략된다. 그러나 이 관점의 배열은 위와 같은 네 가지 관점의 배열이 틀린 것은 아니다. 왜냐하면 이 관점이 논리적으로 옳은 것은 각 관점 자체에 있기 때문이다. 만약 대책을 논한 다음에 원인에 대해 논의되는 것은 앞뒤가 맞지 않는 잘못된 순서이기 때문이다.

　이상과 같이 의제를 결정하고 논의해야 할 관점을 분석하여 그 순서가 결정되면 다음에 회의의 멤버를 예정하고 일시·장소를 결정, 그리고 아주 구체적인 진행 방안을 세우게 되는 것이다. 이상 계획의 각 항목에 대해 논술하기에 앞서 의제를 다루는 데 고려해야 하는 관점의 예를 몇 가지 들어보기로 한다.

5. 관점의 구체적인 예

(1) 레크리에이션 여행 계획의 회의

의제 : 레크리에이션 여행 계획

관점 : a. 목적은 어떻게 할까.

b. 경비는 얼마로 할까.

c. 1박이냐, 당일코스냐.

d. 행선지는 어디로 할까.

e. 교통편은 무엇으로 할까.

f. 행선지에서 무엇을 하며, 무엇을 보느냐.

g. 참가자 역할의 분담은 어떻게 할까.

이 사례에서의 관점은 왜, 무엇, 어디, 언제, 누가, 어떻게 의 여섯 가지 의문의 각 항목에 비추어보아 빠뜨린 것은 없나, 그 상호 관련은 어떤가, 배후 사정, 예컨대 여러 사람의 주머니 사정, 행선지에서의 혼잡의 정도, 날씨의 예상, 교통편의 상황 등의 사정은 어떠한 가 등을 계산하여 차질이 없도록 하고 또한 주어진 여건에서의 논리적인 규칙이 올바른 것에 유의하면 좋다.

(2) 교제비의 절감을 철저히 하고 실행에 옮기는 것을 토의하는 경우

목적 : 교제비를 3할 절감하기 위한 구체적 대책의 입안

의제 : 교제비의 절감 대책에 대하여

관점 : a. 경비의 실적.

b. 예산을 초과하고 있는 항목과 그 초과액.

c. 예산을 초과하고 있는 항목 중에서 가장 손쉽게 실행 할 수
　　　　　있는 절감의 항목(교제비가 될 것이다.)
　　　　d. 교제비 절감의 구체적 대책.
　이 사례는 멤버의 심리적 면을 예측하여 목적의 진술 방법과 의제의 표현에는 조심성 있는 표현으로 하는 경우이다. 또 a, b의 토의, 정보의 교환을 통해 c의 관점에 대하여 토의하는 심리적인 복선이 깔려 있다 할 것이다.

　c의 관점은 완곡(婉曲)한 취급 방법으로, 토의는 멤버의 의견으로서 교제비 절감으로 초점을 맞추게 한다. 즉 멤버 스스로가 토의하도록 함으로써 심한 통제를 가하지 않고, 목적하는 교제비 절감으로 토의가 좁혀져 결국 구체적인 대책이 세워지게 될 것이다. 지도적인 회의는 이상의 예와 같이 세밀한 관점의 배열에 의해 완곡하게 즉 우회적으로 회의의 목적을 달성시킬 수 있다.

(3) 잔업 규제(殘業規制)를 목적으로 하는 회의
목적 : 잔업을 규제하여 경비 절감을 가져오자
의제 : 잔업의 합리화에 대하여
관점 :　a. 현재의 직장별, 개인별 잔업의 실태
　　　　b. 잔업이 미치는 건강상의 문제, 생활상의 문제
　　　　c. 잔업 규제의 효과, 영향, 이해득실
　　　　d. 잔업 규제의 가능한 정도
　　　　e. 잔업 규제의 구체적인 대책
　이 회의가 현장의 감독자들로 구성된 멤버로 회의를 개최하는 경우

에는 이상과 같이 세심한 관점을 배열해야 한다. 왜냐하면 제 일선의 감독자들은 아랫사람인 종업원의 이익을 대표하는 입장에 있으므로, 아랫사람이 잔업 규제에 의해 경제적인 불이익을 받게 되는 것에 반대적 입장을 취할 것이라는 점이 예상되기 때문이다.

그 때문에 리더는 경비의 절감을 기하려고 하는 경영자 측의 목적은 일단 보류하고 문제를 좀 우회적으로 즉 잔업이 가져오는 건강상, 생활상의 문제에서부터 다루려는 태도로 임하는 것이 좋을 것이다. 또 리더가 강압적인 조정을 가하여 결론지으려 하면 오히려 회의의 참여 의욕이 저하되고 결론도 일방적인 것이 되기 쉬워 그릇된 지도형의 회의가 되고 만다.

여기에 제시한 바와 같은 관점과 그 순서에 따라 조심성 있게 그리고 출석 멤버의 발언을 귀담아들어야 하고 그 입장에 이해를 표시하는 마음가짐으로 토의를 진행시키넌 감독사들의 사사에 바탕을 둔 발의(發意)로 결정된 결론을 보게 될 것이다. 특히 c의 잔업 규제의 효과, 영향, 이해득실에 대하여 감독자들의 의견이나 고충, 그리고 잔업 규제의 가능한 정도에 대한 제안에 대하여 리더는 귀를 기울여 경청하는 것이 중요하다. 그러한 리더의 태도는 참석자들의 좋은 호응을 얻어 결론을 효과적으로 이끌어갈 수 있게 된다.

(4) 사무 방법의 개선안을 강구하는 회의

목적 : 사무의 방법을 개선하고, 이를 모두가 실행함으로써 사무 능률을 향상하는 일

의제 : 사무 방법의 개선

관점 : a. 현재의 사무 처리 방법
　　　　b. 그 사무 능률에 미치는 영향
　　　　c. 사무 방법의 개선책
　　　　d. 그 개선책의 실행 방법

이것은 어느 회사에서 사무의 방법을 여러 사람이 개선할 것을 목표로 개최된 직장 회의의 관점의 예로, 이런 경우의 정공법적(正攻法的)인 진행법이다.

이 경우에는 a와 b의 관점은 여러 사람으로 하여금 스스로 개선하는 데 의욕을 환기시키는 포석적(布石的)인 것으로서 중점은 c의 개선안을 토의하는 관점과 이 개선안의 실행 방법을 토의하는 관점이다. 특히 후자를 확실히 해두어 실행의 책임자나 검토의 방법을 결정하는 것이 중요하다. 이것을 명확히 정해놓지 않으면 결론은 실행되지 않는 용두사미격이 되고 만다.

(5) 전달을 철저히 할 것을 목표로 한 회의

목적 : 전달이 철저히 지켜지도록 할 것

의제 : 전달의 철저한 실행에 대하여

관점 : a. 현재의 커뮤니케이션(전달) 방법
　　　　b. 철저히 지켜지고 있는 곳과 그렇지 못한 곳과의 정도
　　　　c. 철저하지 못한 원인
　　　　d. 그 대책
　　　　e. 대책의 실행 방법

이 회의의 주요점은 c의 철저하지 못한 원인을 토의하는 데 있을 것

이다. 어떠한 매개(媒介)로든 전달하는 소위, 커뮤니케이션은 일상적인 회사 내에서의 상호 활동의 분야에서는 새롭고 기발한 대책을 고안하여 실행 한다 기 보다는 현재 행하여지고 있는 여러 방법을 좀 더 의식적으로 실행할 수 있느냐가 중요한 것이다. 그러한 까닭에 전달을 철저히 하는 방법은 현재 취하고 있는 방법이 어떻게 이루어지고 있는가의 해명(解明)에서 추구하면 자연히 이루어지지 않는 원인을 탐구하는 것이 회의를 성공시키는 포인트가 될 것이다.

(6) 그룹의 규칙을 지킬 것을 결정하려는 회의

목적 : 그룹의 멤버가 규칙을 지키도록 하는 것
의제 : 그룹의 규칙 이행에 대하여
관점 : a. 그룹의 규칙이 왜 지켜지지 않는 가
        b. 어떻게 하면 시켜질까

이것은 그룹에서 정한 규칙이 지켜지고 있지 않으므로, 그룹 멤버가 전원 참가하여 토의하는 회의이다. 토의의 관점은 매우 간단하여 단 두 가지 관점에 대해서 토의하면 되는 것인데 목표는 역시 규칙이 지켜지지 않는 이유를 토의하는 데 있다.

그리고 그 이유를 표면적인 것만 추구하여 토의를 하면 별 효과를 얻기 어려우므로 내면적인 면, 심리적인 면, 정신적인 면에까지 파고들어 원인·이유를 토의해나가도록 해야 한다. 그 토의에서 b의 결론은 자연히 마련되는 것이다.

(7) 종업원의 결근 방지를 의제로 한 생산위원회

목적 : 종업원의 결근을 방지하고 출근율 97%를 확보한다.

의제 : 종업원의 결근 방지 대책

관점 : a. 현재의 결근 사정

　　　　b. 생산 면에 대한 영향

　　　　c. 결근의 이유

　　　　d. 각 부서에서의 결근 방지 대책

　　　　e. 노무 과 등의 간부로서의 결근 방지 대책

　　　　f. 생산위원회의 역할

　결근을 방지하기 위한 역할은 대체로 각 부서의 제조 과에서 실행해야 하는 것과 지도 간부진에서 실행해야 하는 것으로 조직적으로 분담되고 있다. 그러므로 토의될 관점은 관계자의 책임 범위에 따라 확실한 분석을 해둘 필요가 있다. 또, 이 문제에 대한 생산위원회의 역할에 대해서도 분명하게 정해놓지 않으면 직제(職制)와 위원회라는 극히 미묘한 관계가 즉 생산위원회는 각 부서에서 모아 조직된 것이므로, 직제(부서)와 임시적 제도(생산위원회) 간의 분담이 혼란스러워져 이 회의의 결론이 알찬 것이 되지 못하는 수가 있다.

　또 이 회의에서는 c의 결근의 이유를 토의하는 경우 흔히 결근자 측의 이유만 토의하는 수가 있다. 출근 의욕이 없다든가, 가정 사정이라든가, 젊은 층의 지나친 유흥에서 오는 피로 또는 기후의 탓 등의 이유가 표면적인 이유로 제시된다면 진짜 문제의 해결을 볼 수가 없다.

　그래서 리더는 토의의 관점을 다시 다음과 같이 분석하여 필기해두어야 한다. 이 관점의 어느 부분은 멤버에게 공적으로 발표할 수 없는 것인데, 토의의 진행에 있어 리더는 질문 형식으로 발언하여 핵심적인 원인을 들추어내도록 해야 한다.

① 결근계의 이유 란에는 무엇이라 씌어 있나.
② 그것은 거짓 없는 이유인가, 핑계로 한 이유인가.
③ 결근자 측의 이유는 무엇인가.
④ 공장의 관리자 측의 이유는 무엇인가.
⑤ 원인은 무엇인가. 간접 원인은 무엇인가.
⑥ 공장을 둘러싼 지역적 환경에 원인은 없는가.

이와 같이 종업원의 결근율은 여러 가지 관리 운영에 따르는 관리 요인에서 크게 영향 받고 토의에 의해 이들 요인이 해결되어 단기적 내지 장기적인 대책이 강구되어 실행되어야 하므로 이것을 표면적인 이유의 파악과 일시적인 대책으로 개선하려는 것은 해결의 성과가 없다.

이 회의에서 또 한 가시 중요한 섯이 있다. 그것은 b의 생산 면에 대한 영향에 대해서 토의하는 관점으로 여기서 리더는 준비해둔 자료나 도표를 제시하여 설명하고 또한 멤버의 의견을 따라 해석을 하며 앞으로의 생산 상황에 미치는 영향을 질적·양적·원가적(原價的)·수익적(收益的)인 면에서 분석하여 결근 문제가 여러 면에 영향을 미치는 점을 모두에게 확실히 파악하도록 알려주어야 한다.

이 명확한 파악으로서 출근율을 97%로 확보하지 않으면 안 될 필연성이 멤버에게 이해되고 또 이 결근 문제의 해결의 중요성이 절실하게 인식되어지도록 해야 한다.

이러한 문제 해결에 대한 절박감을 느껴야 그에 적응되는 지혜도 나오게 되고 결론을 실행에 옮기려는 마음가짐도 생겨나게 된다. 그 때문에 문제 해결에 대한 절박감을 환기시키는 것은 문제 해결 회의에서 중지를 결집(結集)시키려 한 경우에 매우 중요하다.

이 사례에서는 b의 생산 면에 대한 영향을 철저히 설명하여 논의함으로써 그 절박감이 중요 포인트가 되는 것이다.

(8) 조직의 변경을 검토하는 회의

목적 : 내부 조직의 변경을 입안(立案)하여 경영합리화를 도모한다.

의제 : 내부 조직의 검토, 변경에 관한 건

관점 : a. 내부 조직의 문제점은 무엇인가.

　　　 b. 그 문제점을 어떻게 변경할 것인가.

이 회의는 회사 등에서 기획위원회라든가 간부회·부장회 등의 특별한 장(場)에서 열린다. 관점은 이 경우 위의 두 가지도 매우 간단한 것 같으나 실제로는 그렇게 간단하지 않다.

조직 변경에 의해 모두가 승진한다든가 모두 좋은 자리에 앉게 되면 별로 지적할 것도 없는 것인데 현실에 있어 그늘에 가리는 사람도 생기게 되는 것이 조직의 변경이라는 것으로서 거기에는 이해득실이 얽히는 문제이므로 그렇게 간단히 처리할 수 없다. 이것으로 설불리 다루어 즉 미리 입안(立案)해둔 조직 개조안(組織改造案)으로 결론을 이끌어가려 해도 그렇게 간단히 처리되지 않는다.

회의의 책임자는 더욱 신중히 관점을 분석하여 그 관점 등에 대해 회의를 인내를 가지고 거듭함으로써 조직 변경의 필요성을 계몽하고 변경 방향에 따라 순응하는 태도를 형성토록 하고 개선책을 받아들일 계기를 조성하는 과정을 거쳐 결론을 얻도록 해야 한다. 그래서 이 회의의 관점은 조직 변경에 대한 멤버의 저항의 심리, 계몽적인 과정의 진행 등을 통찰하며 예측하고, 다음과 같은 것을 준비해두어야 한다.

① 동일 업계에서의 일반적인 추이(推移)와 경향, 합리화의 필요성을 이해시키는 관점
② 합리적인 조직이란 어떠한 것이라는 점을 이해시키는 교육적인 효과를 겨냥한 관점
③ 조직 변경에 대한 저항, 불만, 불안과 같은 감정을 부드럽게 하여 방출시키는 효과를 겨냥한 관점

이러한 관점을 준비하고 그것에 대하여 회의를 거듭하는 시간적 효과를 겸용하여 결론을 얻도록 해야 한다. 즉 전략적인 관점을 전술적인 관점으로 선행시키는 것이다.

이상으로 몇 가지 예를 들은 바와 같이 회의를 성공시키고 유효한 결론을 얻으려면 회의에 있어서 어떤 섬에 대해 토의해야 하는지의 관점을 정확히 분석·파악하고 준비해두어야 한다. 이 관점의 분석·파악에는 다음과 같은 것이 필요하다.

① 회의의 스타트에서 골인까지의 전 과정을 주의 깊게 분석하고 예측해 놓는다.
② 필요한 관점과 그 배열의 논리적인 정당성을 결정한다.
③ 회의의 목적을 달성하는 데 필요한 제 원인은 무엇인가를 파악하는 것. 정확한 정보의 제공인가, 문제의 명확성인가, 원인의 분석인가, 아이디어의 발굴인가, 또한 불안·불만의 해소, 의욕의 환기, 절박감의 환기 따위의 심리적인 접근이 필요한가.
④ 리더 자신의 경험이나 집단 심리에 대한 이해를 곁들인다.

누구를……멤버를 예정한다.

1. 인원수

일반적으로 말해 회의의 멤버의 예정은 극히 소홀히 다루는 수가 많다.

회의 참가자의 수는 정보를 전달하는 회의에서는 450명의 의원으로도 가능하나 한 사람 몫의 질의응답 횟수는 극히 제한 내지 억제되므로 대체로 20명 내외가 한도라 생각하면 좋다. 인간관계를 돈독하게 하기 위한 직장의 친목적인 회의에도 20명 전후가 한도로 그 이상 많아지면 멤버 상호간의 교류가 희박해져 서로의 협력 관계를 이룩하기가 어렵다. 조정을 목표로 하는 회의에서는 14,5명 정도가 한도라 할 수 있다. 그러나 곤란한 문제에 대하여 조정을 하는 경우에는 많아야 6,7명 이내로 한정하는 것이 좋다.

이상 두 가지 경우의 회의에서는 인원 수에 대하여 위에서 말한 것을 염두에 두면 된다.

2. 참석자의 면모

조정을 목적으로 하는 회의에서는 인원 수 외에 책임지는 입장에 있는 사람을 출석시키도록 하는 것이 좋다. 그렇지 않을 때에는 야당적인 입장에서 공격을 즐긴다든가 부화뇌동적(附和雷同的)인 발언으로 시종되어 적절한 조정을 못 보는 결과가 되기 쉽다. 출석 멤버에 대한 충분한 고려를 기울여서 중지를 모아 문제를 해결시켜야 할 경우이다.

그러나 그룹이나 직장 전원이 계획을 세운다든가 문제를 해결하는 경우에는 동시에 전달이나 인간관계에 관한 목적으로 하는 회의이기 때문에 전원이 출석하게 마련이다. 그러나 반드시 중지를 모아 문제를 해결하기 위해서라면 인원 수 및 참가자의 면모에 충분한 고려가 따라야 한다.

중지를 모아 문제를 해결하려면 다음과 같은 활동이 토의에서 다루어져야 한다.

① 실질적인 정보의 제공과 의견의 제공
② 분석과 평가
③ 아이디어의 공헌
④ 조정과 요약

그러므로 회의의 멤버는 사실·정보를 잘 알고 있고 그것을 제공할 수 있는 사람, 좋은 의견을 갖고 있는 사람, 분석이 익숙한 사람, 적절한 평가를 할 수 있는 사람, 훌륭한 아이디어를 제공할 수 있는 사람이 포함되도록 해야 한다. 그리고 리더는 질문을 던져 정보나 의견을 끌어내고 조정이나 요약을 해가는 입장을 취하게 되는 것이다. 더구나 그러한 멤버의 역할이 최고도로 발휘될 수 있는 인원 수는 대체로 5명에서 많아야 10명 정도로 그 이상 많아지면 발언하지 않는 유휴인원(遊休人員)만 늘어날 뿐이다.

이상과 같은 사실로 보아 중지를 모아 문제를 해결하는 회의에서는 필요한 활동을 충분히 해낼 수 있는 능력 있는 사람을 10명 내외 정도로 한정시켜 출석하도록 예정해야 한다.

그것을 체면을 보아서라든가, 그 사람을 빼놓을 수 없지 않은가, 출석 시키지 않으면 좀 미안해서라든가 등의 사고방식에 얽매어 필요한 능력도 없는 사람들을 즉 자리만 차지하고 아무 효과 없는 발언만 하는 사람들을 세워 놓아봐야 오히려 중지의 결집만 저해되어 잘못하면 중우(衆愚)의 결집이 되어버리고 만다. 그러나 중지를 결집하는 회의에서는 결론을 실행할 경우에 모든 참여에 따른 협력 관계가 필요하게 된다. 그래서,

① 문제에 대하여 성안(成案)을 보게 될 단계에서는 능력주의의 편성으로 인원 수를 10명 이내로 좁힌 소수 그룹 회의를 갖고,

② 성안을 결정하는 단계에서는 전원을 출석토록 하여 전원이 참가한 가운데 채택을 결정하기 위한 전원 회의를 갖는 식의 2단계의 계획을 하면 좋을 것이다.

3. 기록원[書記]

다음에 기록원 즉, 서기를 두어 회의를 진행할 경우를 생각해보기로 한다. 중요한 회의나 공식적인 회의에서는 서기를 두는 것이 상례이나 그렇지 않는 한 반드시 서기를 둘 필요는 없다. 회의의 리더는 단순한 진행자나 사회자가 아니라 토의의 핵심을 파악, 유효한 결론을 만들어 내기 위한 연출자의 역할을 하는 것이므로 자기가 토의의 결과를 언제나 잘 파악하여 필요한 요약을 수시로 행할 수 있어야 한다. 그러기 위해서는 오히려 기록원이 있거나 할 때는 자칫 그쪽에 의지하게 되어 하나도 빼놓지 않고 회의 과정을 파악해야 하는 노력을 게을리 하는 수도 있다. 만약 서기를 둔다면 다음과 같은 자질 조건을 지니고 있는 사람을 선택하는 것이 바람직하다.

① 주의력의 집중과 질의응답 등을 신속하게 새겨들을 수 있는 능력

의 소유자

② 확실하게, 또는 간결하게 필기할 수 있을 것

③ 주관적인 판단을 가하지 않고 객관적으로 관찰할 수 있을 것

④ 회의의 진행을 잘 분석하여 파악할 수 있으며 리더의 기분을 간파할 수 있는 사람

언제……일시(日時)를 예정 한다

1. 타이밍과 회의 시간

언제 회의를 개최하느냐에 대하여 중요한 것은 적절한 타이밍을 파악하는데 달려 있다.

그룹 여행 계획을 세우는 회의에서 타이밍이 늦은 회의를 개최한다면 모처럼 여행을 가기로 합의를 보아 결론을 보았다 해도 쓸모없게 된다. 문제 해결 회의에 있어서는 회의 개최의 타이밍이 해결의 중요한 요인의 하나가 되는 수가 자주 발생하게 된다.

예컨대 판매 확장을 시도하여 상품의 디자인이나 품질을 변경할 것을 결론지으려고 하는 회의에서는 상품의 판매 진척의 경향 곡선이나 경쟁 상품의 추이(推移), 동태 등을 견주어보아 그 시기에 꼭 맞는 타이밍에 회의를 갖는 것이 성공의 한 요인이 될 것이다.

또한 회의 개최의 타이밍은 작업이나 멤버의 사정, 회장의 예정, 일

기, 교통 상황, 다른 행사와의 관계 등의 요인과도 견주어서 결정해야 된다. 회의와 시간 관계는 중요한 것이다. 문제에 따라서는 장시간에 걸치는 경우도 있을지 모르나 인간이 구속되어 사고하는 시간은 한계가 있다.

아무리 흥미 있는 문제라 하더라도 이것이 오랜 시간을 끌면 사고력도 저하되고 피로가 겹쳐 오히려 회의의 주제를 벗어나 감정이 지배하는 수가 있다.

보통 이상적인 회의의 시간이란 90분 정도, 길어야 2시간 이내이다. 왜냐하면 이 정도의 시간이 일정한 곳에 인간이 구속되어 견디어내는 시간의 한계이기 때문이다. 이것은 대뇌 생리학(大腦生理學)이 증명하고 있다.

만약 그 회의가 여러 시간이 걸리는 경우에는 적당한 휴식을 취한다든가 기분을 전환한다든가, 가벼운 체조를 한다든가, 어떠한 방법으로든 기분전환의 방법이 필요하다. 이러한 것은 회의를 주최하는 경우 인간의 육체적 조건까지 고려하여 계획을 세우지 않으면 안 된다는 것을 의미한다.

회의의 주최자는 그 회의가 전국의 대표를 소집하여 개최하는 대규모의 것이든, 회사 내에서 여는 소규모의 회의이든 간에 대개가 주최자의 형편에 따라 계획을 세우기가 일쑤이다.

"이 정도의 문제를 처리하는 데는 몇 시간이 필요하다."

"점심 식사 시간을 넣으면 회의가 엉거주춤해져버리므로 점심시간을 한 시간 늦추자……."

등등 주최자의 형편에 따라 회의는 어떻게든 변경시킬 수 있다. 그러나 회의를 적어도 알맹이 있는 회의로 이끌려면 우선 회의 출석자를 본 위로 하여 모든 것을 고려하는 것이 중요하다. 물론 이러한 사정에 구애되어 주최자측이 의도하고 있는 결과가 이루어지지 않으면 곤란하겠지만 요점은 그 포인트를 어디에 두느냐에 있는 것이다. 주최자나 참가자는 가장 바람직한 상태로 회의가 진행될 수 있는 회의 시간을 잡는 것이 중요한 것이다.

우리들은 어떤 회의나 강연회에 출석해보아 느껴 알 수 있듯이, 강연 시간이 2시간이 지나면 으레 회장에서 자리를 뜨는 사람도 있게 되고 여기저기서 사담이 오고가게 마련인데 인간의 심리는 야릇한 것으로 한군데서 웅성대기 시작하면 연쇄 반응으로 그것이 회장 전체로 확산되는 경우가 많다. 이쯤 되면 회의나 강연회는 끝장이 난 것이다.

● 요일 결정

업무와 관련해서 우선 생각할 수 있는 것이 요일의 상정이다. 예컨대 월요일은 1주가 시작되는 날로 비교적 정례적인 회의도 많으며 각 그룹의 미팅도 있을 것이다. 따라서 매우 긴급한 회의가 아닌 이상 되도록 월요일은 피하는 것이 바람직하다.

그렇다면 금요일은 어떤가? 토요일에 쉬기라도 하는 회사라면 업무상 외부와의 연락이라든가 납품 등 매우 바쁜 날이 된다. 또한 휴일 전날이기 때문에 개인적인 스케줄을 짜놓은 사람도 많아 이것저것 힘든 요소가 따른다.

그렇다면 화요일, 수요일, 목요일 중 하나를 택하게 된다. 그 중에서 목요일은 1주일의 피로가 몰리는 무렵이고 그래서 정신적으로도 무슨 일에도 소극적인 자세가 되는 날이다.

그렇다면 나머지 화요일이나 수요일이 비교적 회의를 계획하기 쉬운 요일이 된다. 이것은 실제로 각 단체를 상대로 한 조사에서도 밝혀진 바 있다.

● 시간

결론적으로 가장 효과가 있는 시간대는 오전이다. 그것도 출근 후 비교적 집중이 가장 잘 되는 시간이어야 한다. 오후가 되면 그때까지 연결되는 업무상의 관련 문제도 있고 이것저것 제약이 따른다. 따라서 비교적 순조롭게 개최할 수 있고 출석자가 모두 참석하기 쉬운 시간은 오전이 된다.

또한 회의에 소요되는 시간은 2시간 이내 정도가 가장 좋다. 길어도 3시간 이내로 하는 것이 바람직하다. 물론 3시간을 넘는 경우도 실제로 많이 있겠지만 이런 때에는 적절하게 휴식을 취하는 등 가끔 기분전환을 도모하는 배려도 필요하다.

2. 사회자와 예정표

그러나 특수한 사정 — 예컨대 지방에서 출장하여 참가한 사람이 있는 경우 — 이 있어 3~4시간 회의를 계속해서 끝내야 할 사정도 생길 수 있다. 그것은 이미 한계를 넘는 회의이므로 휴식 시간을 오래 한다든가, 도중에 음식을 먹는다든가 의 배려를 해야 한다.

여하튼 회의 시간은 사회자가 사회를 진행하는 방법 여하로 어느 정도 조절되는 것이다. 그래서 리더는 예정된 시간 내에 회의를 유효하게 끝내기 위해서는 〈회의 진행 예정표〉를 작성하지 않으면 안 된다. 이것을 게을리 하면 예정 시간 내에 끝낼 수 없어 시간을 연장하거나 또는 의제가 심의 미결(審議未決)로 남게 마련이다. 〈회의 진행 예정표〉라 하지만 이것은 하나의 가늠에 지나지 않아 어떠한 토론이 이루어져 어떻게 진전되어 갈 것인가는 예측하기가 어렵다. 각 의제마다의 설명 시간 · 질문 시간 · 토론 시간의 정도를 대체로 예정해두는데 그치는 것이다. 그러나 2~3시간 만에 효율적인 회의를 끝내려면 이것이 절대로 필요하다. 또 예정 시간을 초과했을 때는 한 회의의 의제가 너무 많으므로 의제를 줄인다든가 별개의 회의를 계획해야 한다.

  사회자는 이 예정표를 따라 사회를 진행시켜 가는데 예정표는 어디까지나 예정이므로 좀 차질이 생겨도 상관없다. 다만 한 의제로 시간이 초과하면 다음 의제에서 시간을 절약할 수 있도록 노력한다. "먼저 의제에서 시간을 너무 소비했으므로 이 의세에 내해서는 간략하게 발언해주시기 바랍니다." 등으로 조정할 수도 있다. 또 혼자서 길게 발언을 하는 사람에게는 "예정 시간이 촉박하므로 다른 분에게도 발언의 기회를 주시도록 부탁합니다." 등 발언을 억제하기로 한다. 또 별로 큰 효과도 없는 토론의 분규 등은 예정 시간을 구실로 다음 기회로 미룬다든가, 다른 장(場)에서 토의하도록 권장하여 회의의 진행을 꾀하도록 한다.

  〈회의 진행 예정표〉는 '회의호'라는 배를 지정 시간에 목적한 항구에 대기 위한 필수의 해도(海圖)인 것이다.

3. 개시 시작과 종료 시각을 명확히

어떤 회의에서도 개시 시각이 명시되어 있지 않은 회의는 없으나, 그 시각에 맞추어 회의가 시작되는 경우도 역시 드물다. 심한 경우에는 ○○시라 해놓고 2,30분 늦어지는 것이 예사로 상식화된 집회도 많다. 모두가 개시 시각을 준수하도록 노력해야 하지만 제일 효과가 있는 것은 그 조직의 장이 되는 사람이 '시간 엄수'의 구호를 내걸고 '스스로 이를 실행'하는 데 있다. 이것은 틀림없이 효과가 있다.

사회자의 입장으로서는 개시 시각이 되면 다소의 멤버가 불참했다 하더라도 먼저 회의를 개최시키고 보는 것이다. 늦게 참석하는 사람을 기다리는 습관 때문에 항상 시간 엄수는 이루어지지 않는다.

앞서, 개시 시각이 명시되어 있지 않은 회의는 없다고 했지만 종료 시각이 명시되어 있지 않은 회의는 의외로 많다. 종료 시각이 명시되어 있지 않은 것은 회의 진행 예정표가 작성되어 있지 않음을 시사한다.

이러한 회의에 무심코 출석하면 끼니를 거르면서까지 실랑이를 겪게 된다. 만일 종료 시각을 모르면 그 이후의 스케줄을 세울 수 없다. 별수 없이 종료 시각을 문의하면 "4시나 5시에 끝날 것입니다."등 무책임한 답이다. 4시와 5시는 1시간이나 차이가 난다. 이러한 경우에는 으레 4시나 5시에 끝나는 예가 없다.

'종료 시각 4시 30분'이라 지정된 회의는 안심이 된다. 4시 30분 이후의 예정이 세워지며 자리를 비웠을 때 전화나 방문객이 있어도 대리인 사람이 "4시 30분경에는 자리에 있습니다."라고 대답할 수 있다.

첫째 4시 30분이라 지정한 것은 그 시각에 종료하려는 예정표가 작성되어 있다는 뜻이 된다. 또는 그 시각에 끝내지 않으면 안 될 어떤 이유가 있을 것이다.

그러나 아무리 종료 시각을 명시해두었다 하더라도 사회자와 참가자가 힘을 합쳐 회의를 효과적으로 진행시켜 예정 시간 내에 성과를 올리려고 노력하지 않는 한 의미가 없게 된다. 또 회의에 있어 정성껏 노력하는 한은 4시나 5시까지 길게 계속되는 것도 아니다.

물론 정 시간이 모자라면 연장하든가 차회(次回)로 미루는 것이 좋다. 만일 연장이라 정해지면 사회자는 단지 "회의를 연장합니다."로만 그치지 말고 이번에는 "몇 분 연장하는가."를 명확히 해두는 것이 중요하다.

그래서 회의의 사회를 할 때에는 뒤의 흑판 위에 큰 글씨로 'OO시 종료 예정'이라 써두면 예정된 시간에 종료될 수 있도록 각 참가자의 협력을 얻을 수 있는 경우가 많다.

그러나 어떻게든 해결책을 내지 않으면 안 될 긴박한 문제 해결을 위한 회의에서는 종료 시각이 다 됐다 하여 총총히 폐회를 할 수도 없는 경우가 있다.

정말 좋은 해결책을 얻기 위해서는 중지가 집결되어야 하는데, 그 효과가 높아지려면 여러 사람의 두뇌의 활동력이 어느 정도 고조되어야 한다. 그러나 그때까지는 상당한 질의응답이 교환되어 시간이 경과되어야 하기도 하며 도중에 새로운 사실이 제공된 결과, 이제까지의 결론을 취소하고 또 한 번 처음부터 검토하지 않으면 안 되는 경우도 있을 것이다.

4. 회의 연장의 경우

　결론이 마무리되어 사회자가 폐회를 선언하려고 할 때에 멤버의 한 사람이 "잠깐 이러한 안도 있는데."라고 모두가 생각지도 못한 기발한 안을 제출했다고 하자. 그러면 사회자는 "이제서 야 그런 제안을 하면 곤란합니다. 이미 결론을 내렸고 폐회 예정 시간도 다 되었으므로 안 됩니다." 등으로 받아넘겨서는 안 된다.

　회의는 형식적인 결론을 얻기 위해 개최된 것이 아니며 시간에 쫓겨 우안(愚案)을 내기 위해 열린 것도 아니다. 그렇다면 이 경우 사회자는 "여러분, 지금 매우 좋은 안이 나왔습니다. 이 안을 검토하여 여러분 전원이 찬성하신다면 앞서의 결론을 변경하는 것이 어떨는지요……. 그래서 여기서 좀 더 시간을 연장하여 이 안에 대하여 토의를 했으면 합니다."라고 제의하면 좋을 것이다.

　이상과 같이 여러 가지 경우를 생각해보았을 때, 특히 문제 해결 회의에서는 일단 종료 시간을 예정해놓았다 해도 어느 정도 시간의 연장을 할 수 있는 시각을 골라 개최하는 것이 좋다. 예컨대 오후 3시부터 개최한다고 하면 연장 시간은 저녁에서 야간에까지 충분히 연장할 수 있을 것이고, 오전 10시에서 12시까지 개최하는 것이라면, 30분이나 1시간의 연장이나 점심 휴식까지의 연장도 가능한 것이다.

　의제에 따라서는 멤버에게 미리 생각하도록 여유를 주고 복안(腹案)이라도 내놓을 수 있도록 하는 것이 좋은 경우도 있다. 이러한 경우에는 회의 개회를 통지하는 날짜도 예정해두어야 한다. 그 기간의 장단은 문제에 따라서는 1개월 이전이나 또는 하루 이틀 전에 통지하는 경우도 있을 것이다.

어디……장소를 예정한다.

1. 회의실

　회의실의 역할·효과는 의외로 크다. 회의실은 출석자 전원 사이에 집단 심리를 형성하는 외적인 자극을 주면 기분이나 피로에 대한 생리적 영향을 미치며 채광, 음향 등의 조건에 따라 물리적인 효과를 나타내게 된다.

　회의를 개최하는데 있어서 특히 이런 점을 강조해두고 싶다. 왜냐하면 회의는 사람의 모임이니만큼 매우 미묘한 장면이 전개되는 수가 있기 때문이다. 계획·준비의 사소한 소홀함이 생각지도 않은 실패의 원인이 되는 경우도 발생하기 때문이다.

　예를 들면 리더의 지도 솜씨가 100점, 자료의 준비가 100점, 타이밍이 100점, 기타 여러 가지 준비가 100점이라 해도 간혹 회의장이 30점 정도라 하면 그 회의의 효과는 80~90점 정도는 되리라 생각하기 쉬우나 실제에 있어선 그렇지 못하다. 단지 장소가 형편없었기 때문에 회의의 효과는 20~30점으로 저하되는 것이다. 아니, 그보다 더 심할지도 모른다. 회의라는 것은 그러한 것이라는 점을 우선 인식해주기 바란다.

　그래서 당장 고려하여야 할 것은 회의실의 배치이다.

　회의의 성질을 잘 파악하여 이해하고 있으면, 회의실의 배치도 스스로 구성할 수 있게 되는데 여기서 일단 정리해보기로 한다.

　회의는 무엇보다도 어떤 문제에 대해 참가한 전원이 온 신경을 집중하여 생각하고 의견을 진술하거나 상대방의 진술을 들으며 발언하는 장소이므로 그러한 활동이 전체적으로 보아 원활하게 진행되도록 배려하는 것이 바람직하다. 물론 그러기 위해서는 리더의 지도 솜씨와 같은 것이 크게 영향을 미치는 것이지만 앞에서 말한 바와 같이 회의실의 배치도 역시 경시할 수 없는 것이다.

    회의실은 무엇보다도 참석자가 모이기 편리한 곳이 바람직하다. 전원이 참가해주기 바라는 것이 전제 조건이므로, 이러한 점이 고려되어야 함은 마땅하다. 또한 참가자 전원이 열의 있는 참여를 해주기 위해서는 그 배치도 고려되어야 한다. 그런데 인간은 각양각색이므로 그 중에는 어디서나 언제든지 거리낌 없이 의견을 진술하는 사람도 있는 반면, 그 장소의 구조에 압도되거나 저항을 느끼고 발언을 주저하는 사람도 있게 마련이다. 그런 점을 감안하면 미리 착석할 자리[장소]를 지정하는 것도 고려된다.

    일반적으로 말하면 리더의 바로 옆자리는 리더가 무시하기 쉬우므로 발언하는 데 저항을 느끼는 장소라고 일컬어지고 있다. 발언이 많은 사람에게는 반대로 그런 자리를 지정해두면 그의 무절제한 발언을 어느 정도 막을 수 있다.

    리더가 어디에 위치하느냐에 따라 회의의 분위기는 많은 영향을 받는다. 서로 의논을 하는 장소에서는 당사자 간의 거리가 떨어져 있거나 그 사이에 어떤 큰 물건이 존재하거나 하면 양자의 의논에는 마이너스의 영향을 준다. 따라서 되도록 무릎을 맞대고 근거리에서 해야 의논이 스무드하게 진행되는 것이다. 그러나 이것은 극히 소수의 사람에게만 되는 것이고 인원수가 증가하면 그럴 수도 없다. 책상 하나가 그 사이에 있는 것과 없는 것에 따라 의논하는 분위기가 미묘해지게 된다. 그러므로 리더의 위치가 참석자와 너무 떨어져 있거나 연단과 같은 한층 높은 장소에 위치하고 있으면 의논하는 분위기는 적어진다.

각 참회자의 좌석의 순서에도 세심한 배려가 필요하다. 즉 될 수 있는 대로 같은 직장에 있는 사람이나 같은 주장을 할 만한 사람을 나란히 앉히는 일이 없도록 하고 제각기 다른 배경을 가진 사람들이 서로 뒤섞이도록 배려해야 한다. 왜냐하면 동일한 주장을 하는 사람들이 한쪽으로 몰려 있으면 회의의 분위기도 자연히 한쪽으로 기울어지게 되어 전원에 의한 원만한 토의가 이루어지지 않게 되기 때문이다. 그리고 말이 많은 사람이라든지 말재주가 능한 사람, 또는 자기 의견을 끝까지 고집하려는 사람은 지도자의 가까이에 배치해야 하며 소극적이고 잘 수줍어하는 참가자는 지도자의 눈에 보이기 쉬운 장소에 배치해야 한다.

예를 들면 다음 도표에 있어서 지도자 L이 정면을 향하고 있을 경우의 유효한 시야는 보통 LS1~LS2의 범위 내이며 A1 및 A2는 일부로 고개를 돌리지 않는 이상 볼 수 없다. 이 A1이나 A2에다 말이 많은 사람이나 자기주장을 고집하려는 사람을 두도록 해야 하는 것이다. 왜냐하면 토의를 진행시키는 도중에 있어서 그러한 사람을 짐짓 무시해버리는 편이 훨씬 효과적일 경우가 이따금 일어나기 때문이다. 또 지도자에게 가장 적당하고 잘 보이는 시야는 LR1이나 LR2일 것이다. 이와 같은 시야 가운데서도 특히 눈에 잘 띄는 C1 및 C2의 위치에는 소극적이고 수줍어하는 사람을 두어야 한다. 왜냐하면 소극적인 사람이 발언하고 싶어 하는 마음의 움직임을 얼른 포착해서 그를 토의에 참가시킬 필요가 있기 때문이다.

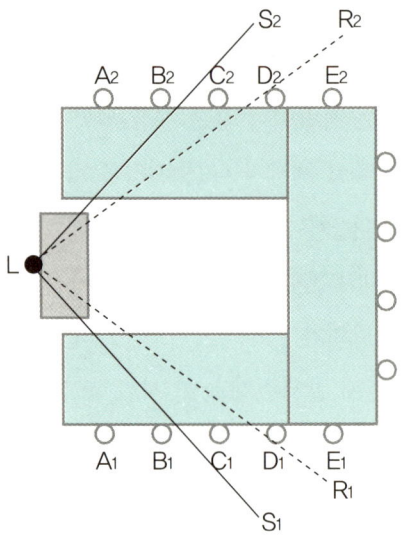

▲ 좌석의 배치와 회의 지도자의 시야

참석자 전원이 거리낌 없이 발언할 수 있는 사람끼리의 모임에서는 좌석을 따로 지정할 것 없이 자유롭게 앉고 싶은 자리에 앉도록 하는 것이 좋다. 그런데 여러 번 회합을 갖는 경우에는 제 2회째 회합에도 대체로 첫 회와 같은 장소를 잡는 경향이 있다. 이것은 동물의 귀소성(歸巢性)이라 할 수 있는 현상으로 그런 경우에는 명찰을 미리 앞서 와는 다른 위치에 놓도록 하는 배려도 생각해 볼 수 있다. 앞에서도 말했듯이 발언하기 좋은 위치나 발언하기 거북한 위치라는 것이 있으므로 전회(前回)에 발언이 적었던 자는 그곳이 발언하기 거북한 장소라면 다음 회에선 발언하기 좋은 장소로 변경하는 것도 생각해봄직하다.

또 참석자 중에는 특히 친한 사람이나 두 사람만 흥미 있는 공통된 화제를 갖고 있는 사람들을 옆에 앉히면 둘이서만 사담(私談)을 속삭이는 경향이 생기므로 이런 경우는 서로의 자리를 떼어놓는 것이 좋다.

다음은 앉을 의자로서, 편할수록 좋은 것도 아니다. 깊숙한 소파는 확실히 편하기는 하지만 활발한 토의를 하는 데는 오히려 마땅치 않다. 첫째, 졸음이 오기 쉽고 노트를 할 때나 때로는 일어나서 무엇을 하는 데도 너무 편한 의자는 금물이다. 영화나 슬라이드를 보여줄 때 실내를 어둡게 하면 졸음이 오며 그렇다 하여 너무 딱딱한 의자도 안 된다.

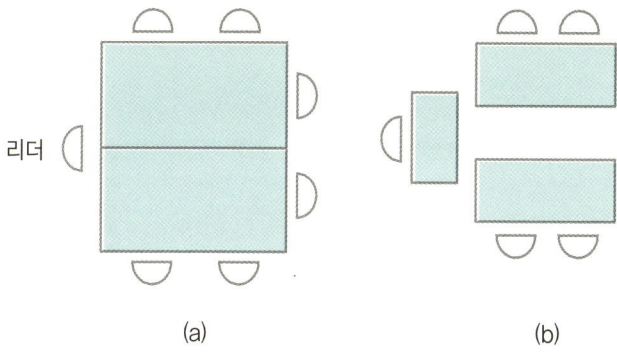

다음은 테이블의 문제인데, 의논하는 상대방은 같은 테이블에 자리하는 경우와 테이블을 따로 하는 경우와는 미묘한 차이가 잇다.

그림 (a)와 같이 테이블을 통해 상대하고 있는 경우는 마음의 유대가 비교적 두터운데 그림 (b)와 같이 테이블을 따로 상대하는 경우는 상당히 공식적인 분위기가 된다. 따라서 간담회와 같은 경우에 같은 테이블에서 상대하도록 하는 것이 대화가 수월해지는 것은 누구나 경험하는 바이다.

다음, 출입구 등도 참석자 전원의 눈에 띄는 위치보다는 배후에 있는 것이 좋다. 특히 회의 중 전화나 호출이 있게 되는 것은 회의 중심에서 볼 때 신중히 다루어야 한다. 이것은 한 사람만의 문제가 아니라 전원이 모여 모처럼의 스무드한 회의 진행을 하고 있는 것에 브레이크를 거는 것이다.

회의 중에는 그렇게 급한 용무가 아닌 한 외부와의 연락은 중단시키도록 한다. 특히 전화가 회의실 안에 있어 전화를 받는 사람이 남에게 들리도록 응답하는 행위는 절대로 배제되어야 한다. 그렇지 못할 경우에는 회의실의 전화는 호출만 하고 응답은 바깥에 나가 다른 전화를 이용하도록 한다.

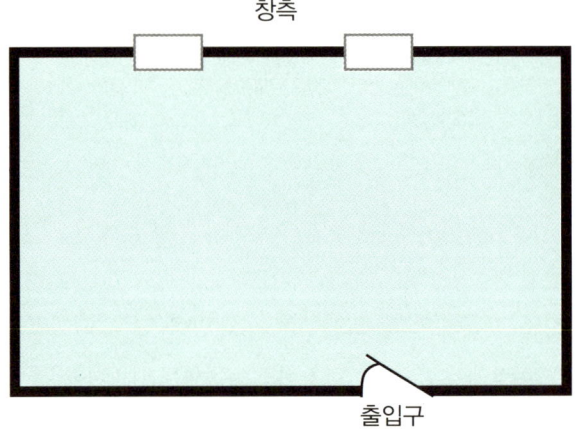

회의실의 명암도 토의 효과에 영향을 준다. 특히 실외로부터 광선에 대해서는 밝은 창 쪽에 흑판을 놓고 리더가 위치한 경우는 자칫하면 흑판의 글씨가 잘 보이지 않게 된다. 실외로부터 밝은 광선을 이용하는 경우는 오히려 반대편에 흑판을 놓으면 잘 보이기는 하나 그렇게 하면 출입구가 전원이 보이는 위치가 되어 역시 개운치 않다. 이런 경우 창측에 셔터를 내리고 전깃불을 켜도록 하는 편이 좋다.

2. 세세한 준비와 점검

이상의 회의실에 관한 여러 가지 유의 사항 외에 리더는 환기·통풍·온도·비품 등에 이르기까지 토의하기에 가장 좋은 장소를 만들기에 힘써 노력하지 않으면 안 된다. 준비란 하찮게 여겨질 정도의 세세한 주의를 집적(集積)하는 일이다. 이 세세한 주의가 있음으로써 비로소 토의를 훌륭히 지도할 수 있고 사람들의 감명과 신뢰감을 얻을 수가 있는 것이다.

회의실의 필요한 조건에 대한 점검 사항을 소개하면 다음과 같다.

① 넓이는 적당한가.
② 환기는 좋은가.
③ 조명은 충분한가.
④ 소음은 없는가.
⑤ 음향 효과는 좋은가.
⑥ 실온은 적당한가.
⑦ 테이블, 의자는 충분한가.
⑧ 흑판이나 기타 시청각 재료는 잘 보이는가.
⑨ 재떨이, 차 준비, 분필 등.
⑩ 영사기, 녹음기는 조정했는가.
⑪ 명찰은 준비되었는가.
⑫ 전화는 단절시켰는가.
⑬ 리더는 시계를 볼 수 있는가.
⑭ 회의실의 안내는 친절히 되어 있는가.

회사나 공장 등 사내의 회의실을 사용하는 경우에는 위의 점검 사항이 전부 갖추어진 회의실을 사용하기란 여간해서 어려운 것이다. 다소 불충분한 점이 있다 해도 회의 주최자 측의 정성을 들인 준비에 따라 출석자가 쾌적한 상태로 토의에 정신을 기울일 수 있도록 온갖 물적 준비를 갖추어야 한다.

임대 회의실을 이용하는 경우에는 전화로 방의 넓이나 설비, 교통에 대해 문의하는 것으로는 불충분하다. 외부에서의 소음 관계로 음향 효과가 나쁘거나 흑판이 없거나 콘센트를 제자리에서 끼울 수 있는가, 주차장의 상황 등을 실제로 점검해야 한다.

앞에서도 말한 바와 같이 회의의 최대 금물은 소음이다. 특히 중지를 결집하는 회의는 조용한 분위기가 필요하므로 소음은 치명적인 장해가 된다. 이 점을 염두에 두고 회의실의 음향 효과와 소음을 세심히 점검하도록 해야 한다.

3. 착석의 배치

회의용 테이블의 배치에 대해 약간 언급하였지만 가장 이상적인 테이블의 배치는 라운드 테이블 즉 원탁이다. 원탁회의란 영어에서 말하는 컨퍼런스(conference : 서로 의논하는 모임)에 해당한다. 그림 (b)는 문제를 해결하기 위하여 사람들이 격식이라든가 상하 관계를 잊고 동등한 입장에서 원탁을 둘러싸고 앉아 부드러운 분위기로 토의하는 데 알맞은 테이블 배치이다.

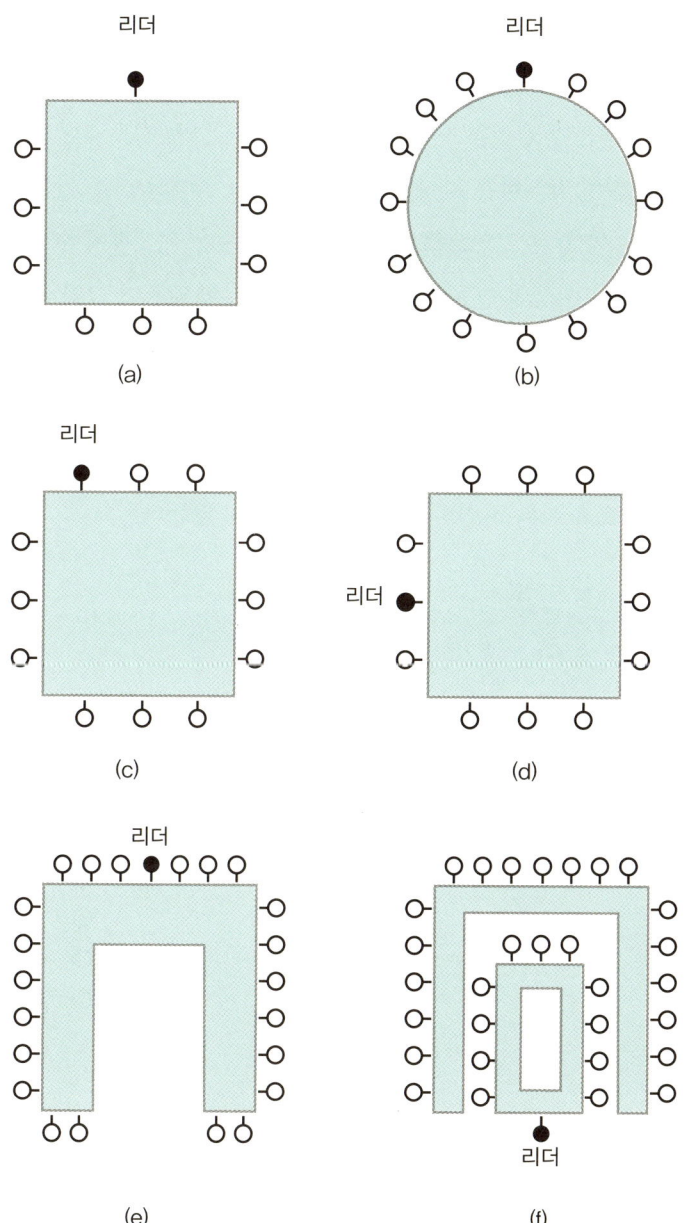

가장 흔히 쓰이는 테이블의 배치는 그림(a)의 경우로, 리더는 대개 테이블이 짧은 변에 착석하게 되는데 이것은 리더의 통제 범위가 좁고 분산되기 때문에 멤버의 자주적인 참여 의식을 높이려면 그림 (d)나 그림 (c) 와 같이 착석하는 것이 좋다.

그림 (a) 와 같은 모양으로 착석할 수 있는 것은 기껏해야 20명 정도일 것이다. 그이상의 인원 수 일 때에는 회의실이 넓으면 그림 (f) 와 같이 배열하는 것이 좋다. 이러한 착석은 전원이 리더를 주시하기 쉽고 그룹 의식이 두터워지는 장점이 있다. 이에 대해 그림 (e)는 대면 관계의 A, B, C의 세 블록(구획)으로 나뉘어진 것과 같은 분위기가 되어 리더를 중심으로 하는 전원의 일체감이 형성되지 않는다.

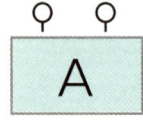

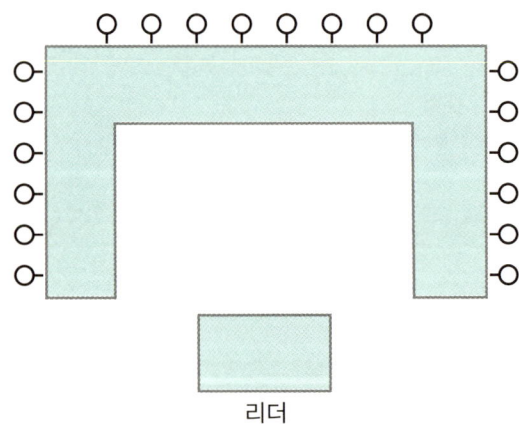

방청자가 있는 경우에는 A와 같이 뒤편 위치에 착석하도록 하는 것이 좋다. 이 자리를 멤버의 시선과 마주치는 측면이나 정면으로 정하면 멤버는 방청자에 신경이 쓰여 그로 인한 영향으로 지배되는 결과가 되어 자유로운 분위기의 토의가 저해되기 된다.

회의를 통지 한다

1. 타이밍을 고려한다

다음 항목에 대하여 계획이 짜여 지면 멤버에게 회의의 통지를 보낸다.
① 회의의 목적과 성격.
② 지참해야 할 자료나 통계.
③ 토의 주제와 그 내용의 개요.
④ 일시, 소요 시간.
⑤ 장소.
⑥ 출석자.

이 통지는 다음과 같은 점을 유의하여 보내도록 한다.
우선 첫째로, 통지의 타이밍을 맞출 것. 회의의 통지를 내는 시기는 너무 일러도 또 너무 늦어도 안 된다. 너무 일찍 통지하면 사람들은 잘 잊어버린다. 또 회의 통지를 회의 직전에 내게 되면 그 때문에 출석해야 할 사람이 출석하지 못하거나 또는 권한이 없는 사람들만 모여 결론을 얻지 못하는 회의가 되고 마는 수가 있다. 모처럼 출석은 했지만 의제에 대해 충분한 생각을 할 여유가 없었기 때문에 즉석에서 떠오르는 발언이 되기 쉽다.

적절한 시기란, 그 회의의 내용에 따라 다르겠지만 일반적으로 말해서 참가자가 토의 주제를 연구하는 데 충분한 준비 시간을 가질 수 있고, 또 참가자가 자기의 일자리를 일시 비우게 되더라도 일에 지장이 없도록 조치해둘 시간을 가질 수 있는 시기, 예를 들면 회의를 개최하기 4일 또는 5일 전에 선택하는 것이 좋다.

2. 직접 연락으로 확인한다.

다음, 통지 방법으로는 회람식(回覽式)은 삼가도록 한다. 회람은 어느 곳에서 지체되기도 하여 본인이 직접 확인 못 하는 수도 있다. 그러므로 본인 앞으로 서면 통지를 하는 것이 좋다. 통지한 다음 반드시 서면이나 전화로 출석의 가부를 받도록 한다. 이것은 통지가 확실히 전달된 것을 확인하는 데 도움이 된다.

〈회의 통지서의 예〉

그룹 여행 계획의 건

○○○귀하   총무부장 ○○○

제목의 건에 대하여 아래와 같이 개최하고자 하오니 출석해주시기 바랍니다.

– 아 래 –

의제…… 추계 그룹 여행 계획의 작성
   ㄱ. 행선지
   ㄴ. 기일, 기간
   ㄷ. 교통편
   ㄹ. 행사, 볼만한 곳
   ㅁ. 예산
   ㅂ. 역할의 분담

일시……9월 30일(화요일) 오후 4시에서 6시까지
장소……제2회의실
출석 예정자……그룹 멤버 전원

이번 여행에서는, 전회 때에 맺은 친목을 더욱 두텁게 할 것을 목적으로 하오니, 좋은 아이디어를 마련해주십시오.

출석 여부에 대해 9월 28일까지 연락주시기 바랍니다. 참석하지 못할 경우에는 아이디어를 제공해주시기 바랍니다.

9월 25일 이상

어떻게……진행 방법을 예정 한다

1. 회의 지도 개요서의 작성

회의의 통지도 마치고 개회일의 며칠 전이나 몇 시간 전이 되면 회의의 리더는 회의를 어떻게 지도할 것인가에 대해 안을 세워야 한다.

이 안이 회의 지도 기술의 핵심이 되는 이른바 회의 지도 개요서(會議指導概要書 : conference outline)로서, 이 개요 서를 작성해야만 회의 지도자는 토의 지도에 확신을 가질 수 있을 뿐 아니라 사람들의 사고를 목적에 합치시킬 수가 있게 된다.

많은 회의 지도자는 이 노력을 게을리 하여 그로 말미암아 사람들의 사고는 산산이 흩어지고 집단 사고는 산만한 것이 되어 결국 그 회의는 훌륭한 결론에 이르지 못하는 경우가 있다.

회의 지도 개요를 마련한다는 것은 반드시 어떤 격식에 의한 서식을 작성하는 것이 아니라 리더의 머리에 떠오른 것을 간직해두는 방법도 있으며 종이에 메모해두는 수 도 있다.

그러나 회의의 리더는 후자인 회의에서 다루어야 할 여러 가지 사항과 준비 절차 중 일련의 사항을 낱낱이 종이에다 옮겨 쓰는 습관을 길러야 한다. 메모한 것이 바로 회의 지도 개요서인 것이다.

리더는 회의 지도 개요 안을 마련하는 데 있어 다음과 같은 점에 특히 착안하도록 한다.

① 문제를 어떠한 모양으로 제시할 것인가.
② 부주제로서 어떤 것을 선정해서 내걸 것인가.
③ 토의를 어떻게 통제하며, 또 어떻게 활기를 띠도록 할 것인가.

④ 그러기 위해 어떤 점을 말하고, 어떤 질문을 던질 것인가.
⑤ 회의장 및 토의에 필요한 자료를 어떻게 준비할 것인가.
⑥ 시간의 배분은 어떻게 할 것인가.

2. 작성의 절차

위의 여러 가지 착안점에서 주요 골자를 추려 회의 지도 개요서의 작성 절차를 간략하게 소개하기로 한다.

(1) 주제 · 부 주제 및 회의 도달 목표를 쓴다.

회의 지도는 먼저 회의의 명칭과 다루려는 주제를 쓴다. 이어서 회의의 도달 목표를 기술하고 또 목표에 이르기 위한 몇 개의 중간 목표로서의 부 주제를 토의될 순서대로 조문(條文) 쓰듯이 적는다.

그리고 또 토론하는 데 있어서 분명히 성의하여 둘 필요가 있는 용어를 찾아내서 그 용어의 정의를 적어둔다. 원래 용어나 부주제의 정의는 토의 내용을 규정하는 것이기 때문에 토의장에서 참가자에게 의논해서 결정해야 되는 법이지만, 회의의 리더는 사람들의 사고하는 시간을 절약하기 위하여 미리 자기의 복안(腹案)을 마련해두어야 한다.

만일, 이 단계에 있어서 회의의 리더는 용의주도하고 세심한 주의로써 부제 또는 용어를 마련해둔다면 실제 토의 장면에서 참가자는 이 리더의 제안에 쉽사리 동의하는 결과가 되어 회의는 원활이 진전될 것이다.

(2) 개회 때의 절차를 기술한다.

개회 때의 인사말은 아주 중요하다. 이것이 회의의 방향을 잡게 하고 훌륭한 분위기를 빚어내게 하는 최초의 동기가 된다. 그러므로 개회 때의 인사말의 요점과 문제의 제시 방법 등을 미리 발췌해서 기술해두어야 한다.

(3) 주요 질문과 유도 질문을 기술한다.

회의의 리더가 멤버에게 던지는 최초의 질문을 주요 질문(key question)이라고 한다. 주요 질문이란 멤버들에게 토의해야 할 요점을 가리켜 보임으로써, 토의 방향을 확정할 만한 최초의 질문으로 멤버들의 사고 방향을 뚜렷이 정하여 놓고 있다.

멤버들을 즉시로 토의시킬 만한 상대로 이끌려면 더욱 논점을 한정한 유도성 질문(lead question)을 마련할 필요가 있다. 유도 질문은 논점이 국한되어 있기 때문에 멤버들의 토의를 촉발(觸發)시킨다. 말하자면 유도 질문은 멤버들에게 토의의 동기를 주기 위한 주요 질문에 잇따른 제2의 질문이다.

이상 두 질문은 사전에 회의의 리더가 계획할 수 있다는 특색을 가지고 있다. 회의의 리더는 미리 회의의 첫 장면을 연상하여 주요 질문 및 유도 질문을 마련하고 그것들을 회의 지도 개요 서에 기입해둔다.

(4) 토의 시간의 배분을 기입 한다

주제·부주제가 예정되고 참가 멤버의 인원수가 결정되었다면 회의에서 토의될 사항에 견주어 회의의 총 소요 시간을 예정할 수 있다.

이 총 소요 시간은 각 부주제마다의 소요 시간을 합계해서 결정하는 경우도 있지만 반대로 전반적인 제한에의 회의 시간을 결정하여 그것을 각 부주제의 중요성의 정도에 따라서 배분하는 경우도 있을 것이다.

회의 지도 개요 서에는 회의의 총 소요 시간과 각 부주제마다의 시간을 명기하되 미리 시간을 검토하여 그 시간에 알맞은 토의 지도법을 준비해두지 않고서는 결코 효과적인 회의 운영을 기할 수 없다.

회의 계획의 점검 사항

(1) 계획의 내용에 대하여
왜, 무엇을, 누가, 언제, 어디서, 어떻게 의 여섯 가지 의문을 남김없이 고려했는가?

(2) 회의의 목적은 적절하게 결정 했는가
a. 목적의 배후 사정을 충분히 검토했는가.
b. 목적은 타당하여 또 여러 사람에게 납득이 가는 것인가.
c. 목적의 표현은 잘 표현되었는가.
d. 목적을 모든 사람의 토의에 정하는 것이 좋은가, 그렇지 않으면 리더가 결정하여 회의에 임하는 것이 좋은가.

(3) 의제는 적절하게 결정 했는가

a. 의제는 회의 전체의 성격을 표현하고 있는가.

b. 간결하게 그리고 흥미와 관심을 끌 수 있도록 표현되었는가.

c. 의제의 표현은 정확하게 되어 있는가. 공연한 오해를 불러일으킬 요소는 없는가.

(4) 의제는 과연 토의되어야 할 관점으로 분석되어 있는가

a. 각 관점간의 유기적인 관련성이 고려되어 있는가.

b. 각 관점은 올바른 논리적·심리적인 순서로 배열되어 있는가.

c. 각 관점에 대한 토의를 진행시킴으로써 필요한 결론이 얻어져 회의의 목적을 달성할 수 있는가.

(5) 멤버의 예정에 차질이 없는가

a. 출석해야 할 사람은 빠짐없이 점검되었는가.

b. 출석자의 인원수는 회의의 목적·종류에 비추어 타당한가.

c. 멤버는 회의의 목적을 달성하는 데 있어 충분히 공헌할 수 있는 사람인가

d. 멤버의 개성·태도·특징·배후 관계를 확실히 파악하고 있는가.

e. 기록원은 적임자인가.

(6) 회의의 일시는 차질 없이 계획되었는가.

a. 회의의 전후 사정의 타이밍을 잘 잡았는가.

b. 회의의 일시를 지배하는 여러 요인을 충분히 고려했는가.

c. 회의의 시간 배정은 적당한가.

d. 회의가 예정 시간을 넘어 연장하지 않으면 안 될 경우에 상당한 시간을 요할 수 있는 것을 예정하여 결정했는가.

(7) 회의실의 준비는 빈틈이 없나

a. 회의실의 넓이는 적당한가.

b. 소음은 없는가. 음향 효과는 괜찮은가.

c. 환기, 조명, 냉난방의 설비는 양호한가.

d. 테이블, 의자, 마이크, 흑판, 도표 걸이, 명찰, 재떨이, 배선 등의 준비는 충분한가.

e. 필요한 시간만큼 사용할 수 있는가.

f. 교통이 편리한가. 주차장은 어떠한가.

g. 사용 절차에 하사는 없는가.

h. 회의실의 안내는 정중하게 되어 있는가.

i. 회의 참가자에 제공할 음료의 준비와 식사의 준비는 필요한가.

j. 배포자료, 차트, 필기 용구 등의 사용 자료는 사전에 운반해 두었는가.

k. 착석 방법에 대하여 고려하고 있는가.

(8) 회의의 통지는 철저히 했는가

a. 통지의 타이밍이 맞았는가.

b. 멤버 전원에게 통고했는가.

c. 통지의 내용은 완전한가.

d. 출석의 가부를 확인했는가.

(9) 회의의 진행 방법을 계획해두었나

a. 질의응답 방법을 연구했는가.
b. 자료·도표의 사용법을 연구했나.
c. 시간의 배분은 되어 있는가.
d. 멤버의 반응을 예상하고 있는가.
e. 적절한 개회와 폐회의 말을 준비하고 있는가.
f. 토의 진행 절차를 메모해두었는가.

(10) 보고서·기록의 준비는 되어 있는가

a. 보고서·기록의 보조역은 정해져 있는가.
b. 보고서·기록의 서식은 어떻게 할 것인가.
c. 누구에게 언제 보고할 것인가를 정하고 있는가.

그런데 의회 식 회의(議會式會議)의 진행이나 대회 등에 있어서는 위의 여러 가지 점검 외에 다음과 같은 점에 특히 유의해야 한다.

a. 위임장이라든가 의사 절차에 만전을 기했는가.
b. 의장이나 부의장·서기를 누구로 선출하느냐. 또, 그 선출 방법을 어떻게 할 것인가.
c. 회의 참가자 이외에 강사라든가, 상담역 등의 필요는 없는가. 만약 필요하다면 그들을 확보해 놓고 있는가.

3장
회의의 지도

1. 회의 진행의 4단계
2. 질문의 종류와 방법
3. 질문과 태도
4. 침묵하는 참석자 다루는 법
5. 너무 말이 많은 사람을 다루는 법

회의 진행의 4단계

이미 〈회의의 계획〉의 장에서 회의 진행에는 기본적으로 다음 네 가지 단계가 있다는 것을 논술했다. 즉,
① 멤버를 맞이한다.
② 의견을 끌어낸다.
③ 결론으로 이끈다.
④ 마무리한다.
그러므로 이제부터 이 네 가지 단계에 대하여 그 요점을 기술해가기로 한다.

1. 제1단계—주제의 소개

(1) 멤버를 맞이한다

처음에 도입(導入)의 단계에 대해 기술해 가는데, 우선 회의의 리더는 회의 개시 시간 10분 전에 회의실에 미리 들어가 있도록 한다. 그리고 테이블·의자·흑판·자료·기타 준비 품에 대해 점검하고 온도·환기·조명 등에 대해서도 조절하고 또 명찰과 출석자를 대조하는 등 빈틈이 없도록 재검토한다.

그러는 동안 멤버는 입장하기 시작한다. 리더는 이 사람들을 맞이하여 정다운 인사를 나누며 한두 마디 말을 건넨다. 그리고 정각까지 남은 수분 동안 리더와 멤버 사이, 또는 멤버들끼리의 친근한 분위기가 이루어지도록 유도한다.

리더가 먼저 회의실에 들어가 대기하여 멤버를 한 사람 한 사람 맞이하는 것이 중요한 것으로, 이렇게 함으로써 리더와 멤버 사이에 친근감도 두터워지고 멤버에게 오늘의 회의에 자기도 중요한 일원이라는 것을 자각케 하며 또 지각을 예방하는 데도 도움이 된다.

(2) 개회를 선언 한다

정각이 되면 회의 개시를 선언한다. 멤버에 지각 자가 있으면 그 출석을 기다려 회의 개시 시간을 늦추는 수가 흔히 있는데 이것은 회의 지각을 오히려 장려하는 것밖에 되지 않고 이러한 회의는 결국 수습이 잘 되지 않는 상태가 되고 만다. 그러므로 리더는 멤버의 인원 수 에 구애받지 않고 정각이 되면 일단 회의 개회의 선언을 해야 한다.

그러나 지각 자가 있어 중요한 관점에 대해 토의하는 데 지장이 있는 경우에는 리더는 교묘하게 그 관점을 뒤로 돌리고 그 사람이 참석하는 시간에 맞추도록 늦추어가야 한다.

또 지각 자가 너무 많아 어떤 관점도 토의할 수 없는 경우에는 일단 개회를 선언한 다음, 잠시 화제를 이리저리 돌려 시간을 끌도록 한다. 여하튼 정각에는 회의를 개최하는 것이 중요하다. 그것은 제시간에 모인 사람에 대한 에티켓이기도 한 것이다.

개회를 선언했다 하여 곧바로 의제를 소개, 토의로 들어가는 것은 좋지 않다. 대체로 참석한 사람들은 아직 의제나 토의 목적에 대해 마음의 준비가 되어 있지 않을 것이다. 어떤 사람은 출근 시간에 본 차사고의 부상자가 지금 어떻게 되었을까 생각하고 있을지도 모른다. 또, 어떤 사람은 오늘 회의의 의제에 대해서 자기의 주장을 관철하려고 어젯밤 생각한 그 설명 방법을 다시 한 번 머리에 되새기고 있을지도 모른다.

이러한 상태에 있는 멤버들을 앞에 둔 리더는 멤버들의 머릿속에 있는 상념을 빨리 제거하는 동시에 주제를 멤버가 이해하여 흥미를 갖고 그 주제에 맞붙어보려는 의욕을 일으키게끔 '주제를 소개' 할 필요가 있다. 즉 리더는 멤버들을 주제에 끌어보려는 동기를 기하기 위해 멤버들의 유연체조를 시도해보는 것이 제1단계이다.

그러기 위해 리더는,

① 주제를 설명한다.

② 목적을 설명한다.

③ 사례를 설명한다.

이렇게 함으로써 멤버들이 주제에 관심을 갖고 주제를 서로 이해하고 주제에 도전하려는 멤버의 마음을 주제에 결부시킬 수 있다. 특히 사례를 들어 멤버의 관심을 쉽게 이끌 수 있다.

예를 들면 "어제, 이웃 회사의 기계 공장에서 공원이 바이트를 갈 때 쇳가루가 눈으로 들어가 반 실명 상태라더군요. 그는 방진(防塵) 안경을 쓰지 않았다더군요. 그런데 우리 기계 공장에서는 이러한 사고를 예방하려면 어떻게 해야 될까요."와 같은 사례를 제시한다. 그러면 멤버들은 우리 회사에서도 간혹 안경을 쓰지 않고 바이트 갈기 작업을 하는 광경을 연상하고 이웃 회사의 부상당한 공원과 연관시켜 주제에 대한 관심을 일으켜 주제에 도전하려는 의욕을 일으키도록 한다.

그리고 제 1단계에서는 리더와 멤버 사이의 대화는 약간의 질의응답 정도로 하고 리더가 주로 멤버를 향해 이야기하면서 진행한다.

리더의 이야기로 하여금

a. 주제에 대하여 관심을 갖게 한다.
b. 주의를 집중시킨다.
c. 문제를 분명히 제시하여 여러 사람이 생각하고 있는 주제 이외의 상념(想念)을 제거한다.
d. 주제를 공통적으로 이해시킨다.
e. 토의를 시작하려고 하는 의욕을 갖게 한다.

2. 제2단계—의견의 제출과 교환

리더는 제1단계가 끝나면 멤버로부터 주제에 대한 의견을 제시하게 하고 교환시키도록 도와주어야 한다.

되도록 많은 멤버에게 발언을 하도록 한다. 그러나 상대방이 새로 가입한 사람일 경우에는 무리하게 발언시키는 것은 금물이다. 사람에 따라서 발표력에 있어 불안감을 느끼는 사람도 있다. 말더듬이나 사투리에 대한 열등감을 갖고 있는 사람도 있다. 말하는 내용에 대해 자신을 못 갖는 사람도 있다.

무리하게 발언시키면 회의에 대해 공포를 느껴, 그 후에는 회의에 출석하는 것을 꺼리게 될지도 모른다. 그러한 경우에는 서둘지 말고 발표력을 기르도록 돕는다. 본인에게 관심이 많은 문제, 취미에 속하는 것이나 본인이 직접 보는 것, 듣는 것을 적당한 시기에 맞추어 이야기하도록 한다. 그러한 것은 이야기하기 쉽기 때문이다.

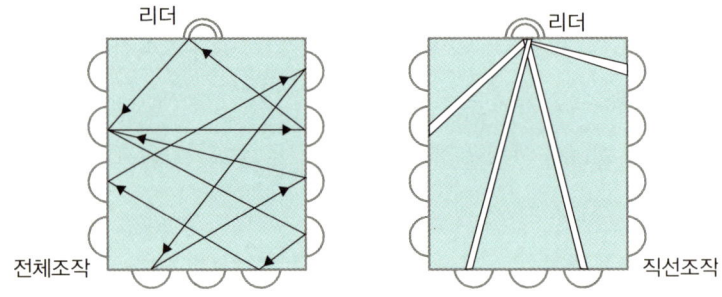

의견을 제시하도록 하거나 교환할 때에는 리더는 질문이라는 연장[工具]을 사용한다. 의견을 교환토록 할 때는 직선 조작(直線操作)보다는 전체 조작(全體操作)을 활용하는 편이 좋다.

전체 조작을 행하는 데는 후술하는 질문법에서 릴레이 질문(지명 식 릴레이나 전원에 릴레이 하는)을 사용한다.

3. 제3단계―평가의 촉진

의견이 나오고 교환되는 사이에 제시된 의견이나 사고에 대하여 멤버

간에 상호 평가를 추진하도록 한다. 리더 자신이 멤버의 의견을 평가하는 것은 리더의 독재가 되어버린다.

제3단계에선, 리더는 제시된 의견이 어떤 분야에서 멤버의 납득이나 동의가 얻어질 것인가를 생각해보도록 한다. 제시된 의견이나 사고에 대해 동의될 것이라 예상되는 분야에 대해 서로 평가를 하도록 한다.

이 의견은 이러한 이유로 받아들이지 말고 이 의견의 이 점에 대해선 이러한 이유로 받아들이자 라는 등으로, 문제의 분야를 하나씩 좁혀 많은 사람들이 공통으로 납득될 수 있는 분야를 정리해간다. 한 항목씩 그때마다 마무리지어간다. 그 결과 어떤 의견은 기각되고, 어떤 의견은 받아들여지고, 최후에는 의견이 일치하는 분야에서 결론을 얻게 된다.

이 단계에서는 앞서의 의견의 제출과 교환의 단계에서와 마찬가지로 리더는 질문이라는 연장을 많이 쓰게 된다.

4. 제4단계—마무리

이 단계에서 회의의 작업, 과정 전체를 마무리하게 된다.

우선, 이제까지의 세 가지 단계에서 행한 것을 검토하여 경과를 더듬어 간다. 어떠한 주제·문제를 제출했는가, 어떤 의견이나 사고가 누구에게서 나왔는가, 어떠한 의견이 교환되고 어떻게 평가되고 어떠한 분야에서 결론을 보았는가를 정리하여 마무리한다.

그리고 그 결론을 금후 어떻게 취급할 것인가를 결정한다. 오늘의 결론을 집행소위원회에 위임하여, 집행 안을 1주일 이내에 세우도록 한다든가 오늘의 결론을 곧 이사장에게 보고하여 결재를 받도록 한다든가 다음 정례 회의에서 오늘의 결론을 다시 한 번 검토하도록 한다든가 하는 것들을 정하도록 한다.

질문의 종류와 방법

회의 진행법의 제2단계(의견의 제출과 교환), 제3단계(평가의 촉진)를 진행하려면 리더는 질문이라는 연장을 주로 사용하게 된다.

질문은 참석자의 '반응'을 일으켜 토의를 자주하고 의견이 나오도록 교환시키는 하나의 방법이다.

회의에선 참석자의 의견이나 사고나 여러 가지 정보가 구두로 표현되어야 한다. 그 표현은 참석자의 참여도가 높으면 질문을 하지 않아도 스스로 나오게 된다. 그러나 이 경우에도 리더는 교통정리를 하기 위해 질문을 사용한다. 그래서 "○선생님 의견은……."이라는 식으로 질문한다.

또 한 사람, 두 사람만 발언하고 다른 사람들이 발언하지 않을 때는 질문에 의해 다른 사람들의 의견이나 정보의 제공을 촉구하도록 해야 한다. 또 리더는 질문을 던져 그룹의 사람들이 주제를 잘 이해하고 있는가, 어떤가를 확인하고 그룹의 사람들이 갖고 있는 지식이나 경험을 전원 앞에 끌어내어 집단의 사고를 결집시켜 더욱 그룹의 전원이 만족해 가는 참여 의식을 갖고 회의의 목적을 완수하도록 해야 한다.

1. 질문법의 분류

(1) 전반 질문(全般質問)

전반 질문(Over-all Question 또는 Over-head Question)은 참석자 전원에게 던지는 질문이다. 특정하게 답할 사람을 지정하지 않는다.

회의를 시작할 때 화제를 꺼내어 문제나 목적을 밝힌 다음 토의를 시작 할 때 이 전반 질문을 사용한다. 이에 따라 전원에게 최초의 사고를 일으키게 한다. 리더는 이 질문을 내놓음으로써 참석자 중에 누가 적극적으로 참가하는가를 판별할 수가 있다.

전반 질문을 효과적으로 사용, 그 기능을 충분히 발휘시키려면 리더는 다음의 몇 가지 점에 주의하면 된다.

 a. 동시에 두 사람 이상의 응답을 허용하지 말 것.
 b. 응답은 충분히, 또한 명확하게 진술할 수 있도록 장려할 것.
 c. 소수의 한정된 사람이 응답하는 것을 예방할 것.
 d. 질문을 하고 나서 잠시 동안 사이를 둘 것.

예를 들면

"이에 대해서 여러분의 의견은 어떠하신지요."
"이에 대해서 의견이 있으신 분은 말씀해주십시오."

라고 질문을 하면 누군가 의견을 말할 것이다. 그러나 이것만으로는 토의가 될 수 없다.

"또 다른 의견이 있는 분은 없으신지요."
"지금 제의하신 의견에 대해 추구할 것은 없으신지요."
"지금 제의하신 의견과 다른 의견을 가지신 분은 없으십니까."

라는 형식으로 다른 참석자의 발언을 촉구해야 한다.

(2) 지명 질문(指名質問)

참석자 중에는 선천적으로 소극적이어서 자기의 의견을 말하지 않는 사람도 있다. 이야기하는 내용에 대해 자신이 없거나, 이야기하는 것에 불안을 느끼고 있는 사람도 있다. 이러한 참석자에게는 특히 지명하여 의견이나 정보를 발표할 수 있도록 해야 한다.

또, 토의 전이나 토의 중에 어떤 특정인의 전문적 지식이나 경험을 들어볼 필요가 있을 경우에 적당한 사람을 지명하여 이야기를 들어야 하는 수도 있다.

그 밖에 각 그룹 사람들의 참여도를 치우치지 않게 분포시켜야 할 경우나 참석자의 초점을 어느 한 점으로 집중시킬 필요가 있을 경우에는 이 지명 질문을 교묘히 활용하면 효과가 있다.

예를 들면

"B선생, 지금 제시하신 A선생의 의견에 대해 선생은 어떻게 생각하십니까?"

"C선생, 잠깐 기다려주십시오. D선생의 의견을 들어봅시다."

지명 질문을 할 경우에 주의할 점은

a. 우선, 지명할 사람의 이름을 명확히 부르고 나서 질문의 본론으로 들어갈 것.

b. 곧바로 지명 질문으로 들어가는 것은 삼갈 것. 전반 질문을 한 다음에 지명 질문으로 들어갈 것

c. 언제나 발언하지 않는 사람에게는 그 사람이 확실히 응답할 수 있는 사항을 질문할 것.

그 사람이 프라이드(Pride : 자랑이나 자존심)로 갖고 있는 것이나 취

미, 직접 체험한 것은 이야기하기 쉽다. 이와 같이 지명 질문에 대한 응답을 주제와 결부시켜 전체 토의를 진행한다. 이렇게 하여 언제나 발언하지 않는 사람에 대한 발언의 학습을 시켜야 한다.

(3) 릴레이 질문

리더는 회의 진행법의 제2단계(의견의 제출과 교환)와 제3단계(평가의 촉진)를 진행할 때 활발히 의견을 자유롭게 교환시키는 장면이 몇 회 조성되면 전원이 회의에 적극적으로 참석하는 것이라 생각해도 된다.

이와 같이 전체 토의를 조성하기 위해서 리더는 릴레이 질문(Relay Question)을 사용한다. 릴레이 질문은 리더가 어느 사람에게서 나온 의견을 다른 전원에 릴레이하거나, 다른 특정한 사람을 지명하여 릴레이하는 것이다.

또, 리더는 학교의 선생이 아니라는 점을 아무리 강조해도 참석자 중에는 리더의 의견이나 해답을 즐겨 요구하는 사람이 있다.

이러면 참석자의 사고력은 더욱 감퇴하여 모두가 진지하게 생각하려 들지 않는다. 이러한 경우 리더는 참석자로부터의 질문에 자기가 답을 하지 말고 다른 사람을 대신 시켜 답변하도록 하는 것이 바람직하다. 그러는 것이 전원 토의로 이끌어갈 수 있는 것이다.

또, 지식이나 경험이 풍부한 리더는 참석자의 한 사람이 내놓은 의견에 대해 자기가 "그렇지는 않습니다."라고 논의를 부정하는 경향이 있다. 이렇게 되면 다른 참석자들은 "저 두 사람에 맡겨두면 좋아."라고 생각하기 때문에 회의의 참여도가 떨어지게 된다. 그러므로 아무리 이치에 맞지 않는 의견이 제기되었다 해도 리더는 반박하려는 심정을 누르고 릴레이 질문을 사용하도록 한다.

　즉 참석자들의 의견이나 질문의 중간에 서서 그 교환을 중개하는 구실을 하도록 해야 한다.

　예를 들면

　"A선생의 의견에 대해 B선생은 어떻게 생각하십니까?"

　"A선생의 질문에 대해 다른 분은 어떻게 생각하십니까?"

　라는 식으로 한다.

　이 릴레이 질문을 사용하는 데는 다음과 같은 점에 주의할 필요가 있다.

　a. 참석자의 질문을 언제나 릴레이 하는 것은 리더의 능력이 오해받기 쉬우므로 그때의 상황에 따라 처리하도록 한다.

　b. 제1단계(주제의 소개)에서 리더가 설명한 주제에 대한 질문은 릴레이하지 말고 리더 스스로 책임을 갖고 응답하도록 한다.

　c. 리더 자신이 잘 알고 있는 것은 자기가 응답해버리는 경향이 있으므로 신중을 기해 다른 사람에게 '영광'을 안겨주는 습관을 기르도록 할 필요가 있다. 이렇게 하는 것이 결국 전원을 토의에 참석시키는 것이 된다.

　d. 릴레이 질문을 사용함으로써 리더의 임무는 가벼워진다고 생각해선 안 된다. 오히려 리더는 광범한 배경을 장치하도록 한층 노력해야 한다.

　e. 회의의 결론이 된 것과 결론에 중대한 영향을 미치는 점은 릴레이하여 전원 토의로 진행시키는 것이 좋다.

(4) 반전 질문(反轉質問)

반전 질문(Reverse Question)은 리더가 참석자에게서 질문을 받았을 때 그 질문에 답하는 대신에 그 문제를 그대로 질문한 사람에게 되짚어 던지는 방식이다.

참석자가 리더에 대하여 질문할 경우에는 자기도 잘 알고 있는 사실인데도 불구하고 리더를 골탕 먹이려고 고의적인 질문을 하는 수가 있다. 또, 자기가 말한 것에 대해 리더가 질문하지 않으므로 반대로 질문해오는 경우도 있다.

예를 들면 리더가 참석자 A로부터 "불평이란 대체 어떤 것을 말합니까?"라고 질문을 받았을 때, 즉시로 A에게 "선생은 어떻게 정의했으면 좋겠다고 생각하십니까?"라고 물으면 상대방은 그 물음에 대하여 자기의 견해를 발표한다. 반전 질문을 하는 데 있어서 중요한 것은 '사이'를 누어서는 안 된다는 것이다.

그러나 이러한 반전 질문이라 해도 그대로 해결되지 않는 수가 있다. 오히려 상대방은 "그것을 모르기 때문에 문의하는 것입니다."라고 다시 되 질문 해오는 수가 있다. 이 경우 리더는 이렇게 직접 답하지 말고 릴레이 질문을 겸용한다든가, 다른 사람으로 하여금 응답하도록 한다.

참석자의 문제는 참석자가 상호 비판시키는 것이 상대방을 솔직하게 받아들이려고 하며 리더는 연극의 연출가와 같이 토의의 그늘에 숨어있는 편이 참석자의 참여도를 높아지게 한다.

2. 질문 사용법의 일반적 지침

리더의 상황, 참석자의 상황 및 장소의 여러 상황의 상관관계에 의해 같은 질문에도 그 효과는 전혀 다른 것이 되는 수가 있다. 따라서 꼭 이래야 한다는 질문 방식은 없다.

그러나 평균적인 여러 조건 중에서 이렇게 하는 편이 잘 진행된다는 것을 몇 가지 들어본다.

(1) "네, 아니오"로 답하게 하는 질문은 피할 것

질문이란, 인간의 반응을 요구하는 연장[도구]이다. 이 반응이 크면 클수록 효과적인 질문인 것이다. '네'라든가, '아니오'로 답하는 질문은 반응이 적은 것이다. "당신은 고기를 낚습니까?"라는 질문에 대해서는 "네."라든가 "아니오."라고만 대답해야 한다. 또 "당신은 내일부터 담배를 끊겠습니까?"라는 질문에 대해서도 정말 끊으려고 마음먹고 있다면 "네."라고 대답하고 싶어도 나중에 끊지 못해 거짓말을 해선 안 되겠기에 답을 꺼리는 수도 있을 것이다.

이에 비해 '왜, 어떻게'라는 질문, 이에 계속해서 '누가, 언제, 어디서'라고 하는 질문은 상대방의 사고를 촉진시켜 반응을 크게 하는 효과가 있다.

"붕어는 어떻게 하면 잘 낚을 수 있습니까?"라는 질문은 상대방의 사고를 자극하여 경험을 더듬어 "날씨의 조건, 낚시 바늘은, 미끼는……." 등으로 설명할지도 모른다.

만약 '네'라든가 '아니오'라고만 답하도록 질문했을 때는 사이를 두지 말고 계속하여 '왜', '어떻게'라는 질문을 추가해야 한다.

(2) 한 번에 한 질문을 할 것

성급한 사람은 한 번에 두세 가지를 질문하기 쉽다. "당신이 본 사람은 젊은 사람입니까, 노인입니까, 남자입니까, 여자입니까?"라고 질문하면 그룹의 사람들은 어느 것에 답하는 것이 좋을지 망설이게 된다.

또 리더가 질문을 해도 그룹의 사람들이 응답을 하지 않을 때는 리더가 불안을 느껴 내용을 바꾼 질문을 던진다. 그러면 앞서의 질문에 대해 생각하고 있던 그룹의 사람들은 다시 사고를 중단하고, 앞서 질문과의 관계를 연결하여 생각하든가 하여 그룹의 사람들을 혼란시킬 우려가 있다. 예를 들면 리더가 "가격을 내리려면 어떻게 해야 좋겠습니까?"라는 질문을 하면 그룹의 사람들은 여러 가지로 생각하기 시작한다. 반응의 표시가 늘어지게 되면 리더는 불안해져 "잔업을 줄이려면 어떻게 하면 좋을는지요." 등과 같이 앞서의 질문 형태를 바꾸어 질문하기도 한다. 이것은 그룹의 사람들에 있어선 한 번에 두 가지 질문을 내놓은 것이 된다.

(3) 질문은 너무 알기 쉽게 또 너무 어렵게 하면 안 된다

질문은 그 장소에 출석하고 있는 참석자가 대답할 수 있는 것이어야 한다. 따라서 질문은 참석자가 경험한 것이나 알고 있는 것, 이해할 수 있는 것이어야 한다. 그러므로 리더는 미리 참석자의 경험・관심사・지식 정도를 잘 조사하여 분석하고 정리하여 적절한 질문을 하는 것이 중요하다.

(4) 전반 질문 다음에 지명 질문을 할 것

"A씨, 당신은 가격을 내리는데 어떻게 하면 좋다고 생각하십니까?" 와 같이 지명 질문을 먼저 던지면 A씨는 당황하게 되고 다른 참석자는 내가 지명되지 않아 다행이라 생각한다. 그래서 다른 참석자는 A씨가 어떠한 응답을 할 것인가를 제3자의 입장에서 흥미를 갖고 지켜볼 일이다. 즉 A씨 한 사람에게만 생각하게 하여 다른 사람들의 사고력을 일으키지 않게 하는 것이 된다.

"여러분, 가격을 내리기 위해서는 어떻게 하면 좋다고 생각하십니까?"와 같이 전반 질문을 하면 참석자 전원이 생각해준다.

리더는 반응이 곧 나타나지 않더라도 서둘지 말고 참석자의 모습을 살피고 있으면 반응을 일으킨 사람은 그것이 행동으로 나타나게 된다. 반응이 강하면 리더가 가만히 있어도 발언을 하게 될 것이다. 반응을 일으킨 사람은 눈을 번뜩인다든가, 자리를 고쳐 앉는다든가, 엉거주춤한다든가, 손을 들거나 하는 등의 행동을 표시한다. 리더는 그 행동에 대응하여 "B씨의 의견은……." 등과 같이 지명 질문을 하면 무리 없이 발언시킬 수가 있다.

지명 질문을 먼저 하는 예외적인 경우도 있으나 이것은 특정한 사람의 경험이나 견해를 사례(事例)로서 듣고자 할 경우나 그 사람이 언제나 발언하지 않는 사람이므로 조금씩 발언의 습관을 기르도록 할 경우이다. 어느 것이든 그 사람이 자진하여 이야기할 수 있는 사항에 대해 질문하도록 해야 한다.

(5) 질문 순서의 계획

만나자마자 "결혼해주실 수 없을까요?" 등으로 질문을 던지는 사람은 없다. 처음에는 "어떠실지, 가까운 곳에서 차나 한잔 나누실까요?"라는 질문에서 만남이 시작되는 것이 통례이다.

회의의 석상에서도 참석자의 사람들과 논의할 문제와의 관계에서 질문의 순번을 계획해두지 않으면 모든 사람들이 완전한 참여를 할 수 없게 된다.

(6) 유도 질문(誘導質問)을 삼갈 것

유도 질문이란 질문 자체 중에서 상대방의 회답을 강압적으로 강제하는 것이다. 즉 답을 내재하고 있는 질문이다. 예를 들면 "양식 있는 사원이라면, 이와 같은 회사의 복잡한 상황을 보고 보너스를 받지 않기로 결의하는 것이 어떻겠습니까?"라든가 "동료애가 있다면, 우리들은 A씨의 치료비에 보탬이 되게 모금해야 되지 않겠습니까?"라는 따위의 질문은 상대방에 대하여 반대를 못 하게 하는 압력을 주고 있는 것이다. 즉 상대방에 압력을 가하는 비민주적인 방법인 것이다.

(7) 질문의 페이스에 변화를 가할 것

야구의 투수가 투구의 속도나 커브를 여러 가지로 바꾸듯이, 토의에 있어서도 리더가 질문의 페이스를 언제나 변화시킬 필요가 있다.

리더는 처음에 토의가 딱딱해지기 전에 되도록 참석자의 흥미를 돋우어 관심을 높이도록 질문 방법을 연구하여 토의의 촉진을 꾀하고 차츰 스피딩 업(speeding up)해가도록 한다.

그러나 경우에 따라서는 토의 중 특정한 것에 흥미가 지나치게 쏠려 그것에만 관심이 집중될 때 다른 화제로 바꿀 수 있게 해야 한다.

때로는 토의를 잠시 멈추는 것도 오히려 효과적인 수가 있다. 이러한 경우, 참석자들은 추리를 하며 깊이 생각하고 있는 것으로 사고를 중단하고 있지 않다는 점을 알아야 한다. 즉 중단되고 있을 때에는 그룹의 건설적인 견해가 내면적으로 형성되고 있는 것으로, 리더로서는 이러한 분위기를 빨리 간파할 만한 통찰력을 길러 덮어놓고 성급한 질문을 던지지 않는 인내력을 지녀야 한다.

3. 질문의 효과상의 분류

질문은 그 내용이나 효과상으로 분류하는 경우가 있다. 아래에 효과상으로 분류한 것이 대표적인 예를 들어서 참고로 삼아둔다.

(1) 사실 질문(事實質問)

이것은 참석자로부터 사실적인 정확한 정보를 제출해주도록 바라는 경우에 던지는 것이다.

예를 들면, "지난달의 불량률은 얼마였던가요?"

(2) 사고 촉진 질문(思考促進質問)

참석자의 관심을 높여, 사고하여 응답을 받고자 자극을 주는 질문이다.

예를 들면 "감독은 부하에게 다정하게 보이면 안 된 다 라는 말은 당신은 어떻게 생각하나?" 또는 "내년에 공장을 증축한다는데, 자네는 어떻게 생각하나?"

(3) 강요하는 질문

앞서 말한 유도 질문이 전형적인 것으로 질문 그 자체 속에 어느 정도 회답이 숨겨져 있는 것이다.

예를 들면 "당신이 양식 있는 감독자라면 이 헌금함에 오천 원을 넣어야 된다고 생각하지 않습니까?"

(4) 과제 지향 질문(課題指向質問)

참석자 사이에 자기 지향적인 분위기가 일어나 반발·양보·두려움·거리낌·자기주장 등 회의가 어수선해져 긴장되었을 때 회의의 본래의 과제를 향해 전원의 관심을 집중시키는 데 사용된다.

예를 들면

"그러면 우리들이 현재 꼭 해결하지 않으면 안 될 문제는 대체 무엇일까요?"

"이쯤에서 처음의 주제로 넘어가는 것이 좋겠습니다."

"이 문제는 여러분이 아니면 해결되지 않는 문제입니다. 기본 문제에 관해 다시 생각해보기로 합시다."

4. 질문의 작용

질문의 장면에서는 질문이 어떠한 작용을 하고 있나 를 알아두어 이것을 적시에 사용하는 것이 회의를 성공시키는 중요한 요소의 하나이다.

질문의 작용에는 다음과 같은 것이 있다.

(1) 불충분한 의견·정보일 때

① 본인으로 하여금 좀 더 구체적으로 설명하게 한다.

　　예 : "좀 더 상세히 설명해주실 수 없을는지요."

② 불충분한 점을 본인이 알게 한다.

　　예 : "문제의 이 부분에 대해 A씨는 어떻게 생각하고 계십니까?"

(2) 반대 의견일 때

① 반대의 논점을 명확히 제시하도록 한다.

　　예 : "이 안에 반대하시는 가장 중요한 논거는 어느 점입니까?"

② 다른 데서 딴 의견을 끄집어낸다.

　　예 : "다른 분께선 이 점에 대하여 의견에 차질이 있다고 생각하지 않으십니까?"

(3) 기대한 대로의 의견일 때

① 불리한 점을 재검토시킨다.

　　예 : "이 안을 실시하게 되면, 이와 같은 불리한 결과도 예측됩니다. 이에 대하여 어떻게 생각하십니까?"

② 정당성을 재평가시킨다.

　　예 : "이 의견은 어디에 내놓아도 통한다고 생각하십니까?"

(4) 문제와 동떨어진 의견일 때
① 본인에게 평가시켜 이탈 점(離脫點)을 알아차리도록 한다.
　　예 : "오늘의 주제에 겨루어보아 그 점이 지금 중요한 것일까요?"
② 제3자에게 평가시켜 이탈 점을 알아차리도록 한다.
　　예 : "이 발언은 우리들의 문제와 어떻게 관련되는 것일까요……B 선생의 의견은 어떠신지요?"

(5) 감성적인 의견이 나왔을 때
① 그대로 발표시키도록 한다.(토사 작용(吐瀉作用)에 의해 보다 자기가 만족하고 감정적 상대에서 결국에는 논리적으로 생각하게 되도록 변화한다.)
② 성의를 갖고 그것을 받아 멈추도록 한다.
상대방의 발언 내용을 사실에 비추어 정리하여 제3자의 의견을 듣는다.

(6) 시무룩한 발언일 때
① 예증(例證)시키고, 실증(實證)시키고, 정의하도록 한다.
　　예 : "그에 관하여 어떠한 참고가 될 만한 예를 제시해주실 수 없습니까?"
② 제3자에 의해 그 의견의 중요성을 명확하게 한다.
　　예 : "이 의견에 대해 B선생은 오늘의 주제와 관계를 어떻게 생각하십니까?"

(7) 침묵을 계속하는 사람에 대하여

① 어떤 경우에는 그냥 있도록 할 필요가 있다.

② 솔직히 너그럽게 질문한다.

    예 : "시종 말씀이 없어서 신경이 쓰이는데, 이 문제에 대해서 어떻게 생각하고 계신지요?"

이 점에 대해서는 별항에서 상세히 논급하기로 한다.

(8) 한꺼번에 여러 가지 내용이 담긴 의견일 때

① 리더가 정리한다.

② 또는 정리의 가안(假案)을 제시하여 다른 사람에게 물어본다.

    예 : "말씀하신 의견은 세 가지의 중요한 점이라 생각되는데, 어느 점부터 취급할까요?"

(9) 추상적인 의견일 때

    예 : "말씀하신 의견에 대하여 구체적인 사례를 들어주실 수 없을까요?"

(10) 주제와 별로 관계없는 것을 적극적으로 제출하려 할 때

    (본인에 있어선 중요하다고 생각하고 있다)

    예 : 오늘의 주제에 비추어보아 지금의 발언을 어떠한 방법으로 취급할까요?

"아주 새로운 문제가 제출되었는데 제시된 문제에 대하여 어느 점을 다룰까요?"

5. 사담(私談)은 유죄 판결

지금까지 출석했던 회의에서 사담이 없는 경우를 보았는가? 아마도 없었을 것이다.

동서양을 불문하고 회의에 사담은 있게 마련이다. 독단적 리더(황제라든가, 대통령, 사장)가 주최하는 회의에서는 사담이 없겠지만 이와 같이 극단적으로 침묵을 지켜야 하는 회의에서는 회의가 끝난 뒤 침묵을 지켰던 사람들이 활발하게 발언을 시작한다.

물론 회의 장소가 바뀌어 있다. 즉 다방, 술집, 바 등이 2차 회장이다. 그러나 이런 장소에서의 회의는 아무리 건설적인 의견이 오간다 하더라도 효과가 없다. 그렇게 허공으로 사라진 바람직한 의견이 동서고금에 얼마나 많을까?

즉 사담은 이런 때에 나온다.

① 참가자가 자유롭게 발언할 수 없는 분위기일 때
② 참가자가 자신의 의견이 시시하다고 생각하거나 누구에게 이야기해보고 싶다고 느낄 때
③ 참가자가 반대 의견을 필 용기가 없을 때
④ 참가자가 자신의 생각이나 의견을 공표하면 손해라고 생각할 때
⑤ 참가자가 회의에 지루함을 느꼈을 때

이것은 리더와 참가자의 공동 책임이다. 사담은 이중으로 회의를 가로막는 장애 요소가 된다.

사담을 나누고 있는 사람들은 적어도 그러는 동안에는 발언하고 있는 사람의 이야기를 듣고 있지 않다.

사담은 설사 그것이 그룹 전체에 유익한 내용의 것이더라도 어둠 속

으로 파묻히게 된다.

따라서 참가자는 회의에 참가하는 사람으로서 리더나 참가자를 막론하고 사담을 없앤다거나 개인이 가지고 있는 지식이나 정보를 그룹을 위해 제공해야 한다는 등의 계약을 회의에 앞서 맺을 필요가 있지 않을까? '개인의 세계를 그룹 전체의 세계로 발전시킬' 필요성을 리더와 참가자 모두 분명하게 말로 확인하는 것이다. 그러는 편이 상대방의 생각이나 입장을 존중하는 마음가짐으로 회의에 참석하기보다 훨씬 바람직하다.

마음속으로 생각하고 있는 것과 그것을 소리로써 밖으로 나타내는 것과는 얼마나 큰 차이가 있는가를 보다 깊이 생각해보아야 한다.

종교에서도 기도·고백·독경 그리고 어떤 사상 단체에 있어서의 신조나 강령의 제창 등은 그야말로 프로세스의 요지이며 그들은 그 심리적 효과를 잘 이해하고 있다고 볼 수 있다. 물론 그것들이 악 효과를 초래했을 때의 허무함에 대해서도 간과하지 말아야 한다.

어쨌든 여기에서는 참가자를 위한 사담이어야 하는데도 내용은 리더를 위한 것이 되고 있는 것이 사실이다.

오늘날 리더십이란 어느 집단 안에서 행해지는 영향력과 관계가 있다고 생각되고 있다. 그러나 리더십은 그 집단 안의 특정 개인이 집중적으로 가지고 있는 것이 아니라 상황에 따라 각 참가자에게 분할되어야 한다. 그리고 그렇게 하는 쪽이 높은 집단 효과가 있다고 한다. 집단이 성숙됨에 따라 그런 상황은 보다 명확해진다.

쉐어(Share) 리더십이란 말이 있다. 리더십이 상황과 관련되고 또한 기능으로 이해된 뒤부터 사용되기 시작한 용어이다. 하지만 이 역시 예부터 다음과 같은 말로 나타나고 있다. "리더가 없는 것이 바람직한 그룹이다."

주의해야 하는 것은 집단이 미성숙한 상태에 있어서 서로가 책임지기를 거부하거나 서로가 견제할 때 그 무책임을 호도하는 용어로서 '리더 따위는 필요 없다.'는 경우이다. 이것은 회의의 기능 장애의 커다란 요인이 된다.

집단이 성장하게 되면 개인이 가지고 있는 특성·지식·기능 등이 각 참가자에게 충분히 이해되며 그때그때 적절하게 활용되고 자발성이라든가 공헌도 있게 된다. 따라서 어느 참가자가 줄곧 침묵을 지키고 있다고 하더라도 모두들 그것을 그 나름대로의 참여로 이해하게 되며 짜증스러워하지 않는다. 사실 뛰어난 관찰자는 침묵 속의 참가가 가능함을 충분히 알고 있는 법이다.

6. 토의 진행의 일반적 지침

(1) 옆길로 벗어나지 않도록

참석자간의 토의가 옆길로 벗어나지 않도록 하기 위하여 리더는 언제나 토의의 진행 방향을 예견해야 한다. 그 방법으로는 리더가 미리 주제나 적절한 의견은 그것을 흑판에다 기록하고, 차례로 소용없이 되어가는 기록을 지우면서 사람들의 주의가 한 군데에 모이도록 노력해야 한다.

이러한 노력에도 불구하고 만일 토의가 궤도에서 벗어났다면 리더는 "당신들의 발언은 궤도에서 벗어났어요."라는 식의 태도나 발언을 하지 말고 될 수 있는 대로 속히 그것을 원 궤도로 되돌리도록 작용을 해야 한다. 그러기 위해서는 그 기교를 눈치 채지 않도록 요점을 간직한 유도 질문을 쓰든지, 바라는 바의 요점에 도달할 수 있도록 "잠시 조용히 해 주십시오. 지금의 토의 내용은 오늘의 주제와 어떤 관계가 있을까요?"라는 식으로 전반 질문을 한다. 그러면 누군가가 본론으로 되돌리자고 협력하게 된다.

그러나 토의가 다소 탈선되었다 해도 그것을 일일이 책망하는 듯한 태도나 신경질적이 되어 곧 궤도로 되돌리려 하지 말고 용인(容認)하여 두는 편이 좋은 경우가 있다. 다소 탈선한 토의도 그것이 가치 있는 것으로서 그 다음 토의를 한층 활발하게 전개시키는 윤활유 구실을 한다면, 탈선을 그대로 방임하거나 때로는 적극적으로 탈선한 토의 내용을 문제로 다루는 것도 한 가지 방법이다.

이 경우 리더는 "여러분, 지금 토의되고 있는 문제는 다음 본론의 토의를 발전시키는 데 있어, ……한 이유에서 가치 있는 문제로 생각되므로, 잠시 토의를 전개시키는 것이 좋을 듯합니다 만……"라는 식으로 참석자의 합의를 얻은 다음 토의로 들어가도록 한다.

이와 같이 리더는 사소한 탈선의 경우에 그 화제가 지니는 중요도, 이를테면 그 토의가 주제에 대하여 어떠한 관계를 갖고 있는지 없는지, 또는 그것이 독점에 의한 것인지 아닌지를 철저히 알아본 후에 그때의 지도 태도를 결정해야 한다.

(2) 감정적인 장면을 피하도록

리더는 참석자간에 감정적인 논의가 오고 가면 이것을 가라앉히는 조치를 취해야 한다. 그러기 위해서는,

① 토의 중에 같은 사항이 되풀이될 때에는 "지금 두 분의 토의에 대해서 C선생은 어떻게 생각하고 계십니까?"라는 식으로 제3자로 하여금 판가름하도록 한다.
② 격렬한 발언을 할 경우에는 리더는 그 발언 내용을 잊지 않는 범위 내에서 감정적인 요소가 포함된 말을 부드럽게 표현하여 제3자의 비판을 들어보도록 한다.

(3) 공정한 태도로

리더는 개인적인 의견을 피력하는 것은 상관없으나 참석자에 대하여 안이하게 찬부(贊否)의 태도를 나타내는 행위는 신중을 기해야 한다. 그룹에 대하여 마이너스의 영향이 없을 때 한하여 개인적인 의견을 피력하도록 한다. 또 리더의 질문에 대하여 참석자의 응답이 없다고 하여 언제나 발언해주는 특정한 참석자에게만 질문을 던지는 것도 삼가야 한다.

또 지명 질문을 특정한 참석자를 향해 던져서 아무 응답이 없을 때 그 한 사람만을 곤경에 빠뜨리지 말도록 해야 한다. "나의 질문이 명확하지 못했나 봅니다. ……한 것입니다."라는 식으로 리더는 질문을 다르게 표현해본다. 또한 ○씨에게 지명 질문을 했는데 바로 응답이 없을 때는 "○선생께서 생각하고 계실 동안에, ×선생의 의견을 좀 들어볼까요."라는 식으로 다른 참석자의 발언을 요구한다. 그런 다음 "지금 말씀하신 ×선생의 의견에 대하여 ○선생은 어떻게 생각하십니까."라는 식으로 다시 바꾸어, 처음 지명한 ○씨가 답변하기 쉬운 상황에서 재 질문을 해보기도 한다.

(4) 참석자의 약점을 건드리지 말라

회의석상에서 참석자는 자기의 발언이 타인에게 어떤 영향을 미치는가를 이해하거나 타인의 발언이 자기에게 어떤 영향을 미치는가를 이해하도록 해야 한다.

회의장이라는 공간에서 인간은 상호 작용을 통해 학습을 하는 것이다. 그러나 자기의 심리적인 흠이나 약점을 건드리면 방어적이 되어 상호 작용이 결핍되는 수가 있다. 그 결과 감정적이 되어 공격하게 된다. 리더로서는 사람들의 감정을 통해서 성공을 얻고자 생각하지 않으면 안 된다. 오만스럽게 지시를 하는 대신에 해결의 필요성을 호소하고 잡다한 이론을 늘어놓는 대신에 유머스럽게 해야 한다. 또 사람들을 토의에 휘몰아 넣으려고 재촉하는 대신에 그 발언에 감사하고 특정 의견을 따르도록 강요하는 대신에 상대방의 견해를 물어야 한다. 이러한 노력을 하는 한편, 리더는 사람들의 개성에 관심을 가져야 한다. 그리고 참석자들의 신체적인 장해를 비롯하여 과거의 경력 중에서 심리적인 흠 등은 절대로 건드리지 말아야 한다.

(5) 상황 판단을 정확하게

회의를 진행하는 데 있어서는 회의 진행 중에 여러 가지 장면이 나타난다. 리더는 그 장면의 상황을 언제나 정확하게 파악하여 그때그때의 조치를 강구해나가야 한다.

예를 들면 참석자 중의 두 사람이 개인적인 특수한 문제를 느닷없이 끌어내어 토의하는 수도 있다. 회의 시간에 늦게 참석한 사람이 그때까지의 상황을 전혀 몰라 최후까지 발언 한마디 없이 참석만으로 끝나는 수도 있고 신참인 사람이 다른 참석자에 소개되지 않아 발언을 한마디도 하지 못하는 수도 있다. 또 긴급 사태의 발생, 두 사람만의 사어(私語), 현재의 주제 외에 전원이 관심을 갖고 있는 문제의 발생 등 리더는 회의 진행 도중에 상황 판단을 정확하게 파악하여 용기를 갖고 대처하지 않으면 안 될 문제가 많다.

질문과 태도

회의의 리더로서 질문을 하는 기술은 가장 중요한 것이다.
그렇다 해도 그것이 인간적인 온화한 태도가 결여된 질문이라면 그 질문의 효과는 떨어지게 마련이다. 아무리 전문적인 질문의 유형을 골라 그 용어를 잘 표현하고 교묘히 질문해도 그것이 즉석에서 받아들여지고 환영될 인간적인 유대 관계가 없으면 그 질문은 형식적인 것으로 그치며, 역효과를 가져와 소기의 목적을 바랄 수 없게 된다.
리더의 심정이나 개성은 그 음성이나 용어를 통해 참석자들에게 전해진다. 리더가 그 회의를 진행시키는 데 있어 열의가 적거나 또는 그가 질문을 던지는 상대방을 사회적인 인간으로 이해하지 못하거나 그 밖에 마음속에 숨어 있는 편견이나 꾀와 음모 등은 리더의 음성·표정·행동을 통해 무의식적으로 나타나게 마련이다.
그러한 까닭에 리더는 평소 직무에 충실해야 할 뿐만 아니라 스스로

솔선하여 사람들에게 신뢰를 받도록 해야 한다. 사람들에게 신뢰받으려면 리더 자신이 사람들을 믿어야 한다. 리더는 먼저 사람들이 문제를 해결할만한 능력을 갖고 있으며 토의를 하기에 알맞은 경험을 지니고 있다는 것을 믿게 해주어야 한다. 참석자와 더불어 생각하고 참석자들과 더불어 전진한다는 태도야말로 참석자들의 신뢰를 얻을 수 있는 기본이다.

결코 자기의 지식이나 지위를 과시하는 듯한 태도를 취해서는 안 된다. 그리고 무엇보다도 중요한 것은 회의의 리더로서 그 직무에 충실할 뿐만 아니라 사람들에게 성실하게 대해야 한다.

리더의 태도·과감성·신뢰성은 그의 질문에 따라 상대방에 전달되는 인상을 형성하는 데 중요한 역할을 한다. 그는 그 자신의 문제에 대하여 또, 상대방에 대한 관심과 열의를 뚜렷하게 인상지울 수 있는 질문을 던져야 한다.

리더는 변호사나 검사라든가 판사와 같이 증인을 심문하는 것과 같은 인상을 주는 것은 어떠한 경우에도 삼가야 한다.

침묵하는 참석자 다루는 법

어떠한 회의에도, 참여의 정도는 개인에 따라 차이가 있다.
리더의 훌륭한 회의 지도에 의해, 일반적으로 참여의 수준을 높일 수가 있다. 그러나 어느 경우에는 토의가 활발히 진전하고 있는데도 불구하고 조금도 그에 참가하려 들지 않는 사람이 있다. 그래서 리더는 그를 토의에 참가시키기 위해 특별한 노력을 할 필요가 있다.

만약 참석자의 한 사람이 침묵을 지키고 있으면 참가함으로써 얻을 수 있는 이익을 못 보며, 또 다른 참가자들은 그가 갖고 있을지도 모를 의견이나 경험이라는 가치를 얻지 못하는 것이 된다.

1. 왜 참석자가 침묵 하는가

(1) 주제에 대하여 그다지 관심이 없는 사람

회의 외에 더 중요한 문제가 있는 경우, 주제가 자기의 경험과 연고가 없는 경우, 토의를 통해 다른 사람으로부터 배울 게 없다고 느끼는 경우 등 여러 가지가 있다.

이와 같은 사람에 대해서는 십중적으로 질문해서 장피를 주는 행동을 해서는 안 된다. 리더는 그 사람이 답할 수 있을 만한 쉬운 문제를 골라서 해답을 구하도록 해야 한다. 또, 화제가 그 사람의 직장이라든지 직무에 관계된 사항으로 진전될 때까지 기다려서 그 사람이 자랑으로 삼는 경험이나 지식을 발표시키는 것이 좋다.

이와 같이 리더는 그 사람이 알고 있는 최상의 것을 끌어내서 회의에 공헌시킨다는 데 유의하여 그에게도 발언할 기회를 마련해주어야 한다.

(2) 몹시 수줍어하는 소극적인 사람

발언하기에 앞서 언제나 조심성 있게 생각만 하는 인물도 있다. 또,

머리 회전이 느려 토의에 따라가지 못하는 사람도 있을 것이다. 이와 같이 소극적인 사람은 그 화제에 대하여 아무것도 모르는 사람처럼 간주되기 쉽다.

하지만 소극적인 사람은 결코 공백 상태로 있는 것은 아니다. 말하고 싶은 마음은 있지만 발언하고 있는 다른 사람에게 압도당하고 있는 것이다.

리더는 그러한 내면적인 사람에 대해서는 세심한 주의를 기울여서 살펴보아야 한다. 그리고 만일 당사자에게 무언가 이야기하고 싶어 하는 듯한 눈치가 보였다면 즉시 그에게 발언할 기회를 마련해주어야 한다. 그가 발언하고 그 발언이 옳은 것이었다면 감사와 칭찬의 말을 잊지 말아야 한다.

한편, 발언하고 싶어 하지 않는 사람 중에 경험이 많고 세상일에 능숙한 사람은 처음에 다른 사람으로 하여금 발언하게 한 다음 나중에 발언하는 경향도 있다. 일반적으로 말이 많은 사람보다도 말이 적은 사람이 더욱 회의에 좋은 공헌을 가져오는 법이다. 지도자는 이 점을 잊어서는 안 된다.

(3) 시무룩한 사람

이런 인물 중에는 그가 의식적이거나 무의식적으로 회의의 목적에 반항하고 있는 경우도 있고, 또 리더라든가 그룹에 대하여 적의를 느끼고 있는 경우, 회의의 목적에 대하여 회의적인 경우, 억지로 본인 의사도 없이 참가한 경우 등 여러 가지 요인이 있을 것이다.

이와 같은 사람에 대해서는 기회를 포착하여 현재의 직무와 관련된 질문을 하거나 그가 관심을 기울이고 있다고 생각되는 사항에 관한 질문을 해서 그 의견을 진술하게 하는 것이 좋다. 또, 그가 문제에 관하여 깊은 지식을 가졌다는 것이 분명해졌을 때엔 다른 참석자가 그에게 발언을 청하는 방향으로 지도하여 그의 발언을 전원이 결정하는 방법도 있다.

예를 들면 당신과 같이 많은 경험을 갖고 있는 사람의 발언을 듣는 것은 우리들이 넓게 생각하는 데 큰 도움이 된다는 식으로 회의를 진행하며, 또는 회의적인 감정을 갖고 있다든가 시무룩한 사람에 대해서는 다른 사람들이 당신의 견해를 듣지 못한 것을 매우 아쉬워한다고 말하는 것도 한 방법이다.

이렇게 회의에 앞서 또는 회의 중에 권유하면 순식간에 회의에 관심을 가지고 열심히 발언하게 될 것이다.

너무 말이 많은 사람을 다루는 법

통제가 잘 이루어지고 있는 회의는 잘 진행된다. 그런데 간혹 과도하게 이야기하려 드는 인물이 문제가 된다. 한 사람이 너무 많이 이야기하면 다른 사람의 회의 공헌이 저지된다. 그 때문에 그룹 전체로 보면 회의는 성공하지 못한다.

(1) 개인이 너무 말이 많은 이유

그런 인물은 그룹을 지배하여 장악하려는 데서 생긴다. 회의를 자기선전의 수단으로 이용할 경우, 근속 연수가 오래되었다든가 높은 관리계층의 지위에 있어 사람을 무시하는 습관이 있는 경우, 젊고 패기가 있어 회의에서 야심적으로 자기선전을 꾀하는 경우, 강한 경쟁심을 갖고 있어 누구에게든 의논하는 데 지고 싶지 않아 하는 경우 등이다.

(2) 그러한 인물은 대체로 그룹보다 빨리 생각하거나 뛰어난 지식을 갖고 있는 수가 있다

즉 이런 인물은 언제나 답변할 말이나 적당한 견해를 준비하고 있다. 또, 느릿느릿한 성격을 가진 사람을 싫어한다. 그래서 다른 사람을 뒤로 젖히고 빨리 해결하려고 한다. 다른 사람은 그를 권위자로 보는 경향도 있다.

(3) 그는 요점을 파악하지 못한다.

요점에 대해 마무리하지 않고 주제와는 다른 적당치 않은 자질구레한 점을 얘기한다. 개인적인 경험을 장황하게 늘어놓는다. 때로는 정신적인 결함으로 이야기를 멈추지 못하고 마무리하지 못하는 인물도 있다.

대개의 경우 말이 많은 사람은 그 자신이 회의의 성공을 방해하고 있는 것을 모르고 있다. 그러므로 리더는 그다지 말하고 싶어 하지 않는 인물보다도 오히려 너무 말이 많은 인물을 다루기가 더욱 힘들다. 참석자 가운데에 말이 많은 사람이 있다고 판단되면, 리더는 우선 그에게 그 행동의 영향을 잘 알리는 것이 기본적인 취급법이다. 또는 그룹의 힘에

의뢰하여 통제할 수도 있다.

① 회의에 앞서 그와 이야기 한다

"전번 회의에서 제일 많이 이야기한 사람은 나와 당신이었다. 이번 회의에서는 다른 사람의 의견을 같이 들어보기로 하는 게 어떨는지……." 또는 "자네가 이 문제에 대해 여러 가지로 생각해준 데 대하여 감사하네. 이번 회의에서는 다른 분의 의견을 들어보는 것이 어떨는지."라는 식으로 사전 교섭으로 발언을 억제하는 수도 있다.

또, 이따금 발언은 누구나 두루 할 수 있도록 간결하게 해야 한다는, 회의 시간의 균등한 분배 원칙을 강조하는 것이 좋다.

하지만 보통 이 정도로 그러한 사람은 물러서지 않는다. 여전히 그가 그다지 수용되지도 않을 것 같은 이야기를 길게 늘어놓을 때엔 도중에서 다른 사람들이 똑똑히 알 수 있도록 요점을 추려서 이야기해주었으면 좋겠다는 뜻을 말하는 것이 좋다. 이런 노력을 해도 역시 그 이야기가 길어지고 혼자서 전부를 이야기하고 싶어 하는 듯이 보이면, 약간 노골적이긴 하지만 그가 한바탕 말하고서 잠시 숨을 쉴 때 그 기회를 놓치지 말고 나서서 다른 참석자에게 〈직접 질문〉을 던지는 것이 좋다. 예를 들면 "그러면 그것은 당신의 견해인데, 다른 분은 어떻게 생각하십니까?"라는 식으로 참석자의 개인에서부터 토의를 떼어내도록 지도한다.

일반적으로 다변가를 너무 인정해주어서는 안 된다. 그와 다른 사람이 동시에 발언하려고 하였을 때 언제나 다른 사람을 먼저 발언시키는 것이 좋다. 또한 〈직접 질문〉은 다변가에겐 되도록 던지지 않는 것이 좋다. 뿐만 아니라 그 좌석도 리더의 측면이 되도록 배려해서 그가 뭔지 발언하고 싶어 하더라도 짐짓 그것을 못 본 체하고서 다른 사람에게 발언의 기회를 줄 수가 있도록 하는 것이 좋다.

한편, 이야기하기를 좋아하는 인물이 두 사람 이상 있을 경우에는 결코 그들이 한 군데에 나란히 앉게 되지 않도록 배려해야 된다. 그들을 한 군데에 나란히 앉혀두면 그들이 토론을 독점해버리는 수가 많다.

② 토의를 참석자 전원에게 향하도록 노력 한다

"지금 두 분이 이야기하고 있는 문제는 매우 흥미 있는 것 같은데 여러 사람이 들릴 수 있게 말해줄 수 없습니까?" 또는 "지금 두 분이 이야기하고 있는 문제에 대해 A씨는 어떻게 생각하고 계십니까?"

③ 간접적인 접근

회의에 있어 특별한 일을 그에게 할당한다. 예를 들면 기록원으로 일을 맡기거나 그 사람을 리더의 왼편 가장 가까이에 자리를 마련하여 앉힌다. 이 장소는 리더가 자연히 그를 무시할 수 있게 되는 자리이기 때문이다.

4장
회의의 평가

1. 회의 계획의 평가

2. 작업 측면에서 어떤 효과를 올렸는가

3. 개인행동의 평가

회의 계획의 평가

1. 여섯 가지 의문에 의한 검토

　회의를 여는 데는 계획·준비가 특히 중요하다는 점은 앞에서도 기술했으나, 일단 회의가 끝난 후에 그 성과를 검토하는 것도 역시 중요하다. 이 경우, 계획의 항목이 미리 구체적으로 세워져 있었다면 그것과 대조해보면 좋다. 계획은 제2장에서 말한 여섯 가지 의문 즉 왜·무엇·어디서·언제·누가·어떻게 로 세워지는 것이므로 회의 계획의 평가도 이 여섯 가지와 대조하는 것이 당연하다.

　(1) 목적은 달성 되었는가
　회의 평가에 첫째 목적은 결론이나 결정을 얻었는가에 있는데 그러한 결론에 도달 했는가 못했는가의 문제보다 우선 회의의 계획에 잘못된 점이 없었는가를 검토할 필요가 있다.

(2) 회의장은 어떠 했는가

회의장의 위치·회의실 내의 여러 설비·준비 자료·용구(用具) 기타 모든 점에 대하여 갖추지 못한 점은 없었는지, 그 때문에 회의 진행에 방해가 된 것은 없었는지, 이러한 점들을 회의실의 배치 점검표와 대조해보도록 한다.

(3) 타이밍과 참석자

회의의 기일·시간은 어떠했는지, 참석자가 출석하기에 불편하지는 않았는지, 회의 시간은 적당했는지. 또, 출석해주어야 할 사람이 빠지지는 않았는지, 그 반대로 출석한 사람 중에 그 회의와는 적당하지 않은 사람은 없었는지. 참석자의 출석 여부는 확인했는지, 즉 이유도 없이 결석하거나 지각한 자는 없었는지, 이러한 사태는 이편의 연락이 불충분해서였는가, 또는 그 편의 사정에서였는가.

(4) 문제의 선택과 복안은 그것으로 충분 했는가

회의에 올린 문제는 참석자가 다망한 중에도 출석하여 토론할 만한 가치가 있는 문제였는지 참석자로부터 그 문제에 대하여 별 반응이 없지는 않았는지. 회의 진행의 복안대로 진행되었는가, 복안한 대로 진행되지 않았다면 그 원인은 어디에 있었던 것인가. 또, 회의에서 다룰 대충의 줄거리를 사전에 충고해둔(또는 통고하지 않은)것이 회의 진행에 있어 어떻게 반영되었는가.

이상과 같은 회의 개최 전의 여러 가지 계획·준비의 검토를 거쳐 본격적인 회의 진행 과정의 검토를 하도록 한다.

2. 회의 개최 전의 절차에 관한 검토

회의가 기업에서 개최되는 경우엔 이러한 검토가 형식적인 것이긴 하나, 이러한 면의 검토도 빼놓을 수 없는 중요 사항이다.

그 회의는 자기의 책임이나 권한의 범위에서 이루어졌는가. 윗사람과 의논할 필요가 있었다고 느꼈는가. 특정한 부서(部署)나 스탭과 상담할 필요는 없었는지. 통지를 못 했거나 연락을 하지 않았기 때문에 나중에 어떤 분쟁이 일어나는 사태는 없었는지.

회의 개최가 당사자의 책임·권한 밖의 것이면, 이것은 독단적인 행위로 낙인 찍혀 인간관계에도 지장을 가져오는 경우가 많다. 책임·권한과 연락선에 대해선 신중을 기하도록 해야 한다.

이상과 같은 점을 감안한 다음, 다음번 회의에서는 이렇게 또는 저렇게 한다는 것이 즉 결과에 따른 원인을 바로잡는 피드백(feedback)인 것이다. 검토나 평가는 어디까지나 그것이 장래에 실시되었을 경우의 결과를 반영하여 적용시켜가는 데 큰 의의가 있다.

작업 측면에서 어떤 효과를 올렸는가

일반적으로 말해 회의는 어떤 문제가 있어 개최되며 그에 대한 회의의 결과나 결론 또는 결정이 내려져 그 후의 실행에 옮기는 것을 타협하는 과정을 밟는 것이다. 따라서 회의의 최종 목적은 타협의 실행이라 할 수 있다.

그런데 흔히 보는 예로서 회의석상에서는 매우 열을 내어 토론을 전개 하는데 이것이 끝나면 내 책임은 다했다는 분위기가 되어 실행 측면에는 그다지 열을 올리지 않는 경향이 많다. 원래 인간이란 상대방으로부터 일방적으로 이것저것 통달·지시되어도 어느 정도 본심에서 우러나는 기분이 들어야 실행을 하는 법이다. 형식적으로는 실행하지만 그 실행이 마음에서 우러나 잘해보겠다는 마음가짐이라고는 단정할 수 없다. 오히려 타인으로부터 지시를 받는 것과 생소한 것 등에 대해서는 의식적 내지 무의식적으로 반항하는 것이다.

오늘날 문제가 되고 있는 일련의 인간 관계론은 이러한 문제 해결에 중점을 두고 있는 것이고 그것의 한 해결책으로 회의라는 것을 연용(演用)하고 있는 것이다.

회의에 출석한다는 것은 어디까지나 어떤 문제의 해결에 참여하는 것을 의미한다. 참석함으로써 그 문제에 대하여 토론하고 그 과정을 거쳐 문제를 이해하게 되며 관심을 일으켜 흥미를 갖게 되는 것이다.

문제의 내용에 따라서는 우선 회의에 참석한다는 자체가 참석자의 보람을 갖게 하는 경우도 있으며 또 자기의 발언 내용이 크게 영향을 미치었을 때 그에 대한 책임도 느끼게 될 것이다.

여기에 회의라는 형식을 취하는 의의가 있고, 또 참석자로서는 인간의 사회적 욕구의 하나인 참여욕 을 만족시키며, 또 한편 책임감을 갖게 하는 것이다. 이것이 실행이라는 측면에 크게 작용되는 것이다.

이와 같이 회의의 평가도 나 그 최종 성과는 그 실행 여하에 달려 있는 것이다.

1. 누가 관찰 하는가

일반적으로 말하면 회의의 계획·실시·검토도 리더의 역할이라 할 수 있다. 실제적으로는 계획·준비 등은 아랫 사원에게 준비시키는 수가 있으나 그 관리는 역시 리더가 주관해야 된다. 실시면(회의 지도)에 있어서는 물론 리더 자신이 해야 할 역할이나 결론을 얻은 실행 사항 즉 작업면의 효과는 그 내용 범위에 따라 리더 혼자서는 검토할 수 없는 경우가 많다.

이러한 경우에는 실시 평가 회의라는 것을 별도로 개최하여 실시 결과의 보고·검토를 하는 형태도 취할 수 있다.

파넘 회의나 생산 회의에서 각기 판매 계획·생산 계획에 대한 결론이 나왔다고 하면 그 후의 실적이나 계획대로 진행되어 가느냐 어떠냐의 평가는 각기의 현장 당사자가 검토해갈 성질의 것이다.

또, 직장 회의에서 그 책임자가 리더가 되어 회의를 개최하여 어떤 타협을 보았을 경우에는 리더인 책임자가 참석자의 그 후의 실시 상황에 대한 평가를 해나가야 한다.

이와 같이 회의의 최종 목표가 실시에 있느니만큼 실제로 작업 면에 어떻게 효과를 올리고 있는가를 검토하는 것이 가장 중요하다.

2. 기타의 효과

　이상은 회의의 내용에 대한 효과인데 회의에 출석하는 그 자체로 참석자는 작업상 여러 가지 부수적인 효과를 올리는 경우가 있다.

(1) 표현력 · 발언력 · 설득력이 생긴다.

　회의도 성질상 발언하는 기회가 많아진다. 때로는 발언하고 싶지 않아도 리더로부터 교묘히 발언에 유도되는 경우가 있다. 이러한 장면에 부딪치는 기회가 많으면 보통 누구나 발언하는 방법, 표현의 방법에 관심을 갖게 되며, 따라서 자기 스스로 이러한 학습을 하게 된다.

　또, 회의에서는 자기의 표현이 상대방에게 잘 납득되어야 할 때도 흔히 경험한다. 그러므로 설득력에 관한 공부도 보통 때는 관심도 없던 사람이라도 여러 가지로 연구하게 된다.

(2) 지식의 향상과 관리 능력을 익힌다

　회의에 출석함으로써 참석자 사이의 인간관계가 더욱 친근해지는 경우도 있고 또 그 경험을 계기로 인간관계를 원만히 도모하는 여러 가지 기법도 몸에 익히게 된다. 또한 회의에서는 여러 인간이 각기 자기 나름의 뛰어난 의견을 제안하는 것이므로 그것을 듣기만 해도 당사자에게는 여러 가지 지식을 얻을 수 있는 것이다. 또 윗사람의 대리로 회의에 출석하는 경우도 많으므로 이러한 경우 상위자들의 사고방식, 관습 등도 보거나 들어서 자기가 장래에 그 지위에 오르게 될 경우 참고가 되는 자료를 얻는 수가 많다. 이상과 같은 능력은 회의에 출석함으로써만 부수적으로 몸에 익혀지는 것이다.

개인행동의 평가

1. 개인행동의 영향

앞에서도 말한 바와 같이 종래의 회의의 평가라 하면 리더의 지도 기술의 평가가 주를 이루었으며 참석자에 대해서는 참여의 태도가 어떠하였는가를 평가하는 경향이 많이 있다. 그런데 어느 사람의 행동이 그 주위에 어떠한 영향을 미치고 있는가에 대한 견해가 중요시되었다. 이 경우의 어느 사람이라 함은 참석자는 물론 리더도 포함되는 것이다.

보통 회의 출석의 당사자는 목전에 구체적인 토의 사항이 있기 때문에 그것에만 주의를 기울여 회장(會場)의 분위기나 집단 심리의 관찰이라는 점에는 그다지 관심을 갖지 않게 되는데 이것이 바로 회의의 성패에 상당한 영향을 미치고 있다.

인간의 심리는 복잡하여 회의의 동석자 중에는 자기 마음에 들지 않은 사람도 있게 마련이다. 그러나 좋거나 나쁘거나 회의에선 어쩔 수 없이 회의에 같이 임해야 한다. 그러므로 회의석상에서는 일체의 개인적 감정을 회의에다 결부시킨다든가 하는 행동은 삼가야 한다.

특히 자기의 옹졸한 행동이 주위에 미치는 영향을 어느 정도라도 인식 할 수 있다는 것은 그 사람의 인격을 가늠하는 것이다. 이러한 능력을 갖춘다는 것은 회의에서뿐 아니라 그 사람이 행동하는 모든 사회생활에도 도움이 된다는 것은 재언할 필요가 없다. 그래서 우선 개인 행동면의 관찰 평가 방법에 대하여 설명해보기로 한다.

2. 관찰 평가의 여러 가지

여기서 말하는 관찰 평가라는 것은 회의 중에 개인행동을 관찰하여 그것이 무엇을 의미하는가를 평가하는 것이다.

이 관찰 평가를 할 때 동일인이 토의를 하면서 관찰·평가를 한다는 것은 무리이다. 그러므로 관찰자는 따로 그것만 맡아보고 토의에는 참가하지 않는 것이 보통이다. 또한, 관찰의 대상이 되는 것은 내용·인물 등을 여러 각도로 관찰해야 하므로 여러 명이 각기 담당 분야를 정해 관찰하는 것이 좋다.

이것을 몸에 익히게 하려면 그룹 전체를 반으로 나누어 한쪽 그룹에는 회의를 실시하게 하고 다른 그룹은 그것을 전면적으로 관찰하는 식으로 서로 번갈아 연습하여 안목을 높이는 방식도 취할 수 있다.

또 관찰 그룹의 한 사람 한 사람이 토의 그룹의 한 사람 한 사람을 담당하여 그 사람의 행동을 추적하며 관찰한다. 그리고 토의 종료 후 관찰자와 피 관찰자가 서로 이야기를 나누어 피드백(feedback) 결과에 따라 원인을 바꾸어본다.

이러한 이야기를 나눈 결과 관찰자의 관찰 결과와 피 관찰자의 느낌이 맞지 않는 경우가 있다. 이러한 결과는 관찰자에게는 자기의 관찰 안목을 수정·향상에 도움이 될 것이며 한편 피 관찰자에게는 자기가 취한 행동이 제3자에게 자기의 의사와는 전혀 달리 반영된 사실을 알고, 자기의 행동에 대한 반성 재료가 될 것이다.

그러면 관찰 내용에 들어 가보기로 한다.

누가 누구에게 말을 건넸는가.

이것은 발언 방향으로써, 이것을 그림으로 표시하면 리더가 독단적이었다든가, 참석자 중 리더십을 잘 발휘하고 있는 자가 있다든가 모든 사람이 제멋대로 의견을 말했다든가 등 여러 가지 상황을 알 수 있다.

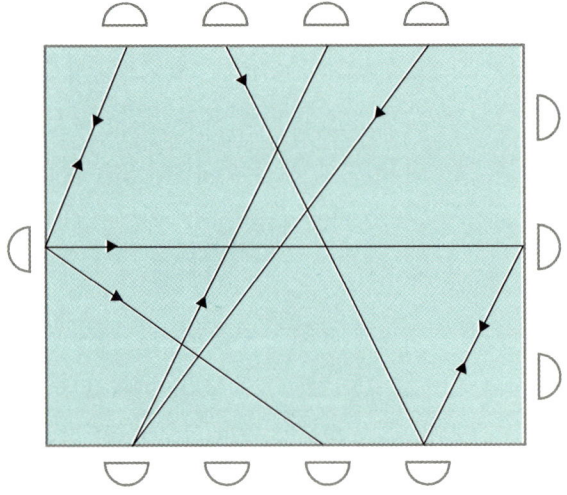

(1) 누가 몇 회 발언 했는가

이것은 앞 그림의 화살표 하나를 1회의 발언으로 세어 횟수를 기록해가면 알 수 있다. ──→←── 이 부호는 쌍방이 1회씩인데, Ⓐ ──→▸▸▸← Ⓑ 이 부호는 A는 B에 3회, B는 A에 2회 발언한 것이 된다. 한편, 질문과 응답·설명을 구별하고 싶으면, Ⓐ ──→←── Ⓑ와 같은 부호를 사용하면 된다. 이 부호는 A가 B에게 질문하고, B가 A에 응답한 경우이다.

(2) 누가 어떤 내용의 발언을 몇 회 했는가

내용을 어떻게 파악하느냐에 따라 분석 방향이 여러 가지로 변화하게 되는데 회의 전체의 목적에서 보아 참가자가 어느 정도, 어떤 면에서 회의에 참여하여 공헌하고 있는가를 표를 만들어 검토한다.

〈토의 과정 관찰 표〉

역할 \ 등장 인물			
1. 극단적인 자기 주장			
2. 적극 공격			
3. 탈선한다			
4. 독재적인 태도를 취한다			
5. 자기 자신을 낮춘다			
6. 격려한다			
7. 중재한다			
8. 조언한다			
9. 조언을 구한다			
10. 동의한다, 수락한다			
11. 불찬성			
12. 정보를 요구한다			
13. 정보를 제공한다			
14. 소극적인 공격			
15. 의견을 말한다			
16. 의견을 구한다			
17. 행동을 제안한다			
18. 문제를 제기한다			
19. 상황을 분명히 한다			
20. 상황을 분명히 할 것을 요구한다			

이것을 검토·기입해가면 누가 어떠한 작용의 발언을 했는가를 알 수 있다. 또한, 관점을 바꾸면 회의 진행상 그가 어떤 역할을 완수했는가도 관찰할 수 있다. 이 항목의 분류 방법을 바꾸면 목적뿐 아니라 어떤 역할인가도 명백히 파악할 수 있다.

이와 같이 이러한 토의 과정 관찰 표를 이용함으로써 그는 문제 해결에 어느 만큼의 정력을 쏟고 있는가, 또는 자기 본위의 행동을 취하고 있는가가 뚜렷이 나타나며 그 회의에 대한 참석 태도가 공헌적인 것인가, 오히려 마이너스인가를 알 수 있게 되는 것이다.

이들 항목은 회의 내용에 따라 즉 전달하는 회의·조정하는 회의·문제를 결정하는 회의 등 회의의 성질에 따라 그 분류 방법도 달라지며 토의 내용에 따라 항목별 분포를 표로 만들어 어느 참석자와 다른 누구와의 응답, 의견의 교환을 감정적으로 기록한다든가, 누구는 언제부터 언제까지 몇 분간 얼마만큼의 발언을 했는가의 발언 밀도(發言密度)를 측정하기도 한다.

(3) 리더의 평가

리더의 평가에 대해서는 우선 자기 평가표를 소개하기로 한다. 이 내용은 오직 회의의 테크닉 면에서 본 것이다.

이에 대하여, 리더의 행동을 그 동기, 심적 태도에서 보면 다음과 같은 항목을 들 수 있다.

a. 그룹이 요구하는 사항에 대하여 세심한 주의를 기울였나.

b. 자기 행동이 그룹의 사람들로부터 지지를 받았는가.

c. 화제(話題)에만 관심을 기울이지 않았는가.

d. 특정한 사람 편에 편중된 행동은 없었는가.

e. 그룹을 지배하려는 행동은 하지 않았는가.

f. 어느 한 그룹을 도우려 하지 않았는가.

이들 항목은 자기 평가에도 사용되며 제3자에게 관찰을 받아 그 결과를 검토할 수도 있다.

〈리더의 자기 평가표〉

월 일					
1. 나는 회의 지도상 필요한 준비를 모두 정비했는가					
2. 나는 시간대로 회의를 시작했는가					
3. 나는 모든 멤버에게 의견을 구해 누구 한 사람이라도 방관하지 않게 회의를 진행시켰는가?					
4. 나는 멤버를 스무드하게 토의에 유도하여 결코 무리한 짓은 하지 않았는가					
5. 나는 토의를 언제나 주제에 벗어나지 않고 순조롭게 진행시켜 목표로 접근해갔는가					
6. 나는 회의 중 자기의 개인적인 의견이나 설교투나 밀어붙이는 등의 언사는 사용하지 않았는가					
7. 나는 모든 멤버가 사람의 의견을 잘 경청하고 이해하도록 토의를 이끌어 갔나					
8. 나는 끝까지 공평한 입장에서 회의를 이끌어나갔는가					
9. 나는 멤버로부터 질문이 나왔을 경우, 그에 대한 답을 즉시에 하지 않고 모두가 생각할 여유를 주었던가					
10. 나는 부드러운 말로 되도록 간결하게 이야기를 진행했는가					
11. 나는 자주 토의를 마무리하는 데 유의했나					
12. 나는 흑판이나 도표 등을 효과적으로 이용했나					

13. 나는 미리 정한 예정대로 중요 사항에 대하여 그 응용에 있어 남김없는 연구를 했나			
14. 나는 최후의 마무리를 모든 사람에 의해 결정을 보고 회의를 끝냈나			
15. 나는 예정 시간대로 회의를 끝마칠 수가 있었나			

리더는 특히 그룹 전체의 움직임에 신경을 쓰고 있기 때문에 자기의 행동이 그룹에 끼치는 영향에 큰 비중을 두지 않는다. 따라서 리더에 대한 관찰은 되도록 제3자에게 부탁하여 분석을 바라는 것이 자기 계발에도 필요하다.

회의를 진행하면서 이러한 자기 관찰을 의식적으로 파악할 수 있게 되면 리더로서의 능력은 일단 향상된 것이라 할 수 있다. 따라서 리더의 자격은 토의 내용에서 그것을 어떠한 방향으로 이끌어 가느냐의 기법과 동시에 참석자 각자는 지금 어떤 심리 상태에 있는가에 대하여 리더로서는 어떠한 행동을 취하는 것이 좋은가 등 수시 변하는 상황에 따라 적시적소에 맞는 반응을 표시하는 것이 요구된다.

3. 회의를 성공시키는 포인트

회의를 성공으로 이끌기 위해서는 회의 그 자체에 대한 방법이나 운영상의 어떤 테크닉이 필요하다. 동시에 그 테크닉과 반대의 측면에 대해서도 생각해볼 필요가 있다.

이는 이른바 사전 협의와 같다고 할 수 있으며 경우에 따라서는 크게 효용이 있다. 여기에서는 그러한 원칙론적인 생각과 비 원칙론적인 생각에 대해 정리해보기로 한다.

(1) 실시상의 포인트

회의를 성공시키는 포인트를 지적한다면 이른바 어떤 회의의 원칙이나 룰에 대한 재확인이 떠오른다. 그러나 반대로 실패한 회의의 경우를 보면 그러한 일들을 너무나 당연하게 여긴 데에서 즉, 전혀 생각하지 않은 데에 그 원인이 있다.

① 계획 – 실시 – 재검토

경영 관리의 수법 안에 'plan-do-see'라는 매니지먼트 사이클 방법이 있다. 어떤 일을 계획하고 이를 실천에 옮기며 그 결과를 반성하고 검토하여 다시 다음 입안으로 연결시켜가는 관리적 수법의 하나이다. 이는 회의에 대해서도 적용될 수 있는 방법이다.

계획을 세울 때 여러 가지 조건이나 문제점을 생각하며 면밀하게 입안하고 그를 위한 충분한 준비를 한 뒤 실천에 옮기며 그것이 끝난 시점에서 광범위한 각도로 재검토하고 반성한다. 그리고 다음 회의를 보다 더 효과적으로 이끌기 위한 검토를 하는 일련의 체크 기능이 뒤따른다.

이러한 사고방식이나 대응 자세가 실제 회의에 있어서 기본적인 하나의 포인트라 할 수 있다.

② 준비를 충분히

회의가 그다지 특별하지 않은 일상적인 것이라 생각되는 경우에는 별로 준비가 필요 없을 것이다. 그러나 다소 규모가 크거나 평소와는 다른 내용의 중요한 회의라면 나름대로 준비가 필요해진다. 그것을 준비하는 시간을 아끼다가 뒷날 엄청난 후회를 남기기보다 다소 시간이 걸리더라도 사전 준비를 충분하고 완전하게 해두는 것이 현명하다. 준비가 완전하면 그만큼 마음에도 여유가 생긴다. 이것이 중요한 것이다. 여유를 가지고 모든 일에 대처하는 것이 원칙이라 하겠다.

③ 리더의 인선

앞에서도 언급되었지만 회의에서의 리더의 힘은 매우 중대하다. 리더의 능력에 따라 회의의 성과가 크게 좌우된다.

회의의 리더 역할이나 조건에 대해서는 이미 설명했다. 주최자가 어떠한 사람을 리더로서 인선하는가를 결정하는 단계에서 이미 회의의 성공률을 예상할 수 있다. 그런 의미에서 주최자는 이 인선 문제를 회의의 커다란 포인트로 파악해야 한다.

④ 참가자의 인선

리더의 인선도 그렇지만 실제 참석할 사람에 대한 인선도 또한 중요하다. 이에 대해서도 이미 설명한 바 있지만 어쨌든 테마와 관련이 있다하여 누구라도 좋다고 할 수는 없다. 역시 참가자로서의 일정한 조건이 필요하다 그런 점을 충분히 검토하여 되도록 유능한 사람을 선택하는 것이 중요하다.

⑤ 결론과 실천

모처럼 시간을 들여 실시한 회의가 아무런 결과도 얻지 못한다면 그야말로 무의미하다.

모든 것이 어떠한 결론을 내고 그것을 실천했을 때 비로소 의미가 있는 법이다. 그저 되는 대로 아무렇게나 한다면 회의 그 자체에 대한 불만은 물론 주최자 측에 대해서도 크게 불신감이 생긴다. 이는 그야말로 엉뚱한 마이너스 효과이므로 절대로 피해야 한다.

⑥ 주최자의 열의

여러 가지 원칙이나 방법도 중요하지만 그에 못지않게 중요한 것이 주최자의 열의이다. 그런 자세를 가지고 있는 가 아닌가는 참가자도 이내 알 수 있다. 이로써 그들의 적극성이 달라진다. 이는 플러스 효과가 되는 것이므로 반드시 그러한 자세로 임하는 것이 바람직하다.

(2) 실무상의 포인트 - 사전협의의 포인트

우리나라에서 흔히 볼 수 있는 경영적 특징 가운데 하나가 '사전 협의'이다. 무슨 일을 행동에 옮기려 할 때 미리 관계자의 동의를 얻어놓는 것을 말한다. 일을 순조롭게 진행하기 위해서이다.

회의에 대해서도 이것이 적용될 때가 있다. 사전에 아무런 연락도 없이 소집되는 경우와 어느 정도의 사전 협의가 있고 나서 정식으로 소집되는 경우와는 큰 차이가 있다.

여기에서는 그러한 경우의 사전 협의 방법을 알아보기로 한다.

① 계획 단계

어떤 일의 진행 단계에서 사전 협의는 빠르면 빠를수록 좋다. 예컨대 기획이나 계획 내용을 결정한 뒤에야 협의를 하기보다는 기획에 대한 시작 시점에서부터 사전 협의가 이루어져야 하는 것이다. 완전한 형태가 이루어진 다음에 의논을 한다는 것은 상대방에게도 좋은 느낌을 줄 수 없고 설사 수정안이 나온다 하더라도 실제로는 좀처럼 도중에서 바꾸기가 용이하지 않다.

따라서 최초의 단계에서 어프로치 해두면 상대방의 자존심 유지에도 좋고 여러 가지 문제가 발생해도 균열이 커지지 않는다. 되도록 계획 단계에서부터 관계자와의 사전 협의는 이루어져야 한다.

② 상대방의 반대 의견을 예상

사전 협의를 한다는 것은 무엇인가 새로운 일을 시작하려는 것이며 그 때문에 관계자의 승인을 사전에 얻으려는 것이므로 반론이 반드시 나온다. 따라서 예상 대책을 강구해두면 당황하지 않고 대응할 수 있다. 예컨대 기획의 목적이 어쩐지 어설픈 것 같다는 의견에 대해서는 내용을 구체화하거나 도식화하여 알기 쉽게 설명한다.

또한 "기획은 좋지만 실천이 어렵지 않을까······."하면 "그래서 귀하에게 협력을 부탁드리고자······." 하는 식으로 대응한다.

③ 시간적 타이밍

같은 일에 대해 사전 협의를 하는 경우라도 상대방이 받아들이는 상황에 따라 결과는 달라진다. 결론적으로 말해 하루 중 언제가 가장 승인을 받기 좋은 시간대인가를 알아야 하는 것이다. 일반적으로는 오후 첫 시간이 가장 좋다. 점심이 끝난 뒤 비교적 여유가 있기 때문이다.

또한 하루가 끝나는 시간도 비교적 양호하다. 일이 마무리가 되는 단계라는 점도 작용한다. 다만 시간에 쫓기는 경우에는 종료 시간이 되어도 마무리가 되지 않고 짜증스러울 경우가 있다. 이런 때는 역시 역효과이다.

그렇다면 아침 첫 시간은 어떤가? 하루 일에 대한 준비로 인해 마음이 바쁜 사람이 있는가 하면 오히려 아침에는 돌발적인 업무 발생이 없기 때문에 더 좋다는 사람도 있다. 어쨌든 그 사람의 업무 관계라든가 성격 등을 고려하여 대응하도록 한다. 사전 협의에는 그만큼 자상한 배려도 필요한 것이다.

④ 정보 수집을 게을리 하지 않는다.

사전 협의를 하는 이상 그 내용에 대해서는 충분한 정보를 수집, 분석해두어야 한다. 그 점에 있어서는 상대방이 충분한 예비지식을 가지고 있는 경우, 반대로 포인트에 대한 가르침을 받을 수도 있다.

아무튼 사전 준비를 하는 쪽에서는 상대방을 설득할 수 있는 지식이 필요함은 당연하다. 따라서 꼭 필요한 것이 정보 수집이다.

⑤ 평소의 관계가 중요

사전 협의를 하는 경우 그 관계자와 지금까지 거의 대화가 없었다면 잘 될 확률이 적다고 생각해야 한다.

이것은 입장을 바꾸어보면 알 수 있다. 거의 대화가 없었던 사람으로부터 어떤 협의가 들어왔다고 하자. 과연 쉽게 받아들일 수 있겠는가?

일을 효과적으로 진행하기 위해 평소 대인 관계를 넓혀 사전 협의를 하기 쉬운 상황을 조성해야 한다. 사전에 상대방을 잘 알고 있으며 상대방도 이쪽을 잘 이해하고 있다면 당연히 사전 협의는 순조롭게 풀린다.

⑥ 인맥을 최대한으로 이용

인맥이라고 하면 오해할 소지가 다분히 있지만 인맥도 쓰기 나름이다. 사전 협의에서는 상당이 중요한 포인트가 된다. 예컨대 학교 관계, 지역 관계, 인척 관계, 친구 관계 등 여러 가지 인맥을 생각할 수 있다. 그 인맥을 최대한으로 활용하는 것이다.

이것은 어딘가 공통점이 있는 사람들에게는 비교적 마음의 문을 쉽게 연다. 말을 걸 수 있는 계기도 그렇고 화제의 내용은 물론 서로의 마음을 부드럽게 하는 데도 그것은 크게 도움이 된다. 이용할 수 있는 것은 무엇이든 이용하는 탐욕스러움도 때로는 필요하다.

⑦ 필요한 박력과 끈기

대체로 사전 협의가 꼭 필요한 사항은 단번에 상대방의 양해를 얻기 힘든 일이다.

따라서 한 번에 안 되는 경우에는 두 번, 세 번 접촉할 필요가 있다. 끈기 있게 반복 설득하는 박력도 경우에 따라서는 필요하다. 박력이 있다는 것은 한편 책임감이 강하다는 것과도 이어진다. 다만 지나치게 강하게 밀고 나가면 역효과가 날지 모르므로 그런 점은 주의해야 한다.

또한 밀고 나가는 힘이 약해서 승인을 얻으러 갔다가 반대로 설득을 당하는 경우도 있으므로 역시 주의해야 한다.

⑧ 설득은 가장 중요한 사람부터

사전 협의를 하는 경우 어느 한 사람만 설득하면 그 뒤는 순조롭게 진행되는 경우가 비교적 많다.

그러한 핵이 되는 사람이 누구인가를 정확하게 파악, 집중적으로 접촉하여 승낙을 먼저 받아버리는 것이 효과적이다 그러면 다른 관계자들도 "그 사람이 승인했다면……" 하는 식으로 순응하여 비교적 순조롭게 일이 진행된다.

5장
여러 가지 회의

1. 경영에서의 회의
2. 집단 토의와 그룹별 토의
3. 청중 앞에서 공개하는 회의
4. 집단 두뇌를 결집하여 문제를 해결하는 회의

경영에서의 회의

　경영의 과학화는 현대의 기업이 당면하고 있는 중요한 명제(命題)이다. 이 명제를 해결하기 위해 모든 수단, 적절한 조치와 방법이 고려되는데 그 방법 중의 하나인 중요한 수단(management tool)으로 여러 가지 회의를 꾀하며 이 회의가 유효하게 활용되게 하는 것이 극히 중요하다. 그래서 이 장(章)에서는 경영에서의 회의나 위원회 등을 간단히 설명하기로 한다.

　일반적으로 말하면 회의나 위원회라 해도 그 역할과 기구는 여러 모로 다르다. 즉 방침이나 정책을 수립하는 것을 목적으로 하는 것, 계획의 입안이나 설정을 목적으로 하는 것, 조언을 목적으로 하는 것, 연락이나 조정을 목적으로 하는 것, 조사*연구를 목적으로 하는 것, 훈련이나 계발 지도를 목적으로 하는 것 또는 이들의 몇 가지를 혼합시킨 목적을 띠는 것 등이 있다. 또, 경우에 따라서는 결정이나 나아가서 집행의 권한을 갖는 회의나 위원회도 있다.

이러한 갖가지 회의를 운영해나가는 데는 회의나 위원회의 성격 규정이 있어야 한다.

예를 들면 구성 즉 멤버의 범위나 자격, 조직 등과 그 운영의 기준이나 요령, 소집의 권한·절차·개최 시기와 그 준비 및 연락·기록이나 전달의 담당 등도 확실히 정해두어야 한다. 그리고 이러한 사항을 관습적으로 실시할 것이 아니라 어떤 규정으로 정해두는 것이 좋다.

1. 회의 규정의 예

제 1조 업무상의 연락을 긴밀히 하고, 각 부서간의 관련 사항을 협의하기 위해 회의를 행한다.

제 2조 회의에서 회사 전반에 걸친 사항에 관한 것은 사장이 소집한다.

제 3조 전조(前條) 회의의 사무는 총무부가 관장한다.

제 4조 사장이 회의를 소집할 때는 총무부장은 미리 의안(議案)을 정비하여 회의 개최 전 참석자에게 통지한다.

제 5조 회의에는 의장 1명을 두며 의장은 사장이 임명한다.

제 6조 회의는 돌림 회의(각기 돌아가며 의견을 듣는 회의 방식)로 할 수 있다.

제 7조 회의에서 결의를 필요로 할 때는 특별히 정하지 않으면 출석자의 과반수로 한다. 사장은 경우에 따라 전원 일치제도의 회

의 방법을 명할 수 있다.

제 8조 회의가 끝나면 의장은 다음 사항을 1주일 이내에 사장에게 보고하여야 한다.

① 회의의 종류와 명칭.

② 개최 일시, 개최 장소.

③ 출석자의 성명.

④ 결의를 한 경우에는 그 사항

⑤ 의사(議事)의 요점.

⑥ 중요한 소수 의견.

제 9조 정례(定例)로 개최하는 회의는 소집 절차를 생략할 수가 있다.

제10조 임원 및 주관 부서장(主管部署長)은 필요에 따라 회의의 소집을 신청할 수 있다. 전항(前項)의 경우는 회의의 종류, 개최기일, 의안(議案)의 이유를 상세히 보고한다.

제11조 제2조 이외의 회의는 주관 부서장이 이를 소집한다. 다만, 다른 부서에서 그 부서원을 출석시키려 할 때는 미리 총무부장과 협의하여 그것이 중요한 것에 대해서는 사장의 결재를 받도록 한다.

제12조 전조(前條)의 사무는 주관 부서장이 이를 관장한다.

회의가 종료되었을 때는 주관 부서장은 1주일 이내에 회의 보고서를 총무부장에게 제출한다. 회의 보고서의 기록 사항에 대해서는 제8조를 준용한다.

총무부장은, 전항 보고서를 심사하여 필요할 때는 이것을 임원 또는 사장에게 공람(供覽)시킨다.

제13조 이 규정은 임원 회의에는 적용하지 않는다.

회의 규정이 있는 경우는 회의 개최에 대해 절차상 매우 편리하다. 회의나 위원회에는 정례회의 외에 임시 회의도 있어 필요에 따라 그 성격이나 개최의 제반 절차 등도 명기해둘 필요가 있다.

구체적으로 경영에서의 회의는 주주 총회, 중역회의, 부 과장 회의, 판매 회의, 생산 회의, 직장 회의 및 연락 회의와 각종의 위원회 등을 들 수 있는데 이하 그 항을 간단히 설명해두기로 한다.

2. 주주 총회

주식회사에 있어서 주주 총회는 반드시 필요한 기관이다. 주주 총회라 함은 주주에 의해 구성되며 법정 절차에 따라 회사의 의사를 결정하는 기관이다. 주주 총회가 회사의 의사 결정 기관이라 해도 모든 사항을 결의 할 수는 없으며 원칙적으로는 상법 또는 정관에 정해진 사항에 한해서만 결의할 수 있다. 즉 상법에 따르면 주주 총회의 권한 결정 사항은 다음의 사항으로 정해져 있다.

① 회사의 기초 내지 영업에 근본적인 변혁을 가져오는 사항.
② 주주의 중요한 이익에 관한 사항.
③ 기관의 선임(選任)·해임(解任)에 관한 사항.
④ 계산에 관한 사항.
⑤ 이사회, 또는 대주주(大株主)의 전횡의 위험이 큰 사항.
⑥ 기타 합병(合倂)의 절차 승인.

이상과 같은 사항에 대하여 주주 총회가 의결할 경우 보통 의결에 있어서는 주식 총수의 1/2 이상을 가진 주주의 출석이 필요하며 그 의결권의 과반수를 얻어야 한다. 그러나 특별 결의의 경우에는 그 의결권의 2/3를 필요로 한다. 주주 총회에 관해서는 상법(商法)의 규정에 의해, 또는 회사의 정관(定款)에 의해 규정된다. 정관에는 소집의 시기 및 소집 자·의장·결의의 요건·의결권의 대리 행사·주주 총회의 의사록 등에 관한 사항이 규정되어 있다.

주주 총회는 정기 총회와 임시 총회가 있는데 적어도 매년 1회 일정한 시기에 총회를 소집해야 한다. 그리고 연 2회 이상 이익 배당을 하는 회사는 매 결산기(決算期)에 소집해야 한다. 임시 총회는 필요한 경우에 수시로 소집되는 총회를 말하며 개최 시기는 언제라도 상관없다.

주주 총회의 소집권자는 원칙으로 이사회에서 행하며 이에는 개최의 일시 및 장소, 의안 등을 결정해야 한다. 그리고 소집 통지는 2주일 전에 통지서를 각 주주에게 발송해야 한다. 소집 장소에 대해서는 정관에 다로 정해져 있지 않은 한 본사의 소재지에서 개최하여야 한다.

다음은 총회의 운영인데 주주 총회의 운영이나 의사 진행법 및 그 방법에 관해서는 정관의 규정 및 상·관습(商 慣習), 일반 의사법(議事法) 등에 따라 행하는 것이 보통이다.

주식회사의 의사(議事)에 대해서는 회의록을 작성할 의무가 상법에 규정되어 있다. 회의록에는 의사의 경과의 요점 및 그 결과를 기재하도록 되어 있다. 또 총회 개최의 일시·장소는 회의록의 절대 기재사항이다. 출석 주주 수, 의결 사항, 누가 의장이었음도 기록 요건이다. 또한, 회의록에는 의장 및 출석한 이사의 서명을 필요로 한다.

끝으로 총회 종료 후 회사 측과 주주 측과의 간담회 등의 시간을 갖는 것이 바람직한 조치이다. 이러한 회합은 회사의 경영 방침을 충분히 이해시켜 주주의 적극적 협력을 얻는 데도 좋은 계기가 된다.

3. 이사회

기업 경영의 유지와 발전을 위해 톱 매니지먼트(top management : 최고 경영)의 직능은 극히 중요하다. 이 직능은 기업의 기본 방향이나 기본 정책을 설정하여 기업 활동의 원칙을 확립하거나 이것을 수정·변경하여 모든 사태에 대처하며 기업 전체의 업적 판단, 검토를 해나가야 하는 것이다.

회사의 의사 결정의 최고 기관은 주주 총회가, 업무 진행의 기관은 이사회, 감사 기관은 감사로 그 제도가 확립되어 기관 상호의 관계가 뚜렷하게 분화되어 있다.

상법에도 회사의 업무 진행은 이사회가 이를 집행하는 것을 규정하고 있다. 이사회는 회사 경영의 법정 최고 기관이다. 즉 법률상 주주 총회의 권한은 법률 또는 정관에 정해진 사항에 국한되며 그 이외의 업무 집행에 대해서는 이사회가 전면적인 권한을 갖고 있다. 이사회의 법정 결의 사항은 대체로 다음과 같다.

① 주주 총회의 소집.
② 지점(支店)의 설치, 이전, 폐지, 및 지배인의 선임과 해임.
③ 대표 이사의 선임.
④ 회사와 이사 간의 소송에 있어 대표자의 선임.
⑤ 회사와 이사 간의 거래의 승인.
⑥ 신주(新株)의 발생.
⑦ 법정 준비금의 자본 적립(資本積立).

⑧ 주식의 분할.

⑨ 사채의 발행.

이상의 법정 결의 사항 외에는 회사에서 이사회 규칙을 제정, 이사회의 직능, 구성 및 권한 등을 따로 규정하는 예가 많다.

즉, 이 이사회 규칙에는 이사회의 목적, 회의의 종류, 구성, 소집권자, 소집의 청구, 소집 절차, 감사, 고문의 출석, 의장, 이사회의 결정 사항, 승인 사항, 보고 사항, 사무 기관, 회의록 등이 규정되어 있다.

그런데 회사에 따라서는 이 이사회 외에 경영 회의를 신설하고 있는 경우도 있다. 경영 회의는 이제까지 이사회가 일상 업무 처리 등에 의제(議題)가 집중되는 것을 피하기 위해 경영 중심으로 회의를 진행시키기 위한 목적으로 그 명칭을 바꾼 것이다.

여하튼 이 이사회는 사장, 부사장, 전무이사, 상무이사로 구성되는 기관으로 사장 또는 전무가 정시 또는 임시로 소집하여 개최한다. 그 의장은 사장 또는 전무가 담당한다. 협의 방법은 사회 구성원의 과반수이상이 출석하여 전원의 동의에 따르는 것이 일반적이다.

4. 부·과장 회의

부장 회의의 구성원에 대한 통제, 지시는 주로 부장이 맡게 되는데 이들은 관리 부문 및 업무 부문의 최종 책임자이다. 부장 회의는 이들 관리 부문 및 업무 부분의 최종 책임자로 구성된 합의 기관, 또는 협의 기관의 성격을 갖고 있다. 즉, 회사 업무의 진행에 관한 필요한 심의를 행하는 동시에 회사의 의사 결정에 대한 보조적인 역할을 하는 기관으로 사장의 자문에 응한다든가, 또는 필요에 따라 의견을 내놓는 것이 일반

적 성격이다. 따라서 이 경우 그 협의 기관으로서 취급되는 사항은,

① 사장으로부터의 자문 사항.

② 사장에게 의견의 건의 사항.

③ 각 부의 공동 심의를 요하는 사항.

④ 각 부에 관계있는 신규 계획 및 실시 방책.

⑤ 각 부문 소관 사항의 실적 보고.

⑥ 각 부문의 소관 업무의 연락 사항 또는 통달 사항.

⑦ 기타 각 부장이 필요하다고 인정한 사항.

등이다. 이 부장 회의에서 부문 책임자간의 의견 조정을 꾀하여 각 부문의 건설적인 의견이 통합되면 사장의 자문에 적절히 응할 수 있게 된다.

또한, 연락 기관으로서의 역할은 각 부문 간의 이해의 조정이나 입장의 이해를 높는 데 도움이 되며 그러한 결과가 실제 관리 면에 유효하게 반영되는 것이다.

과장 회의는 중간 관리자층, 미들 매니지먼트(middle management : 중간 경영)로 구성된다. 이 회의는 여러 가지로 성격을 규정할 수 있으나 회의의 종류에서 볼 때는 정보 전달 회의가 그 주된 성격으로 보통 연락 기관으로 실시된다. 그 반면 톱 매니지먼트에 대한 의견의 건의를 다하기 위한 건설적 의견이 토의되는 경우가 많다.

부장 클래스와 과장 클래스로 구성되는 부·과장 회의는 단순히 정보 교환이나 연락 기관으로서 유효하게 활용되는 경우가 많으며 종(從)과 횡(橫)의 의사가 소통을 꾀하는 것이 이 경우의 주목적이다. 그리고 조적의 구체적인 운영 면을 스무드하고 보다 좋은 인간관계의 육성의 장

(場)으로써 활용된다. 이러한 유효 이용은 직장 회의 또는 연락 회의와 함께 경영에 있어 회의의 효용을 충분히 살리는 것이라 말할 수 있다.

5. 판매 회의 및 영업 회의

판매 계획은 판매의 계획이나 목표를 확립하여 시장 조사 및 시장 분석의 여러 자료에 바탕을 두고 여기에 기업 외부 및 기업 내부의 여러 요소의 검토 결과를 정리하고, 또 수주 예상고(受注豫想高), 과거의 실적, 수금 상황이나 예상 등을 가미하여 작성되는 판매 예칙에 따라 작성된다.

흔히 판매 계획은 생산 계획에 앞서 입안되는데 이 입안은 기업 경영상 극히 핵심이 되는 계획이라 할 수 있다. 판매 계획이라 해도 판매 성적을 향상시키기 위한 적당한 제품을 적절한 때와 장소에서 고객이 만족하는 값으로 수요자에게 공급하기 위한 계획이어야 하는 것이다.

판매 계획의 입안을 세우기 위해서는 문서 협의로는 부족하여 다방면의 정보를 필요로 하고 이것을 동시에 다각적으로 판단할 필요가 있으므로 회의에 의해 계획을 입안할 것이 요구되며, 사실 이것이 타당한 방법이 된다.

이 입안에 대해서는 기업 조직체 각 부분에 관련성이 있으므로 조직체내의 각 관계 부문의 협력을 얻기 위해서도 회의 형식을 취하여 입안 검토하는 것이 바람직하다. 회의의 시기는 정해진 영업시간 전에 갖도록 해야 한다. 회의의 기구는 영업부문 담당 이사의 소집에 의해 영업 관계 부문의 책임자 즉 영업 부장과 업무 부장을 비롯하여 각 기종별 제품별 판매 부문의 책임자, 각 지역 소재 영업소의 책임자인 영업 소장 및 경리 부문의 책임자 등 가장 밀접한 관련이 있는 생산 부문의 책임자를 동원해야 한다. 이 경우의 의장은 사장 또는 이를 대신하는 상임이사가 주관하는 것이 문제의 성격상 적당하다.

이 밖에 판매 관계 회의로는 판매 계획 실시 촉진상의 여러 문제를 주로 다루는 회의가 있다. 이에는 다음과 같은 여러 회의를 들 수 있다. 판매 예산·판매 계획에 관한 세부 사항을 철저히 이해시키는 회의, 또는 사회적·경제적인 상황의 설명회, 광고 선전에 관한 회의 등도 있다.

또한 판매 할당 달성을 위해 판매 부문의 하부 기관인 특약점·대리점 또는 운송업자 등 판매 기관의 관리는 판매 촉진 상에 중요한 의의를 갖는다.

6. 생산 회의

생산 회의는, 전술한 죄고 판매 회의에서 판매 계획을 수제로 다룬 것과 마찬가지로 생산 계획을 주제로 하는 회의로서 생산 계획의 입안이 문제가 된다. 생산 계획 입안의 착안 사항은 무엇을, 얼마나, 어떻게, 언제까지 생산하느냐 등이 문제가 된다.

생산 계획은 판매 예상을 전제로 하며 판매 예칙은 생산 능력을 전재로 하는 상호 의존의 관계이다. 그러므로 주문이 아닌 시장 생산의 경우인 생산 계획은 판매 부문과의 협조와 참여가 특히 필요하다.

생산 계획은 또한 자금 계획에 의해 좌우되는 것이다. 또한 생산 계획은 생산을 수행하기 위한 모든 계획을 포함한다. 제조 공업에서의 기업 활동의 중심은 생산인 것이다.

따라서 위에서 말한 자금 상황 외에 공장의 생산 능력에 따라야 하는 공정 계획(工程計劃) 즉 인원·설비·기술 설계·재료의 입수·수배 관리 등의 관련 조정이 필요하다.

이들 여러 가지 관리에 관한 문제에 대해서는 중지를 모아 여러 사람의 협력을 구하는 경우와 동시에 다각적인 여러 가지 정보나 자료에 의거한 검토를 요하는 경우가 많다. 이러한 경우에는 의견의 교환이나 토의를 행하는 등 집단 참여의 방안인 회의에 의해 그 문제의 해결이나 계획의 입안 작성을 꾀하는 것이 유효한 방법으로 채용되고 있는 것이다.

7. 직장 회의

문제의 해결을 꾀하기 위해 또는 중지를 모은 결론이나 결정을 얻기 위해 또는 협력 관계를 만들기 위해서 관리 감독의 지위에 있는 자는 직장에서 업무상의 필요 또는 능률을 올려 작업을 원만히 수행할 필요에서 회의를 여는 일이 있다. 여기서 말하는 직장 회의는 이러한 현실적인 요구에서 개최되는 것인데 그 종류는 회의의 종류 항에서도 언급한 바와 같이 전달하는 회의·토의하는 회의·지도하는 회의·의견을 꼬집어내는 회의 및 문제를 해결하는 회의 등 여러 가지 종류의 회의가 개최된다. 그리고 직장 회의는 이른바 관리의 수단으로서 조정의 목적을 달성하고 또 종(從)이나 횡(橫)의 인간관계를 육성하는 장(場)으로 충분한 효과를 발휘 할 수 있다.

따라서 직장 회의가 적절히 운영되면 기업 활동에 좋은 효과를 올릴 수 있다. 관리 감독의 입장에 있는 자는 회의의 의의와 성격 회의의 효용 등 관리의 수단으로서의 회의의 진행법에 대한 올바른 지식을 갖고, 회의의 리더로서 그 기량을 쌓아 이를 실지로 응용하는 것은 관리자로서 극히 중요한 것이다.

또 회의의 어떤 경우에 필요한가, 회의의 구성 멤버는 누구로 하느냐, 회의의 계획과 준비에 관해서도 올바른 인식과 이해를 갖고 있어야 한다. 또한 회의의 효과는 참석자로 출석하는 멤버의 협력 여하가 문제가 된다. 회의를 유효하게 결실시키려면 각 멤버가 각기 회의 목적 달성을 위해 협력하는 마음가짐과 준비가 필요하다.

관리 감독 적 입장에 있는 자는 회의를 지도할 뿐 아니라 참석자로서 회의에 출석하는 경우도 있으므로 회의의 멤버로서 마음가짐도 충분히 알아두고 자기 부하에게도 회의에 출석할 때의 마음가짐을 평소에 잘 지도해두도록 한다.

8. 아침의 회합

최근 조례(朝禮) 또는 종례(終禮)의 컨벤션(convention : 회합)을 여는 기업이 많다. 이것은 기업 경쟁이 극심해지고 개인이 갖고 있는 능력을 최고도로 발휘시키는 동시에 커뮤니케이션(communication : 전달)을 원활히 하여 조직으로서의 팀워크를 잡으면서 기업 목적을 보다 좋게 달성하기 위한 화합의 일종이라 생각된다.

아침의 회합(간단한 회의, 시간을 정해 가령 10분회의 또는 회의실이 아닌 곳에서 서서 주고받는 의회 등)은 심적 작용 효과를 밑바닥에 둔 일종의 회의라 할 수 있다.

이 심적 작용 효과라는 것을 알기 쉽게 예를 들어 풀이한다면,

직장에서 아침에 "안녕!"이라든가 "안녕하셨습니까." 또는 머리를 숙여 서로 인사를 나누는 것은 상호의 심적 교섭을 하고 있는 것이며 이것

이 상호의 심적 융화를 도모하는 것임은 사실이다. 이와 반대로 서로 아무런 인사도 나누지 않고 곧바로 일에 착수하는 경우 등을 비교해보면 이해가 빠를 것이다. 인간관계라는 말은 여러 가지 의미를 포함하여 쓰여 지는데 이 관계라는 말은 상호 작용을 뜻하고 있다. 상호 작용이란 서로 영향을 주고받는다는 것이다.

여하튼, 이러한 심적 상호 작용을 교환하는 아침 회합에서는 상하·좌우의 커뮤니케이션을 잘 하기 위한 조직의 사정, 특히 그날의 조직 구성원의 행동에 가장 필요로 하는 회사 정보를 전달한다든지, 그날의 행동 목표를 재확인시키는 간단한 지시를 한다든지, 용기와 활기를 부여하는 재미있는 내용이 있는 훈화를 들려주어 적극적인 자세를 취하게 하는 등이 고려된다.

한편 단시간의 회합은 각인의 참여 의욕을 만족시키게 하는 것으로 자기도 따돌림을 당하고 있지 않고 전체를 위해 한 몫 하고 있다는 역할 의식에 만족스러운 것이다. 이러한 짧은 회합은 마치 각종 집단 운동 경기에서 시합 개시 전의 미팅, 시합 도중에 타임을 요구하고 행하는 미팅 등이 이런 회합과 같은 취지라 해석할 수 있다.

9. 위원회

기업 내에서 위원회라 호칭되는 것은 그 목적이나 성격에 따라 여러 가지 위원회로 구성할 수 있다. 위원회란 원래 특정의 인적 구성에 의해 가장 좋은 판단이나 결과를 얻어내려는 경우에 설치되는데 복잡한 문제라든가, 부문 간의 업무의 조정이라든가, 관계자의 납득을 얻으려는 경우에 설치된다.

위원회의 기능은 정책 수립을 목적으로 하는 것, 계획의 입안을 목적으로 하는 것, 조언을 목적으로 하는 것, 연락·조정·조사·연구 등의 목적으로 하는 것 등 목적별로 구분된다.

멤버의 질적 구성은 대체로 조직상, 직위나 직계가 같은 수준일 것이 요망된다. 또 개개의 문제에 관한 지식 도나 이해도는 대체로 같은 수준이 좋다. 또한 회의를 능률적으로 진행하기 위해서는 간사나 사무 기관도 잘 정해두어야 한다.

일반적으로 위원회라는 것은 어느 특정의 자문적 성격을 갖는 인상을 주기 쉬운데 그것은 위원회의 성격, 그 구성 멤버의 범위, 조직 등에 따라 다르다. 예를 들면 결정이나 집행의 권한을 갖는 위원회도 있으나 보통 대책 위원회의 성격을 띤 연락·연구·자문 위원회 등이 있으며 각 부문의 전문 사항을 협의 또는 대책을 강구하기 위한 위원회가 구성된다.

중요한 위원회가 간부도 모르는 사이에 설치되거나 직제(職制)를 통해 부·과(部 課)에서 처리될 안건이 위원회에서 처리된다든가 이미 위원회 설치의 목적이 끝나 소용없이 된 위원회가 여전히 존속하고 있는 경우도 흔히 있으므로 위원회의 설치 및 폐지 등의 관리를 게을리 하면 안 된다.

이상 경영에서의 회의에 대한 개요를 말했으나 회의의 명칭에 따라 그 성격이나 회의의 임무·분담 사항·회의의 구성·주최자나 출석자·개최의 기일 등에 대해서 명확히 규정해두면 회의가 적절하게 운영되어 유효한 성과를 얻을 수 있다는 점을 유념하여야 한다.

집단 토의와 그룹별 토의

회의에는 여러 가지 형식이 있다는 것은 기술한 바이나 이들 형에 따라 회의에 참석하는 사람의 수도 크게 차가 생긴다. 예컨대, 정보를 전달하는 회의에서는 한 번에 100명이나 200명을 출석시켜 1회로 그 목적을 달성할 수도 있을 것이다.

그러나 여기서 문제로 다루는 회의는 토의하는 회의이므로 이러한 형의 회의에는 원래 몇 명 정도의 출석자가 가장 적당한가를 생각해보기로 한다. 이에는 특별한 기준이란 것은 없다. 다만, 대체로 10명에서 18명 정도가 활발한 토의를 전개하는 데 좋다고 말하여지고 있다.

그러면 토의하는 회의를 예로 들어 차츰 출석자의 수가 많아지면 어떤 결과가 생길 것인가. 이것은 간단하게 생각하기 쉬우나 출석자 수의 증가의 비율이 집단의 기능에 의외로 큰 영향을 미치는 것을 알아야 한다. 우선, 첫째로 생각되는 것은 집단의 규모가 커감에 따라 소수의 의견이나 태도를 대표하기 위해 여러 소집단이 생기며 이들 소집단 사이에 상호관계를 조정할 기회가 증대해진다. 이렇게 되면 집단의 구조는 매우 복잡하게 되며 그 행동 과정도 여러 갈래로 흩어진다.

다음, 집단 규모가 커짐에 따라 집단 내의 의견이 분화하여 그 이질성이 증가됨을 알 수 있게 된다. 그런데 이 의견의 이질성이 증가했는데도 그것을 직접 표현하는 기회는 반대로 감소한다는 점을 주의해야 한다. 왜냐하면 출석자가 많아짐에 따라 1인당 단위 시간에 발언하는 즉, 평균 발언 횟수는 줄어들기 때문이다. 따라서 의견의 다기화(多技化), 이질성의 증대를 충분히 소화시키고 이것을 통일적 방향으로 이끌어갈 기능을 할 수 없게 되어 모처럼의 집단 토의로 좋은 결론을 얻으려는 효과를 기대하기가 곤란하게 된다.

또한, 집단의 규모가 커짐에 따라 차츰 공식적인 절차나 순서가 필요하게 되며 그 때문에 형식적으로 흐르게 되어 참가자의 참여의 기분이 감소되는 점도 지적할 수 있다. 이렇게 되면 토의 자체에 발전을 위한 의견이 적어지게 된다.

이상과 같이 생각해보더라도 참가자 수의 다과(多寡)는 회의 지도자에 대한 반응에 있어서 상당한 큰 변화를 보이는 것임을 알 수 있다. 단지 몇 사람만의 회합이라면 사람들은 회의 지도자에 대하여 강한 지도력을 요구한다기보다 오히려 그 지도력의 분산을 요구한다. 여기서는 즉 소수인 회합에서는 자유로이 자기의 견해를 발표할 수 있는 기회가 부여될 것을 열망하는 것이다.

따라서 지도자로서의 직무는 개인적인 견해를 사람들에게 강요하는 일이 아니라 어떻게 해서 사람들의 견해를 자유로이 발표시키고 그것을 사람들 사이에 어떻게 교류시키느냐에 중심이 두어진다.

일반적으로 소집단에 있어서의 사람들의 행동 경향을 요약하면 다음과 같다.

① 참가의 기회가 많기 때문에 사람들은 서로 '인식'을 받고 있다는 의식이 강하다.
② 자주적인 참가를 함으로써 사람들은 책임감이 강해진다.
③ 따라서 사람들은 자기 결정이라든지 지도적 행동을 취하고자 하는 의욕을 가지게끔 된다.

이상과 같은 소집단의 장점과 앞서 말한 다수의 집단에서의 곤란성을 이해한 이상, 회의 지도자는 그 지도 태도로 어떠한 것이 요망되어야 할까.

다수인 회의에서는 그 집단에 대한 참여도나 공헌도가 적어지는 것이 분명한 이상, 이들 소집단을 최적 규모의 원형(原型)으로 하여 그것을 많이 만들어 각 집단 안에서 활발한 토의를 전개시키는 시도를 취해야 한다. 이것은 일종의 분업 조직을 집단 토의에 이용하는 것으로써 이러한 방법으로 부여한 문제를 다수로 해결하는 능률적이며 또한 효과적인 방법을 실현할 수 있다. 그리고 이 방법을 여단의 그루핑(grouping)이라 부르며 이른바 토의의 활발 화를 노리는 집단의 편성 기술로 널리 이용되고 있다. 이 그루핑 으로 흔히 사용되는 것 두 가지를 들어보기로 한다.

1. 워크숍(Workshop)

이것은 반드시 어떤 규정에 한정된 의미로 사용되는 것이 아니며 여기서 워크숍이라는 것은 큰 집단의 참여도를 높이기 위해 몇 개의 소집단으로 나누어 이 소집단마다 지도자를 정해 주어진 의제에 대한 토론을 행하게 하여 결론을 내는 방식을 말한다.

그런데 이 소집단이 여기저기에 출현하여 상호 활발한 토의를 전개하고 있는 모습은 마치 전체의 양상이 질서 없이 통제되어 있지 않은 것 같으므로 마치 벌떼가 붕붕 소리를 지르는 것 같다 하여 이것을 버즈식 회의(buzz session)라고 부르고 있다. 이러한 방식으로 정해진 시간이 끝나면 소집단마다 내놓은 결론을 각기 선출된 대표가 상호 발표토록 하고 그 결론에 대하여 대표자간에 토론하거나 또는 참석자 전원에게 질의응답을 행하는 것이다.

2. 필립스 66(Pillips 66)

이것은 전술한 워크숍과 마찬가지로 소집단으로 나누어 토론을 하도록 하는 것이다. J.D. Phillips라는 사람이 고안한 것으로 처음에 집단을 6명씩 소집단으로 나누고 한 의제에 대하여 각기 6분간의 토의를 행하게 한 연유로 이러한 명칭이 생긴 것이다. 그러나 이것을 실제로 행할 때에는 반드시 6명씩의 소집단에 한정할 필요가 없고 시간도 6분간으로 한정하는 것은 아니다.

이 소집단에는 리더 외에 기록계를 정해 의제는 엄밀한 용어에 의해 주의 깊게 선정할 필요가 있다. 의제를 신중하게 정해놓지 않으면 각 소집단을 동일한 보조로 같은 궤도로 올려놓기가 곤란하다.

이 방법의 적용에 의해 어떤 큰 집단이라 해도 참가자의 참가와 흥미를 조장하여 토의의 꽃을 피운다는 것은 다음과 같은 사실로도 알 수 있는 것이다.

① 각 소집단의 사무적인 토의의 방식.
② 종료 후의 기록원이 작성한 보고서 중에는 시종 '우리들'이라는 글씨로 표현되어 있는 점.
③ 한 소집단이 자기들의 결론이 다른 소집단의 결론과 거의 같았을 경우의 실망감. 반대로 이 실망감을 없애기 위해 노력하는 충실감.

이상과 같은 이유에서 이 방법은 매우 유효한 그루핑(grouping)의 기술로 인식되어 있다.

청중 앞에서 공개하는 회의

　회의의 장면을 처음부터 청중 앞에 공개하는 방법은 경영 체에서는 그다지 채용하지 않지만 공개적인 토론회라든가 학술 연구 발표 등에서는 청중도 함께 포함한 상태의 집단 토의를 하는 수가 있는데 이러한 방법도 여러 가지가 고안되고 있다.
　이러한 방법이 이용되는 이유는 단순한 강연이라든가 의견 발표를 하면 이것을 듣는 자는 흥미와 참가 의욕이 적어 흔히 평면적으로 되기 쉽다. 그래서 청중도 이런 회합에 적극적으로 참가시켜 입체적인 장면을 전개하여 집단 토의를 유효하게 운영시키기 위해 마련된 것이다.
　보통 회의의 구성원은 적극적으로 토의에 참가하는 출석자를 자칭하며 이 회의에서 도출된 이익을 단순히 발언하는 출석자에게만 부여하는 것이 아니라 청중과 함께 나누어 갖는다는 의미에서 이 기술이 발달한 것이다. 그러한 뜻에서 이러한 회합은 넓은 의미로 해석하면 청중도 회의 구성원의 일부라고 볼 수 있는데 여기서는 다음과 같은 형태가 있음을 소개하기로 한다.

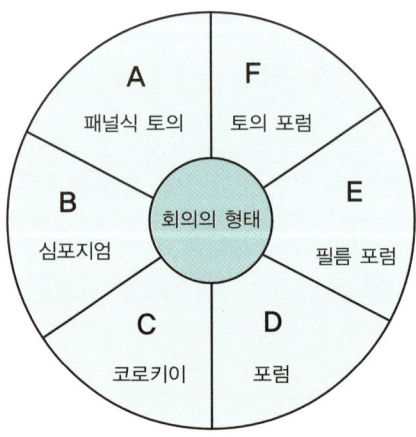

1. 패널 식 토의(Panel Discussion)

가장 흔히 쓰이는 형식이다. 미리 몇 명의 강연자를 패널 멤버(panel member)로 선정한다. 패널 멤버의 수는 일반적으로 4,5명이 알맞으며 많아도 8명을 넘지 않도록 한다. 이들 '패널 멤버'가 주어진 의제에 대하여 청중 앞에서 토의한다. 물론 지도자가 정해져 있어 토론을 하는 사람의 소개, 토론의 방법과 결론을 내는 법 등 기타 사항도 지도한다.

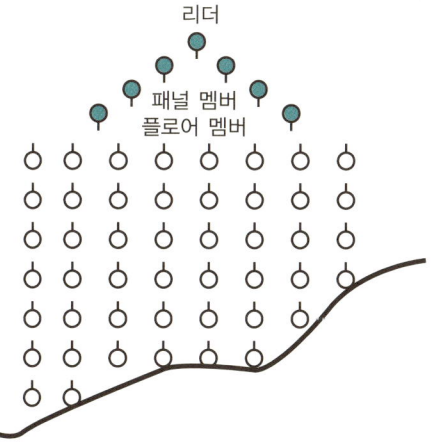

그리하여 예정 시간의 약 2/3를 경과했을 때 일단 토론을 완료하고 지도자가 그 토론 및 토론의 결과를 청중 전체에게 밝힌다. 이때 지도자는 그때까지 토론된 내용을 되도록 간단히 설명한다. 그 다음 청중으로부터 질문을 받아 이에 대하여 토론자의 한 사람이 답변하도록 한다든가 다시 토론자 상호간에 토론을 시켜 청중의 질문에 응답하는 형태를 취한다.

패널 식 토의의 특징은 강연식 회의처럼 형식에 치우치지 않고 자유로이 자발적으로 많은 사람을 토의에 참가시킬 수 있는 점인데 이 패널 식 토의를 지도함에 있어서는 다음과 같은 점에 유의해야 한다.

① 패널 멤버와 사전 의논을 너무 알뜰하고도 상세하게 행하지 말 것.

② 될 수 있는 대로 패널 멤버와 일반 참석자와는 서로 가까워질 수 있을 만한 좌석의 배치를 할 것.

③ 또 패널 멤버와 참석자와는 서로 마주 보도록 좌석을 배치하되 특별히 자그마한 단(壇)을 설치하여 그 위에다 패널 멤버의 자리를 마련하는 등의 일은 하지 말 것.

이와 같이 청중과 토론자와의 질의응답에 의해 일체감을 깊게 하며 출석자 전원이 참가하는 형식을 실행함으로써 토의가 활발해지며 출석자에게는 토론에 참여했다는 만족감을 주는 것이 패널 식 토의이다.

2. 심포지엄(Symposium)

패널 식 토의와 같은 형식으로 평론 식 토의 회라 일컬어지는 방식이다. 다만 패널 식은 토론자가 특정한 의제에 대해 각기 견해를 밝혀 상호 토론하여 어떤 결론을 찾아내는 것인데, 이 심포지엄에서는 토론자는 그 나름의 독립된 분야에서 의제에 관한 독자적 견해나 전문적 의견을 밝히는 것이다.

따라서 심포지엄에 있어선 토론자간에 의견의 충돌이 없고 상호의 토론도 서로 주고받지를 않는다. 때문에 청중으로부터의 질의도 개인을 향해 던져지며 답변도 마찬가지로 개별적으로 행하는 것이 일반적인 예이다. 그 외의 것은 거의 패널 식 토의와 같다고 생각하면 된다.

심포지엄 토의의 지도상의 유의 사항은 다음과 같다.

① 교육 훈련 상의 의도를 가진 다수인 회의에 채용할 것.

② 회의 지도자는 의제의 내용과 목적을 분명히 하고, 미리 참석자의 양해를 얻어둘 것.
③ 심포지엄 멤버의 강연이 너무 길어지지 않도록 경계할 것.
④ 심포지엄 멤버의 수는 주제에 따라서 달라지지만 일반적으로 2,3명이 적당하다는 것.
⑤ 회의 지도자는 심포지엄의 발언이 끝나면 각 멤버의 발언을 간결하게 요약해서 제시하여 참석자의 질의를 구할 것.
⑥ 마지막에 토의를 종합해서 요약할 것.

3. 대담(Colloquy)

이것도 패널 식 토의와 같은 형식인데, 패널 형식 외에 여기에 정보 제공자로서 몇 명의 전문가를 출석시키는 것이 추가된다.

지도자는 토의 도중이나 토의가 끝난 뒤에 토론자 또는 청중의 양해를 얻어 전문가에게 의견을 들어보도록 하는 것이다. 이 경우 주의할 전문가는 다만 전문적 지식을 제공하는 데 그쳐야 하며 그로 인해 토론의 방향에 일방적으로 영향을 끼쳐 지배해서는 안 된다.

4. 렉쳐 포럼(Lecture Forum)

이것은 흔히 사용되는 강연회의 형식으로, 먼저 전문가가 어떤 주제를 강연하고 그것이 끝나고 나면 질의·응답하는 방식이다. 회의 지도자는 강연에 앞서서 강연자의 소개를 하고 또 전반적인 의사 진행을 행한다.

회의 지도자는 미리 강연자와 의논하여 제시의 내용을 알아두고 또 필요한 자료를 충분히 조사해두어야 한다. 참석자의 발언을 재촉할 경우엔, "무슨 질문은 없습니까?"라는 식으로 말을 꺼내고 질문하기 전에 사회자로서의 견해를 얘기하거나 어떤 중요한 사실을 지적하거나 해서 관심을 집중시킨 뒤에 '주요 질문' 을 던져야 한다.

5. 필름 포럼(Film Forum)

이것은 렉쳐(강의)와 영화의 겸용 방식이다. 즉 회의 지도자는 영화나 필름 스트럽을 영사한 다음, 그 제시에 대한 내용에 대하여 청중과의 질의응답으로 들어간다. 앞서의 렉쳐 포럼에 시청각 교재를 이용한 것이다.

6. 토의 포럼(Debate Forum)

이것은 특정한 문제에 대하여 양론(兩論)이 있을 경우에 쓰는 방식으로 토론회 또는 분할 토의회 라고도 한다. 이를테면 그 문제에 대한 찬성·반대 또는 갑 안(甲案), 을 안(乙案) 등으로 참석자 가운데서 두 그룹의 토의 군을 만들어서 서로 논의시키고 양자의 장단점을 검토 비판시킨다.

이 방식은 논의가 경쟁적이기 때문에 참석자의 주의와 관심을 끌며 대표자의 토의도 활발한 것이 된다. 그러나 지도자가 양론을 교묘히 다루지 않는 한 수습할 수가 없으리만큼 토론이 완전히 분열될 위험성이 있다.

그러므로 이 방식으로 토의를 지도함에 있어서는 먼저 해결안의 장·단점은 양쪽에 번갈아 발표시켜서 그것을 흑판에 기록한다.

양쪽의 의견이 거의 다 나왔을 즈음에 지도자는 문제의 요점을 일반 참석자에게로 옮겨서 전반 토의를 시키고 마지막에 총괄적으로 의견을 요약해야 한다.

이상 여러 가지 형태는 반드시 엄격히 구별되는 것이 아니고 경우에 따라 상호 중복된 면을 갖고 이용되는 수가 있다. 또 실제로는 각 방식의 복합 형식을 도입하는 것이 바람직하다.

집단 두뇌를 결집하여 문제를 해결하는 회의

집단 토의에는 집단의 참여와 집단의 사고의 2대 요건이 구비되어야 한다. 집단 사고의 대 전제가 되는 것은 집단을 구성하는 멤버 각 개인의 사고 수준이 어느 표준 이상으로 유지되고 있어야 한다.

그래서 어느 표준 이상으로 유지되고 발전의 가능성을 가진 개인의 사고 능력을 결집하여 상호 계발에 의해 창조 활동을 돕우고 어떠한 사항을 집단으로 생각하여 해결을 보려는 것이 여기서 말하는 집단 두뇌를 결집하여 문제를 해결하는 회의이다.

오늘날 기술이 현저히 진보·발전하는 데 따라 모든 분야에서 전문화가 극도로 진행되고 있다. 그러나 한편으로는 총합 화(總合化)가 필요해지고 있다. 이 총합 화를 위해서는 개인의 힘만으로는 한계가 있다. 그래서 집단의 두뇌의 활동이 필요하게 된다. 또 한 가지 과제는 개별 연구가 대형화되어 복잡다단해지므로 각 부문과 분야의 지식이나 경험, 능력을 집결하지 않으면 유효적절한 해석이나 해결을 꾀하기가 어렵게 되었다. 특히 의사 결정 능력의 개발, 계획 능력 개발, 시스템의 설계 등에는 그룹 토의에 의지하는 것이 효과가 크다는 것이다. 이러한 집단 두뇌를 결집하여 문제를 해결하는 회의는 창조성 개발 회의, 워크 디자인 법 적용 회의 및 PAD 방식 회의로 구분된다.

1. 창조성 개발 회의

창조성 개발 회의로 일반에 보급되고 있는 것은 브레인 스토움 법(brain storm)이다. 브레인 스토움 법은 미국의 오스본 이 개발한 수법으로 창조적 사고 훈련법으로 알려져 있다.

이것은 새로운 아이디어를 찾아내는 방법으로 특정한 과제에 대하여 회의 참가자는 각기 자유분방하게 자기의 의견이나 사고방식을 서로 발표하는 방법이다. 참가자에게 자유로이 발언시키는 것이 이 방법의 장점이다. 그 발언은 기상천외하고 기발한 것일수록 환영받는다. 예를 들면 아무리 가치 없는 의견을 발표해도 이에 대한 비판을 하지 않는 것이 원칙이다.

회의의 리더는 기록계를 되도록 여러 명 동원하여 리더의 지시에 따라 발표된 의견이나 착상을 전부 기록하도록 한다. 그리고 그 자리에서 또는 다른 날, 같은 멤버로, 또는 전혀 다른 멤버로 기록된 것을 정리·분류하여 구체적인 아이디어를 만들어가는 것이다.

또한 코든(cordon)법이라고 불리 우는 방법도 창조성 개발의 한 수법이다. 코든 법은 추상 개념을 과제로 하여 아이디어를 서로 발표케 하는 것이 특징이다. 일반적으로 흔히 쓰여 지고 있는 예로서, 가령 자른다[切斷]는 개념만을 회의 참석자에게 주어 사고의 촉진을 시킨다. 여기서 자르는 방법으로는 어떤 것이 있는가를 유발했다고 하면, 입으로 자른다, 가위로 자른다, 용접을 하는 데 사용하는 불로 구어 자른다, 날이 있는 도구(칼, 도끼 등)로 자른다는 등 여러 가지를 생각해낼 수 있다. 이러한 생각을 활용하여 종이 절단기를 개발하는 것이 고안될 수 있다는 형식이다.

창조성 개발 회의의 리더는 미리 정하지 않고 회의 때마다 참석자중 호선(互選)으로 정하는 것도 한 방법이다. 그룹 멤버의 인원수는 15명 정도가 적당하다. 또, 그룹의 자발적 참여의 아이디어가 풍부하게 되며 멤버를 지명하거나 강제하지 말고 자발적 희망자만으로 회의를 운영하면 의욕적인 아이디어가 나오는 경우가 많다. 한 회합에서 한 가지 과제에 대한 아이디어는 30내지 40성노가 보통이다. 참석자로부터 선출뇐 아이디어는 이러한 기준에 따라 취사, 선택, 정리하지 않으면 안 된다. 예컨대 '기술적으로 보아 실현 가능한가. 기술적으로 보아 실현이 가능하다 해도 경제성은 어떤가. 그 이용 가치는 어떤가.' 등은 아이디어 정리의 기준이 된다.

2. 워크 디자인법 적용 회의

워크 디자인(work design)법은 미국의 학자 나드러가 창안한, 사물을 개선할 때의 사고 방법을 제시한 것이다. 보통 사물의 개선을 꾀할 경우, 현상 분석을 기점으로 하여 그 분석 결과를 토대로 개선안을 검토하는 방법이 취해진다. 그런데 이 워크 디자인 법은 그 출발점이 현재의

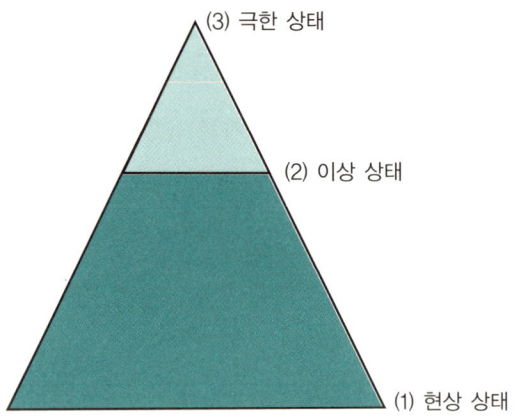

상태를 전혀 고려하지 않고 어떤 이상 상태를 우선 생각하게 하는 것이다. 이 이상 상태는 무한대이므로 무한대나 극한까지 생각하면 구체적인 개선에 연결되기가 어려우므로 이것은 일단 보류해둔다.

그림으로 표시하면 다음과 같이 된다. 즉 (1)은 현상 상태이며 (2)는 이상 상태이고 (3)은 극한 상태이다. 그래서 이 경우 우선 (2)의 이상 상태를 생각해보는 것이다. 그러나 사고는 현재의 상태에 비추어 출발하기 때문에 좀처럼 좋은 개선책이 얼른 떠오르지 않는 것이 상례이다. 그래서 처음부터 (1)의 현상 상태를 무시해버리고 곧바로 (2)의 이상 상태를 아무런 구애를 받지 말고 생각하도록 하는 것이 워크 디자인이 노리는 기본 방법이다. 즉 어떤 이상 상태를 설정하고 그 이상 상태를 달성하기 위한 상태나 조건을 고려하면서 그것을 향해 개선해나가는 사고방식이다. 다시 바꾸어 말하면 현상은 제쳐놓고 이상적인 사고방식을 기능 중심으로 전개하여 그에 따른 조직을 설정하는 방법이다.

이것은 현상 분석에만 얽매이게 되면 새로운 사고에 의한 조직의 설정이 되지 않은 폐해나 마이너스 면을 제거하려는 훌륭한 창조적 사고의 하나이다. 워크 디자인법 적용 회의는 위에서 말한 (2)의 이상 상태를 그룹 토의로 전개시켜 (2)의 이상 상태를 달성하는 데는 어떠한 해결책을 강구해야 되는가를 목적으로 한 것이다.

3. PAD 방식 회의

PAD 방식은 관리자 한 사람 한 사람이 자기 나름으로 갖고 있는 계획 능력을 집단 토의를 통해 이를 계획하고 현실성에 맞는 초점에 맞추어 그 토의 결과를 바로 경영면의 문제 해결에 활용하는 것을 목적으로 한 것이다. 이 방식에는 기본편과 응용편이 있다. 기본편의 수준은 아래 6단계로 성립된다.

(1) 분위기 조성

이것은 어떠한 회의에 있어서도 필요한 단계로서 회의 참가자에게 회의의 목적을 이해시키고 공통의 문제의식을 갖게 하는 동시에 편안한 마음으로 발언할 수 있는 분위기를 조성하는 단계이다.

(2) 준비

이 단계에서는 토의 과제를 제시하여 과제에 대한 진지한 관심을 모으게 하여 의견이나 생각을 발언하기 쉽게 문제를 명확히 하고 필요한 정보를 부여하는 단계이다. 이 경우 과제는 참석자 전원에게 공통된 것이면 참석자로 하여금 결정하게 하여도 무방하다.

(3) 자료의 분석

과제가 정해지면 그 과제에 대하여 참석자가 생각하고 있는 것을 한 사람 한 사람 순번대로 발표토록 한다. 기록계가 일련번호를 붙여 기록 정리한 발언 내용을 회의 참석자의 의견에 따르거나 어떤 기준에 따라 분류 정리하는 단계이다.

(4) 그룹별 토의

워크숍(workshop) 항에서 설명한 대로, 회의 참가자를 임의로 4,5명의 그룹으로 조별로 나눈다. 이 경우 (3)의 자료 분석 단계에서 분류 정리된 항목별 과제를 각 그룹에 할당한다. 따라서 분류 정리된 항목별 과제를 그룹별로 토의시켜 그룹마다의 집단 토의의 결론을 마무리 짓는 단계이다.

(5) 발표회

그룹별의 토의가 정리되면 발표회를 연다. 이 발표회는 그룹별 토의로 옮기기 전의 회합이 된다. 그리고 각 그룹별로 토의된 결과에 대하여 각 그룹 대표자는 이익 대표적 입장에서 자기가 소속된 그룹의 결론을 해설하고 질의응답의 결과를 회의 참가자 전원의 집단 승인을 얻어 결론으로 만들어 올리는 단계이다.

(6) 성과의 검토

이것은 전체 회의의 마무리 단계이다. 이와 같은 전체 회의—그룹별 회의 — 는 전체 회의를 통해 회의의 참여의욕을 높이는 동시에 회의 참석자는 자기의 생각 · 의견 · 아이디어 등을 기탄없이 기르도록 한다.

앞의 기본편 PAD 방식 수준을 현실에서 일어나고 있는 문제를 과제로 정하여 적용시켜나가는 것이 응용편이다.

6장
회의진행과 의장의 능력

1. 의장의 마음가짐
2. 의장의 능력

의장의 마음가짐

1. 의장의 발언

(1) 공평성

회의의 사회자, 즉 의장으로서 가져야 할 마음가짐에 대해 이야기해 보기로 한다. 첫째로 '공평'이라는 점을 들어야 하겠다. 이것은 두말할 나위 없이 사회자가 공평의 원칙에 따르는 것이다. '의장에 의해 참가자가 차별되고 있다'라고 느껴지게 한다면 출석자의 참가 의식을 흐리게 할 뿐만 아니라 반항적 태도까지 생기게 하는 결과를 가져오는 수가 많다.

국회에서도 의장은 언제나 중립의 입장이어야 하며 의사 진행에 있어서는 당의 입장을 떠나 의사(議事)를 처리하고 있다. 영국의 하원 의장은 당적(黨籍)을 이탈하는 것은 물론이고 의원과의 접촉도 되도록 삼가며 정당이나 의원 회합에도 출석하지 않고 그 중립성을 확보하는 데 노력한다고 한다. 따라서 의원도 의장의 중립성을 신뢰하고 존경하며 그 지위도 높은 것으로 권한도 매우 무거운 것으로 이해하고 있다.

다음에, 의장은 감정가(感情家)가 되어선 안 된다. 그런 뜻에서 혈압이 높은 사람은 의장으로서 적합하지 않다. 의장이 격노하면 회의도 거칠어지고 의장이 피곤하면 피곤한 회의가 된다. 그러므로 의장은 신체 관리에도 세심한 주의를 기울어야 한다.

(2) 중립적 발언

이해관계가 명확하게 결정되는 회의에서 의장은 극력 발언에 주의하여야 한다. 자기로서는 공평을 기한 것 같은 발언이라 해도 받아들이는 쪽에선 상내방을 감싸주시나 불공평한 발언으로 들리기가 쉬운 것이다. 예를 들면 찬성 반대의 양론이 엇갈려 장시간 토의할 끝에 겨우 타결을 보려는 순간, 의장이 느닷없이 한 손을 들어 발언함으로써 그 결과 다른 한 파가 반발하여 마무리 지려던 토의가 다시 원점으로 되돌아가는 경우도 있다. 의장은 발언에 있어 충분한 배려가 필요하다.

2. 의장의 역할

(1) 심리학자이며 연기자

의장은 때로는 심리학자이어야 한다. 오늘 모인 참가자의 심리 상태는 어떠한가, 참가자의 마음속에 내재하는 어려운 문제는 없는가, 어떠한 생각으로 모였는가 등과 같은 통찰력을 갖고 있어야 한다.

의제(議題) 이외의 참가자의 심리적 배경을 잘 파악하는 것은 의장의 중요한 마음의 준비이다. 간혹 세세한 점에 집착하는 사람도 있다. 옆에서 보면 별로 중요하지 않은 하찮은 것이라 생각되나 본인은 자기의 불만이나 의견을 그 나름대로 표현하고 있는 것이므로 의장은 재빨리 그 사정을 통찰하여 해소해주어야 한다.

"지금 말씀하고 계신 것은 주제와 관계가 없는 것이므로 발언을 중단하시기 바랍니다."라고 쏘아붙이면 참가자는 금방 저기압이 되어 반의장파(反議長派)로 돌변한다. 상대방의 발언을 봉쇄하는 것은 의장의 권한에 비추어본다면 하기 쉬운 것이나 그러한 경우는 좀 더 친절한 방법의 조치가 필요한 것이다.

또한 의장은 때에 따라 연기자이어야 한다. 그 눈 놀림, 손의 처리에도 신경을 써야 한다. 회의 참가자가 발언하고 있는데 의장이 한눈을 팔거나 하면 발언자는 기분이 언짢아진다. 문제를 전원에게 철저히 주지시키려는 경우에는 참가자를 좌우로 바라보면서 이야기하는 것이 효과적이다. 참가자 전원을 향해 눈을 잘 놀리는 것은 큰 설득력을 갖고 있는 것이다. 손놀림도 주의해야 한다. 집게손가락을 뻗어 지명하는 것과 손을 올리고 자연스럽게 지적하는 것은 지명된 사람에게는 받는 느낌이 전혀 다르다.

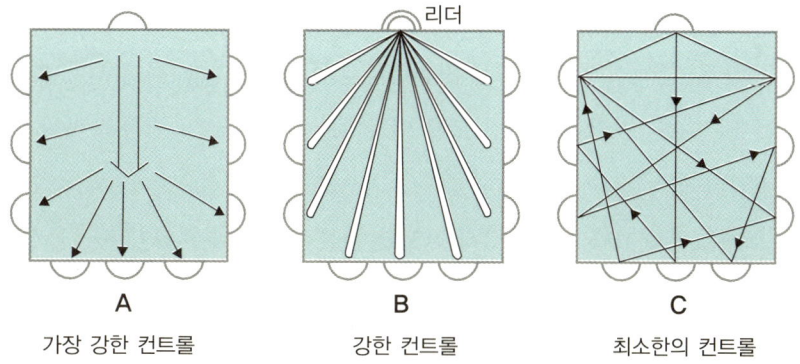

▲ 〈그룹의 참획에 영향을 주는 리더의 컨트롤의 3가지 형태〉

　의장이 되었을 때 주의해야 할 것은 우선 의장석에 등단하면 그 순간부터 자기는 참가자 전원으로부터 주목의 대상이 되고 있다는 점을 알아두어야 한다. 다른 사람이 발언하고 있으므로 자기 쪽을 보고 있지 않을 것이라 여기고 코를 풀거나 하품을 한다던가 하면 여간해서 참가자의 의견을 마무리할 수가 없다. 회의 참가자는 의장에 대해 흥미를 갖고 있으며 어떤 경우에나 누군가가 시선을 보내고 있는 것이다.

　의장이 되면 자세를 바르게 하고 회장 전체에 언제나 시선을 보내어 참가자의 관심이 흐트러지지 않도록 노력하고 언제나 따뜻한 배려를 갖고 회의를 진행하여야 한다.

(2) 의장의 말솜씨

　진지한 말은 사람의 마음을 움직이며 열의가 넘치는 말은 사람을 움직이는 것이다. 의장은 참가자 전원을 이끌고 가는 중심인물이므로 말의 표현에도 주의하여야 한다. 개최를 알리는 한 마디의 인사는 회의의 분위기를 온화하게 만든다.

"오늘, 바쁘신데 도 이렇게 참석해주셔서 감사합니다. 이제부터 개회하겠습니다. 별로 익숙하지 못한 의장이므로, 여러분의 협력을 바라는 바입니다."

"여기엔 저보다 의장으로서 적당한 분들이 계신데 본인이 지명을 받았기에 이제부터 의장을 맡아 진행하겠습니다. 열심히 해보려 하오니 잘 부탁드립니다."

"선배도 계신데 제가 의장을 맡게 되어 송구스러우나 이것도 모처럼의 공부로 삼아 진행해보려 하오니 아무쪼록 잘 부탁드립니다."

흔히 어디서나 들을 수 있는 말이지만 이러한 인사야말로 중요하다. 즉 한국 사람의 기풍으로 보아 겸손한 태도가 바람직하다는 실정을 알아두어야 한다.

의장이라 하여 공연히 으쓱해져 회의를 장악하려 하면, 회의 개막에서부터 참가자에게 건방지다는 반감을 사게 되어 그 회의의 성공을 기하기가 어렵다. 또 유머도 중요한 요소이다. 때때로 웃음을 자아내는 유머는 회의의 진행을 크게 도와주게 된다.

'씨'라든가 '선생'이라든가 '부장', '과장'이라든가, 경칭(敬稱)을 부를 때 주의해야 한다. 경칭은 그 사람이 언제나 불리어지고 있는 경칭을 쓰는 것이 가장 무난하다. '선생'이라 부르면 어쩐지 바보 취급을 당하고 있는 듯이 들리는 수가 있다. '우리들'이라는 말은 회의 참가자 간에 연대감을 일으키는 매우 효과적인 구실을 하는 수가 많다.

"이 문제는 매우 어려운 것이므로 여기서 우리들은 좀 더 진지한 연구를 해야겠습니다."라는 식으로 의장과 참가자라는 입장을 떠나 의장도 함께 생각하고 있다는 호소야말로 효과적이다.

이제까지 찬성파와 반대파가 한창 논의를 전개하고 있을 때 적절한 시기에 의장의 '우리들'이라는 말은 찬성파와 반대파인 양 파의 사람들에게 논전(論戰)에 열중해 잊어버리고 있던 대국적인 연대감을 환기시키는 효과도 있다. 이런 타이밍을 잡는 것도 또한 의장의 재능이라 할 수 있다.

3. 의장의 마음가짐
 (1) 독단은 금물

의사 진행의 주역인 의장은 우선 오늘의 회의는 어떠한 목적에서 열리며, 어떤 의제(議題)가 있으며, 어떻게 진행시켜야 하는 점을 미리 잘 알아두어야 한다. 개회가 임박해서 회의장에 뛰어들어 허둥지둥 의제를 훑어보고 나만 경험에 의존하여 회의를 신행시키려는 사람을 자주 볼 수 있는데, 이런 의장은 우선 시작에서부터 자격이 없는 의장이라 할 수 있다. 의장은 회의장에 늦어도 30분 전에 도착할 만한 여유와 마음가짐을 갖는 것이 바람직하다. 회의장의 준비에 있어서도 타인에게만 일임하지 말고 의장 스스로 점검할 정도의 배려가 필요하다.

앞에서도 논술한 바와 같이 의장은 공평해야 한다. 잘 아는 사람이라 하여, 또는 자기와 같은 의견이라는 이유에서 참가자 한 사람을 편파적으로 다루는 것은 삼가야 한다. 이러한 불공평함을 없게 하기 위해서는 모든 참가자로부터 의견을 제시하도록 하고 평등하게 발언시켜 찬성은 찬성으로서, 반대는 반대로 경청할 수 있는 '귀'를 갖고 있어야 한다. 말 잘하는 사람은 남의 말도 잘 듣는다는 말과 같이 남의 말에 귀를 기울이지 않고서는 의장의 구실을 못 한다.

　의장은 회의에 있어 소수 의견은 귀중한 것이라는 점을 잘 인식해야 한다. 다수 의견에 휩쓸려 소수의 의견을 간혹 무시하기가 쉬운데 언제 이 소수 의견이 다수 의견으로 변할지도 모르는 것이다. 또, 의견이나 발언을 경청할 때에는 발언자와 눈을 마주하고 긍정한다든가 동조 한다든가 의 가벼운 제스처를 보내는 것이 중요하며 그러한 의장의 동작이 참가자에게 발언 의욕을 일으키게 된다.

　회의에서 탈선은 항상 따르는 것이다. 그러므로 항로(航路)를 벗어나지 않도록 의장은 주제를 언제나 명확히 하여 참가자의 의식을 집중하도록 노력해야 한다. "이제 시간도 많이 소비했으므로 이 정도에서 적당히 마무리하는 것이 좋겠습니다." 이와 같이 발언이나 발상은 의장으로서는 절대 금물이다. 의장 스스로가 회의를 경시하거나 아무렇게나 다루면 잠깐 사이에 회의의 분산을 가져오게 된다. 설혹 그 의사 진행이 미숙하다 하더라도 성의를 갖고 매사에 임하는 마음가짐이 필요한 것이다.

　의장은 참가자에겐 없는 강력한 권한을 갖고 있다. 그렇다 하여 그것을 남용해서는 안 된다. 기분에 맞지 않는다 하여 발언을 봉쇄하거나 퇴장을 명하거나 의장 혼자 떠들어댄다면 그것은 회의라고 할 수 없다. 의장은 어디까지나 회의의 마무리역이며 자기 의견을 장황하게 늘어놓는 입장은 아닌 것이다.

　흔히 볼 수 있는 예로서, 어떤 의견이 나오면 그 의견에 대한 반대론이나 발언을 참가자로부터 구하지 않고 제멋대로 의장이 도맡아 길게 끄는 회의가 있다. 이래서는 참가자 중에서 건설적인 의견 등이 나올리가 없다.

(2) 회의 규칙을 존중

그러면 의장에게는 어떠한 역할과 권한이 부여되어 있는가. 국회법(國會法)의 의장의 권한에 관한 규정에는, "의장은, 그 의원의 질서를 유지하고, 의사(議事)를 정리하며, 의원의 사무를 감독하고, 의원을 대표한다."라고 되어 있다.

이 규정에서 대체적인 설명은 알 수 있으나 좀 더 상세히 의장으로서 생각해두어야 할 역할을 들어본다.

우선 의사(議事)에 대하여 개회를 선언하는 역할이다. 다음에 그 회의가 정족수(定足數)에 달하고 있나 를 살필 의무가 있다. 그리고 회의의 기록을 할 서기의 지명 역할이 있다. 부의장의 지명도 필요하다. 회의 진행에 대해서는 발언의 허가·발언의 금지·부적당한 자의 퇴장을 명하는 권리가 있다. 방청자의 허가와 퇴장을 명하는 권리·채결권·찬성·반대 동수 즉 가부 동수(可否同數)인 경우의 결재권, 회의의 소집 등도 의장의 권한이다. 회의 종료 후 의사록에 서명하고 확인하는 의무도 있다.

이와 같이 생각할 때 의장은 의사의 룰[規則]에 정통해 있어야 한다. 큰 조직의 경우에는 회의 규칙 등이 있는데 이 규칙에 위반됨이 없도록 세심한 노력이 필요하다. 의장은 우선 회의 규칙을 준수하는 것이 그 첫째 역할이다. 가령, 규칙이 제정되어 있지 않다 해도 민주적인 회의에는 불문율로 되어 있는 상식적인 회의의 룰이 있는 것이다. 이것을 무시하고 독단적으로 회의를 진행시키는 것은 허용되지 않는다.

의사(議事)의 진행이 원활히 운영되지 않는 원인 중에는 의장의 지도 솜씨가 서툴기 때문인 경우도 많으나 그 경우에도 의장이 의사의 룰을 잘 모르고 있기 때문에 지도해나가지 못하는 경우가 많다.

"나는 의장을 몇 십번이나 경험해본 실력자이다."라는 사람도 어느 회의의 의장으로 의뢰를 받았을 때 아무런 사전 조사도 하지 않고 출석하여 큰 실패를 보는 수도 있다. 확실히 의장을 몇 십회나 몇 백번 해보면 익숙해지는 것은 틀림없을 것이다. 그러나 의장직이라는 것은 단순한 기술만으로 원만히 이루어지는 것이 아니다.

중요한 것은 가령 몇 십번 의장을 맡아본 경험이 있다 해도 언제나 조심성 있게 회의에 앞서 그 회의의 의사 규칙에 대한 사전 조사를 하고 회의에 임하여 항상 겸허한 태도로 참가자와 접촉하는 것이 결국 그 회의를 성공시키는 결정적 요인이 된다는 점을 의장이 된 사람은 깊이 인식하여야 한다.

(3) 인격, 경험, 식견, 자신감

의사(議事)는 의장에 의해 크게 좌우된다. 여기엔 의장의 인격·경험·식견·자신감 등에 따라 의사 진행의 성패가 좌우되는 경우가 많다.

경험이 없고 경박하고 자신이 없는 의장은 참가자로부터 신뢰를 받을 수가 없다. 그룹과 회사 내의 회의에 있어서도 마찬가지로 의장이 참가자보다 젊고 미숙해도 성의와 자신이 있으면 존경을 받을 수가 있다. 또 의장의 성격이 원만하면 참가자로부터의 신뢰가 자연적으로 모여지게 되는 것이다.

경험삼아 신입 사원을 의장으로 하거나 젊은 사람을 사회를 보게 하는 것도 좋은 방법이다. 직장에서 윗사람이 의장을 맡아보면 참가자인 아랫사람은 분위기에서 마음이 굳어져 활발한 의견이 잘 나오지 않게 된다. 모든 사람으로부터 활발히, 그리고 건설적인 의견을 구하려면 윗사람은 양보하여 젊은 층에 그 역할을 맡기는 것도 한 방법이다. 그리고 회의 진행에 있어 탈선하거나 혼란한 분위기가 엿보이면 충고·조언 등으로 올바른 지도를 아끼지 않는 배려도 바람직하다.

중요한 결정 사항이나 어려운 용어는 의장이 반복하여 참가자에게 알리는 것도 필요하다. 또한, 무슨 일에서나 뒤처리가 중요하듯이 회의의 경우도 끝날 때에는 끝맺음의 말과 오늘 이와 같은 사항이 결정되었다는 것을 참가자에게 철저히 주지시키는 것도 의장의 중요한 역할이라 할 수 있다. 간혹 볼 수 있는 광경이 있는데, 회의의 사회자인 의장은 아무 말 없이 참가자의 토론을 듣고만 있는 경우가 있다. 토론이라는 것은 의장을 통해 이루어지는 것이 원칙이다. 이것을 잘 알면서도 간혹 참가자도 이 룰을 무시해버리는 수가 있다.

의장의 지도력이 부족한 경우, 또는 어떤 다른 일에 정신을 팔고 있을 경우, 의장을 무시하고 사회자 없는 회의가 진행되는 것이 통례이다. 의장석에 부외자(部外者)가 오래 무엇인가 귓속말을 하고 있을 때라든가, 의장이 참가자끼리 이야기를 주고받을 때 마치 방청자와 같은 표정으로 바라보고 있을 때, 회의 참가자는 제멋대로 회의를 진행시켜 버리게 된다.

의장이 자리를 뜨는 것은 그야말로 부재 회의(不在會議)인 것이다. "의장님, 전화입니다." "아, 그래요." 하고 의장이 서슴지 않고 전화통

으로 향한다. 참가자는 그 순간부터 집중도가 분산되어,

"화장실이나 갔다 올까."

"그러면 한 대 피우고 나서"

이런 식으로 회의는 금방 공중 분해되고 만다. 원래 의장이 함부로 의장석을 떠나는 것은 허용되지 않는다. 어쩔 수 없는 사정이라면 의장을 교대하든가 잠시 회의를 정식으로 중단 또는 휴회하여야 한다. 참가자는 원래 변덕이 많다는 점을 의장은 명심해두어야 한다.

의장의 능력

1. 조정 능력이 필요하다.

회의에 있어 의장이 얼마나 중요한 직무인가. 또 의장의 능력 여하에 따라 회의의 성공 여부를 결정한다 함은 여러 각도에서 말한 바 있다. 그렇다면 이상적인 의장이란 대체 어떠한 의장을 말하는 것인가.

리버풀(Liverpool) 지구 선출의 아일랜드 국민당의 오컨너 라는 사람이 이상적인 의장에 대해 말한 것을 여기 소개해본다.

이상적인 의장이란 어떠한 것일까. 첫째, 티끌만한 오점이 없는 고결한 사람으로 완전히 신뢰할 수 있는 사람이다. 자기가 한 말에 대해서는 절대 책임을 지는 사람으로 후임자의 모범이 되는 사람이어야 한다.

또한 강한 성격이 필요하다. 논쟁이 치열해지면 흥분하는 사람이 있

어 회의장이 혼란해진다. 그러한 폭풍우를 진정시키려면 상당한 수완을 지닌 인물이어야 한다. 흔히 의원들은 모두 독립정신과 높은 자긍심을 갖고 있는 사람들이므로 그 자유와 특권은 함부로 다룰 수가 없다. 그러한 사람들을 보호해가는 것은 여간 어려운 것이 아니다.

그러나 동시에 의장은 온화한 성격의 사람이어야 한다. 어떠한 일에 있어서도 흥분하면 안 된다. 자제심이 없거나 감정에 치우치는 경우는 의장직의 전통에 벗어나는 것이다. 그래서 의장은 언제나 명랑한 기분으로 결코 화를 내지 않는 사람으로 유머가 있는 사람이어야 한다. 너무 솔직하게 비관하거나 절망하거나 벽에 부딪혀 막히거나 하는 사람은 곤란하다. 재미있는 말로 웃기기도 하고 진행이 막히려는 분위기를 풀 수 있는 유머도 필요하다. 또, 의장은 책임감이 있고 근면하며 조정자로서의 성격을 갖고 있어야 한다.

이상과 같은 설명을 읽어보면 의장은 성인군자 같은 인격이어야 되는구나 라고 생각될지 모르나 이것은 어디까지나 이상이고 하나의 목표다.

이 중에서 우리가 가장 중요한 요소라 생각되는 것은 의장의 유머정신이다. 딱딱한 회의가 의장의 유머로 부드럽게, 또는 뒤엉킨 분위기가 순순히 풀어지는 것이다. 오스트리아 멘지스 수상은 "전체주의와 민주주의의 경쟁은 웃을 줄 모르는 사람들과 웃을 줄 아는 사람들의 경쟁이다."라고 말했듯이 웃음이야말로 민주주의의 본질인 것이다.

2. 의장은 회의의 교통 정리원이다.

회의에서의 발언은 본래 자유이다. 그러나 제멋대로의 발언은 허용될 수 없다. 회의는 회의 참가자 전원의 것이므로 당연히 발언의 교통정리도 필요하며 교통 규칙도 있어야 한다.

우선 발언은 의장의 허가가 필요하다. 보통, 손을 들고 "의장!"이라 부른다. 의장은 이를 인정하고 적당하다 생각되면, "O선생, 말씀하십시오."라고 발언을 허용한다. 그러나 발언 요구는 반드시 한 사람만 구하는 것이 아니다. 동시에 2,3인이 구할는지 모른다. 그럴 때는 의장은 누구에게 우선권이 있는가를 판단하여 발언권을 준다.

그러면 그 우선순위가 문제가 되는데 가령 두 사람의 경우 한 사람을 A, 또 한 사람을 B라고 하자. A는 지금 토의하고 있는 의제에 대해 이미 1회라도 발언했고 B는 아직 전혀 발언이 없었을 경우에는 당연히 B에 우선권이 있다. 그러나 A가 제안자로 그 의제에 대한 설명을 할 경우는 A에게 먼저 발언시킬 수가 있다.

다음 발언은 번갈아 행하도록 하는 것이 원칙이므로 찬성 의견만 계속 될 때 발언을 구하는 자가 있어 이것이 찬성 의견인 경우 의장은 그것을 일시 저지하고 반대 의견의 사람에게 발언시킬 수도 있다. 회의에 있어 곤란한 것은 한 사람이 길게 발언하는 것이다. 이러한 때에는, 의장은 "……좀 더 간단히 요점만 부탁드립니다."라고 주의시킬 필요가 있다.

토의가 한창 진행 중에 동의(動議)가 나왔을 경우, 이것에는 우선권이 있다. 즉시 이것을 취급할 필요가 있다. 다만, 동의라는 것은 회의의 방향을 적극적으로 방향 짓는 것이기 때문에 아무 때나 함부로 내는 것이 아니다. 그리고 동의에도 우선순위가 있다. 그 순위의 기본적인 사고방식은 의사 진행상의 관한 동의가 가장 우선한다고 생각하면 틀림이 없다. 간단한 형식을 엄격히 하지 않는 회의에서는 발언의 우선권 등에 관해 그다지 문제로 하지 않으나 다수인(多數人)의 회의라든가, 참가자가 대표 격으로 참가하는 형식을 갖춘 회의에서는 발언의 순위에 대해서도 정확한 판단이 요구된다.

만약 발언의 순위에 대해 이의(異議)가 제기되었을 때 의장은 회의 참가자에게 맡겨 전원이 결정토록 하는 것도 한 방법이다. 이토록 의사를 원만히 진행시키려면 의장은 늘 회의 전체에 신경을 배려할 필요가 있다. 발언이 빈번할 때는 메모 용지에 메모하여 발언 내용이 겹치지 않게 하는 것도 필요하며 중복된 발언을 할 경우에는 용기를 내어 정지시킬 필요도 있다.

3. 표결에 시간을 소비하지 않는다.

표결 또는 채결의 방법에는 여러 가지가 있다. 그다지 형식을 취하지 않는 회의에서는 발성(發聲)에 의한 표결— '구두 채결(口頭採決)'이라 불리 우는 방법— 즉, "이 동의에 찬성하시는 분은 박수를 쳐주십시오."라는 식의 방법이 취해진다. 그런데 형식을 취하는 중요한 사항을 결정하는 회의에선 손을 들어 찬부(贊否)를 가리는 '거수 채결(擧手採決)'의 방법을 취하고 있다.

채결이란 찬성과 반대를 명확히 하여 주제를 결정하는 것이기 때문에 결론적으로는 어떤 방법이라도 상관없는데 여러 방법이 있어 각기 그 특징이 있다.

우선 그 방법을 크게 나누면

(1) 구두 채결

(2) 거수 채결

　　(3) 기립 표결(起立表決)

　　(4) 투표 표결(投票表決)

　의 네 가지를 들 수 있다. 또, 그 밖에 기호에 의한 채결과 최근에는 버튼을 눌러 그 표시에 의해 결정하는 채결 등 여러 가지 방법이 취해지고 있다. 그 중에는 비밀성을 유지하기 위해 공개하지 않고 비밀리에 정한다든가, 점호 식으로 한 명 한 명씩 회의 참가자에게 그 찬부를 묻는 방법도 있다. 경우에 따라서는 그 찬부를 문서로 기입하여 우송하는 방법도 있다.

　그런데 크게 나눈 네 가지 중의 구두 채결의 경우는, 아무런 동작이 따르지 않고 매우 간단하기는 하나 찬부를 명확히 계산할 수가 없다. 그러므로 구두 채결의 경우는 별로 의심스럽지 않은 간단한 사항을 결정할 때의 적당한 채결 방법이다. 전회(前回) 회의의 회의록을 승인한다든가 이미 대부분의 참가자가 승인하고 있는 사항 등이다.

　거수 채결은 찬부를 명확히 하므로 의결하는 데 있어 차질이 생기지 않는다. 거수는 상식적으로 오른손을 쓰고 두 손을 드는 것은 허용치 않는다. 기립 채결도 마찬가지이다. 투표 채결은, 기명·무기명 두 가지가 있는데 어느 것이든 찬부는 명확히 가려진다. 후일의 증거도 되며 이 방법은 공개로 하기엔 거북한 경우, 예컨대 신임(信任)에 관한 것이라든가, 참가자 서로가 자기의 의지가 공개되는 것이 곤란할 때에 쓰여진다.

　입회인을 선정해서 개표하는 경우도 있다. 그런데 의결을 하는 데 있어선 보통 과반수의 찬성이 필요하다. 과반수란, 2분의 1 더하기 1이다. 20의 과반수는 11인 것이다. 총회에 있어 규칙이나 정관의 변경이라든가 그 주제가 중요성을 갖고 있는 경우, 거의 회의 규칙에서는 3분의 2로 정해져 있어 3분의 2의 찬성이 필요하다.

채결의 방법은 어느 것이건 그 회의나 채결을 요하는 의제에 알맞은 방법으로 진행하는 것이 중요하다. 간단한 문제를 일일이 기명 투표로 채결할 필요는 전혀 없다.

4. 의장의 역할

회의에는 독특한 라이프 사이클이 있다. 통상적으로 그것은 다음과 같다.

① 회의를 생각한다.
② 계획한다.
③ 개시한다.
④ 진행한다.
⑤ 종료된다.
⑥ 회의의 결론이 나온다. 또는 다시 회의를 열 필요가 생긴다.

누구나 회의의 그러한 상황에 따라 리더가 될 수 있는 가능성을 가지고 있다. 그리고 그 회의가 성공하느냐 실패하느냐의 여부는 전적으로 의장에게 달려 있다.

큰 책임이지만 한 단계씩 차례대로 밟고 나가다 보면 그다지 어려운 것도 아니다.

이와 같은 의장으로서의 역할도 세분화할 수 있으며, 그것들은 거의 모든 회의의 라이프 사이클에 직접 대응하고 있다.

① 회의의 주최자로서의 역할.
② 회의의 계획자로서의 역할.
③ 회의의 주창자로서의 역할.
④ 회의의 지도자로서의 역할.
⑤ 회의의 완결자로서의 역할.
⑥ 회의의 수행자로서의 역할.

다시 말해 의장은 단지 회의 그 자체의 물리적인 측면뿐 아니라 회의의 발안에서 종료까지, 그리고 폴로 업에 이르기까지 논리적인 맥락을 가지도록 전체를, 또한 각각의 단계를 통한 회의를 이끌어가야 하는 것이다.

이 중 어느 하나만 결여되어도 그 의장으로서의 수완은 보잘것없게 되고 만다.

(1) 회의의 주최자

회의를 개최하려는 생각을 하는 순간 당신은 스스로에게 다음과 같이 물어보아야 한다.

"이 회의는 참으로 필요한가?"

"비용은 적당한가?"

"회의를 열지 않더라도 메모를 통해 같은 정도의 정보 전달을 할 수 있지 않은가?

그 상세한 체크 법에 대해서는 이미 앞에서 언급한 바 있다.

어쨌든 실제로 회의 소집이 필요하다고 판단되면 이제 자신의 역할을 회의의 계획자로 바꾸어야 한다.

(2) 회의의 계획자

잘 계획된 회의가 반드시 운영도 잘 되는 것은 아니다. 그러나 거기에서부터 시작하는 것이 가장 적합하다.

회의의 계획에 있어서 기본적으로 결정해야 하는 것은 다음과 같다.

① 언제 회의를 열 것인가?
② 어디에서 회의를 열면 되는가?
③ 누가 회의에 참가하는가?
④ 계획자로서 본 의제는 무엇인가?

마지막 두 항목은 〈회의실을 착실하게 준비〉의 항목에서 다른 항목과 아울러 뒤에 다시 철저하게 거론하기로 한다. 어쨌든 이것 역시 회의 계획자가 책임을 져야 할 사항이다.

(3) 회의의 수창자

앞에서 언급한 바와 같은 매우 자유로운 형식의 회의라 하더라도 "그러면 이제부터 회의를 시작하겠습니다."라고 발언을 하는 사람이 꼭 필요하다.

회의의 리더는 누가 참가할 예정이며 누가 아직 오지 않았는가를 알 수 있다. 따라서 예정 시간대로 시작할 것인가, 늦게 오는 사람을 기다릴 것인가를 결정할 필요가 있다. 또한 그 회의에서 얼마나 성과를 올려야 하는가, 어떤 원조를 해야 하는가도 알고 있어야 한다.

회의가 시작되면 바로 그 시점에서 또 한가지 해야 할 일은—아직 전달하지 않았다면—회의를 개최한다는 것과 회의의 계획 및 규칙을 알려주는 일이다.

(4) 회의의 지도자

리더십에도 여러 가지 스타일이 있을 수 있고 회의 자체의 진행 과정에서 그 스타일을 마음대로 취할 수가 있다. 그러나 그 스타일이 어떤 것이든, 원하든 원하지 않든 관계없이 당신이 엄연한 그리고 유일한 리더라는 점을 잊어서는 안 된다. 참가자는 지도를 필요로 하며 회의 과정에서의 가이드는 당연히 해야 하는 일이다.

회의 도중에 발생된 반발의 예를 앞에서 언급했는데 그러한 반발 역시 싸움을 시작한 두 사람을 향한 것은 아니었다. 오히려 그것은 회의의 리더를 향한 것이라 보아야 한다. 실제로 말을 건 상대는 리더였다.

이의를 제기한 사람의 요구는 리더에게 쓸데없는 논의가 길게 이어지는 것을 제지하고 회의를 보다 더 건설적인 방향으로 몰아갈 수 있도록 대책을 세워달라는 것이었으므로 이는 매우 당연한 요구였다.

(5) 회의의 완결 자

끝나야 할 때 끝나지 못하는 회의, 언제 끝날지 모르게 느껴지는 회의가 실제로 있다. 이 언제 회의를 끝낼 것인가를 결정하는 것 또한 리더의 일이다.

비록 현안 과제가 완료되지 않았더라도 참석자의 주의력이 지속되는 범위에는 한계가 있으며, 회의의 생산성이 중단되는 시점이 반드시 오게 마련이다. 그 시점을 예측—적어도 인식—할 필요가 있고 그 시점에서는 결단력 있게 회의를 끝내는 것이 바람직하다.

(6) 회의의 수행자

회의의 목표가 100% 달성되지 못한 경우 그 완결을 위해 다시금 회의를 소집하게 마련이다.

또한 소기의 목표를 달성한 경우라 하더라도 한 걸음 더 나아가서 보면 해결하지 못한 요소가 남게 마련이다. 예컨대 결정 사항의 실천이라든가 회의에서 실제로 있었던 일들을 보고서로 만들어 상사에게 제출하는 일들이 그것이다.

이러한 모든 것을 확인한 뒤에야 비로 서 리더로서의 책임, 적어도 그 회의에 대한 책임은 끝난다.

이제 리더로서 해야 할 일은 알았을 것이다. 다음에는 그런 책임을 가장 바람직한 형태로 수행하기 위해서는 어떻게 해야 하는지 그 방법에 대해 얼마간 고찰해보기로 한다. 그 중에는 리더로서의 실력을 최대한으로 살리는 데 도움이 되는 스타일도 있을 것이다.

다시 한 번 되풀이하지만 리더에게는 다음과 같은 기술이 있어야 한다.

① 목적 · 목표의 달성.
② 토의의 질서.
③ 자극 · 유도 · 컨트롤.
④ 의사 결정과 확인.
⑤ 기록.
⑥ 평가.

위의 각 분야에 걸쳐 내용이라든가 흐름 또는 그 표출 방법에 리더의 기량이 골고루 발휘되어야 한다. 다시 말해서,

- 무슨 이야기가 오갔는가?

    (토의의 내용, 정보의 양 등 문장화라든가 수치화를 비교적 쉽게 할 수 있는 지적이고 합리적인 측면)

- 이야기가 어떻게 오갔는가?

    (멤버의 분위기, 리더의 반응, 협력, 타협, · 도피 · 공격의 유무 등에 대한 참가 분위기 등을 느낄 수 있는 감각적인 측면)

(7) 의장을 위한 15가지 법칙

미국의 커뮤니케이션 관계 책 중에서 〈대화를 이끄는 의장을 위한 15가지 법칙〉이 있는데 참고로 알아보자.

〈의장을 위한 15가지 법칙〉

① 당신의 일은 참가자 사이에 대화가 활발하게 이루어지도록 하는 것이며, 회의 참가자와 당신이 대화를 하는 것은 아니다.
따라서 누군가가 이야기를 할 때는 그 사람을 보기보다는 다른 사람을 보는 것이 중요하다.
누군가 이야기를 할 때마다 그에 대한 감상이나 의견을 말하는 일이 없도록 하자. 굳이 말을 하고자 한다면,
"○선생님의 말씀에 대해 무슨 다른……."
정도에 그쳐야 한다.

② 누군가가 말이 길어지면,
"잠깐, 말씀하시는 주제가 분명하지 않은 것 같습니다. 말하고자 하는 요점만 간추려서 20초 동안에 말씀해주시지 않겠습니까?"
하는 식으로 절제시킨다.

③ 이야기의 중심이 되지 않도록 한다. 현재 진행되고 있는 대화가 목표가 분명한 것이라면 심리적으로 한 걸음 물러선 느낌으로 있다.

④ 유머스러운 발언·농담·풍자 등으로 지금까지의 긴장된 분위기가 파괴되었을 때에는 얼마간 그것을 즐기면 된다. 그러고 나서,

"자, 그러면 다시 시작해보실까요?"

하고 계속한다.

⑤ 리더에게 직접 질문이 왔을 때에는 그것을 그룹에게 다시 되돌려 보내도록 한다.

"지금 질문에 대해 의견이 있으신 분은 없으십니까?"

하는 식이다. 그 질문을 한 사람이 꼭 사회자 개인의 의견을 듣고 싶어 하면,

"회의가 끝난 뒤에 개인적으로 말씀하십시다."

하면 된다.

⑥ 그룹의 모든 정보는 종이나 칠판에 적는다. 거기에 검토가 끝난 사항이나 동의를 얻은 사항 등을 조목별로 쓴다. 그러면 참가자들에게 전체적인 이야기를 함께 진행하고 있다는 일체감을 느끼게 된다. 개인이 모두 메모를 하는 것도 중요하지만 개중에는 메모를 하지 않는 사람도 있다.

⑦ 어떤 발언이 잘 이해되지 않을 때에는,

"그러니깐 말씀하신 내용이 이런 것입니까?"

하며 확인을 한다. 리더가 모를 때에는 다른 참가자 가운데에도 그것을 이해하지 못했으면서도 잠자코 있는 사람이 반드시 있을 것이다. 그 사람들을 위해서라도 사회자는 질문을 해야 한다.

⑧ 개인적으로 찬성하지 않거나 동정을 한다거나 또는 비아냥거리는 등 부정적인 요소가 들어 있는 발언은 반드시 피해야 한다.

⑨ 참가자 한 사람 한 사람으로 하여금 그들의 의견에 긍지를 느끼도록 격려한다. 인칭 대명사도 '우리들' 보다는 '나' 를 사용하도록 한다.

⑩ 얼핏 들으면 상쾌하게 느껴지는 추상적이고 종합적인 의견에 대해 주의해야 한다. 테마를 충분히 이해하지 못한 의견에 대해서는,

"테마에 대해 보다 더 상세히 말씀해주시지 않겠습니까?"
라든가,
"어떻게 하면 된다는 것입니까?"
하는 등의 질문으로 그 발언이 논의를 위한 논의가 되지 않도록 리드해간다.
⑪ 어떤 말의 해석을 놓고 대립이 시작되었을 때에는 그 이면에 감정 대립이 숨어 있지 않나 에 조심한다.
⑫ 회의가 한창 진행될 때에도 중간 중간에 그때까지의 경과를 마무리해 본다. 또는 누군가에게 그 마무리를 부탁해도 된다.
"이 테마에 대해 얼마나 이야기가 진행되었을까요?"
⑬ 추측이나 의견을 어떤 사실적인 면이나 정보로 혼동하지 않도록 한다. 그런 것들에 대해서는 항상 다른 참가자의 의견을 요구하기도 하고 반드시 그 사실 여부를 확인해야 한다.
⑭ 결론을 강요해서는 안 된다. (상대방은 위축되거나 반박하게 된다)
⑮ 참가자 중 특정 인물에 대해 칭찬을 해도 안 되고 책망을 해도 안 된다. 리더는 변호사도 검사도 아니기 때문이다.

앞에서의 15가지 법칙 가운데 특히 첫 번째는 매우 특이한 사항이라 하겠다. 지금까지 리더는 당연히 말하고 있는 사람을 보아야 한다고 생각되어 당연히 몸도 그쪽으로 향하여 몸 전체로 자세히 들어야 한다는 주장이 정석이었다. 하지만 여기에서는 또 다른 각도에서 리더의 기술을 요구하고 있다.

리더로서 맞장구를 치거나 끄덕이며 듣는 것은 분명히 중요하며 터득해두어야 할 대인 관계의 기술이다.(지나치게 끄덕이는 경우도 있으므로 조심한다.) 그러나 그것이 지나치면 회의가 아니라 즉 참가자끼리의 커뮤니케이션이 아니라 리더와 참가자 사이의 대화에 그치고 만다.

아무튼 지금 이야기하는 사람을 보기보다 다른 참가자를 보면 그들이 그 이야기에 흥미를 느끼고 있는지 지루해하고 있는지를 알 수가 있다.

지금까지 사회를 잘 보았던 경험에 비추어 어떻게 생각되는가? 상사나 동료 중에는 사회를 잘 보는가 하면 그렇지 못한 사람도 있을 것이다. 그 사람들의 언행과 한번 비교해보자.

그 다음 주의해야 하는 것이 15가지 법칙 가운데 9번째의 것이다. 우리는 회의에서 '우리'라는 말을 별로 사용하지 않는다. 오히려,

"나는 이렇게 생각합니다!"

하고 딱딱하게 말하는 사람들이 더 많다. 그러면 그 분위기가 긴장되지만 그 나름의 장점도 있다.

한편 미국 사람들은 WE를 잘 사용한다. WE FEELING(우리 생각)은 집단에 있어서 중요하기는 하지만 그것을 거꾸로 이용하여 WE라는 이름 아래 자신의 의견을 내세우려는 경우가 있기 때문에 그것을 경고하는 의미이다.

어쨌든 참다운 의미에서는 '우리'를 사용해야 할 것이다.

7장
회의에 필요한 규칙

1. 회의의 규칙
2. 의사법의 의의
3. 의사법의 기본 원칙
4. 의사법에 의한 발언과 동의

회의의 규칙

사람이 모이는 곳에는 어떤 규칙이 있다. 사람들이 그 규칙에 따르는 이유는 그것이 가장 타당한 방법이라고 생각하기 때문이다. 또한 그것이 다소 불만스럽다 하더라도 더 좋은 방법이 없기 때문이다.

질서를 부여하기 위해서는 어느 정도의 규칙이 필요하다. 그런 의미에서 회의에도 일정한 규칙이 필요하다.

(1) 시간을 엄수한다.

어떤 모임에서나 마찬가지이지만 늦게 오는 사람이 반드시 있다. 그러나 회의는 시간의 제약을 받는다. 때문에 한 사람이 늦음으로써 다른 많은 사람들에게 얼마나 많은 피해를 끼치는가를 자각해야 한다.

시간의 낭비를 없애기 위해서는 개시 시간과 종료 시간을 엄수할 필요가 있다.

(2) 리더를 존중한다.

회의의 키잡이는 리더이다. 선장이 많으면 배는 산으로 간다. 같은 배에 탄 이상 선장을 존중하고 그의 말에 따르는 것이 또한 규칙이 되겠다.

목적지에 가기 위해서는, 다시 말해서 의사(議事)가 순조롭게 진행되고 좋은 결론을 내기 위해서는 리더의 지시에 따르고 협력하며 서로 도와야 하는데 이것은 회의 참석자의 의무이기도 하다.

(3) 자기주장만 고집하지 않는 다

천성적으로 고집이 세어 자신의 의견을 굽히지 않는 사람이 있다. 자신의 의견이 무시당한 듯 한 착각이나 자존심이 손상된 것 같은 감정 또는 자신의 의견만이 절대적이라는 생각을 가진 사람들이 곧잘 그런 태도를 취한다.

그러나 회의는 개인의 독무대가 아니다. 극단적으로 말하면 다른 사람의 의견을 듣기 위해 회의에 가는 것이다.

(4) 소수 의견이나 반대 의견에 귀를 기울인다.

내 주장을 고집하지 않는다는 것은 바꾸어 말하면 남의 의견을 듣는다는 의미이다. 특히 일부 소수 의견이나 반대 의견이 있는 경우에는 그런 의견에도 귀를 기울일 줄 알아야 한다.

다수결 원칙론만을 내세워 소수 의견을 무시하는 것은 결코 바람직하지 못하다.

(5) 질문을 꺼리지 않는 다

우리나라 사람들은 일반적으로 질문을 싫어한다. 그러나 이는 큰 잘못이다.

질문이란 다른 각도에서 본 의문에 대한 표현이므로 오히려 적극적으로 표명하는 자세가 필요하다. 또한 활발한 질문은 내용을 깊이 파헤치는 데에도 도움이 된다. 어쩐지 이해가 잘 되지 않는 면을 뜻밖의 관점에서 풀어주는 역할도 한다. 따라서 질문을 적극적으로 유도할 수 있도록 노력해야 한다.

다만 반대를 위한 질문을 계속하는 것도 또한 같은 질문을 계속 반복하는 것도 규칙 위반이다.

(6) 결론을 존중 한다

회의가 진행되는 동안에 이루어지는 활발한 질문은 바람직한 결론을 얻기 위한 과정이다. 따라서 뜨거운 논쟁은 오히려 당연하다. 그만큼 내용을 진지하게 검토하고 있다는 증거이기도 한 것이다.

그러나 일단 한 가지 결론이 나오게 되면 모두 그 결론에 따라야 한다. 그 점이 분명하지 않으면 단지 의견을 주고받는 데 그칠 뿐 회의의 목적은 오간 데가 없어진다.

참가자 전원이 우선 그 점을 분명하게 인식해야 한다.

의사법(議事法)의 의의

1. 의사법은 회의의 룰이다.

의사법이라는 말은 일반에게 생소할지 모른다. 어감(語感)만을 생각하면, 아주 어려운 회의의 법률 같은 인상을 받는데 이것은 회의의 규칙을 상세하게 규정한 하나의 룰이다.

의사법이라는 것은 의회는 물론이고 주주 총회라든지 대의원 대회 경우처럼 회칙이니 의사 운영 규정이니 하는 일정한 규칙에 따라서 운영·진행되는 이른바, 의회식 회의(議會式會議)에 있어서도 이 의사법이 바탕이 되고 있는 것이다. 이것은 넓은 의미로 해석할 경우에는 여러 가지 의사 규칙이라는 것이 포함되는데 이 경우 의사법이라는 것은 로버트 씨가 만든 회의 운영 규칙과 동의어이다.

국제적인 조직인 청년 회의소나 라이온스 클럽 등에서 이것을 채용하고 있는데, 이 의사법은 매우 상세한 규정으로 되어 있어 일반적으로 얼른 이해하기 어려운 점도 있으나 이것이 국제적인 회의의 룰로 널리 활용되고 있으므로 국제적인 유대를 갖는 각종 단체로서는 널리 이용되는 의사 규칙이다. 국제화 시대에 있어 로버트 씨의 〈의사 운영 규칙〉이라는 것이 통상 '의사법'이라고까지 불리어지고 있는 점으로 보아 얼마나 중요하며 그 필요성이 많은지 충분히 상상된다.

〈일반적인 회의와 의회 식 회의의 비교〉

	일반적인 회의의 리더	의회식 회의의 의장
① 목적	공통된 문제에 대하여 참회자의 의견이나 생각을 통합해서 가장 좋은 결론을 짓는다	미리 정해진 진행 계획에 따라 결론·결정을 표결에 의하여 승인받는다.
② 효과적으로 통제할 수 있는 참가자 수	비교적 소수, 10명 내외가 가장 이상적이다.	비교적 다수, 제한이 없다.
③ 방법	훌륭한 회의 지도 기술에 의하여 자유 토의를 행한다.	의사 운영 규정에 따른다.
④ 책임	참가자의 사고를 촉진하고 그룹의 창의성을 존중한다.	절차를 지켜 의사를 순서 있게 진행시킨다. 주로 설명을 한다.
⑤ 필요한 능력	그룹의사고를 촉진시키고 토의를 이끌고 결론을 요약하는 따위	의사 운영 규정에 정통할 것.
⑥ 동의(同意)를 얻는 방법	마음껏 토의케 하여 그룹 전체의 승인을 얻는다. 결코 표결을 하는 일은 있을 수 없다.	거수(擧手)·투표 따위를 요구하여 그 다수(多數) 쪽을 채택한다.
⑦ 결론	그룹의 토의를 분석하여 그것을 종합 정리해서 낸다.	기록원(서기)이 기록을 정리해서 낸다.

2. 의사법을 알아두는 것은 현대인의 상식이다

오늘날 의사법이라는 것이 그 범위에서 볼 때 다방면의 크고 작은 각종 단체가 채용하여 보편화되어 있다. 이와 같이 어떠한 종류의 회의든 간에 이 의사법의 규칙에 본을 삼아 회의를 진행하지 않으면 진행도 잘 안 되고 효과적인 회의를 기대할 수 없다 해도 과언이 아니다.

그리고 오늘날 국제회의도 자주 개최되고 있어 이 의사법을 잘 이해하고 있지 못하면 그 국제회의에 출석하는 의미도 감소된다. 아무리 외국어가 능숙하고 이해력이 뛰어나다 해도 거기에 출석한 회의의 의사(議事)가 어떻게 진행되며 어떻게 전개되는가, 어떻게 결론에 도달하는가의 그 경과를 모르면 아무리 회의에 참가했다 하더라도 다만 회의의 진행을 지켜볼 뿐으로 발언조차 하지 못하는 현실에 부딪치게 되기 쉽다.

국제화를 맞이한 오늘에 있어 이제부터 현대인은 의사법을 이해하고 의사법의 룰에 정통하여 어떠한 국제회의에 있어서도 대등하게 국제적인 입장에서 회의에 참석, 회의를 진행시키는 데까지 교양을 쌓는 것이 바람직하다. 국제회의라고 하는 구태여 큰 무대를 생각할 것도 없다. 우리들은 일상 경험하는 바, 크고 작은 갖가지 회의나 여러 종류의 회의에 출석하는 경우에도 똑같이 해당되는 것이다.

오로지 회원이라는 이유에서 의무적으로 출석하고 있는 것과 회의의 룰에 정통하고 자기가 듯한 것, 생각하고 있는 것을 회의의 룰에 따라 효과적으로 발언하는 것과는 큰 차이가 있다.

3. 의사의 운영 규칙을 체계화한 사람

의사(議事)의 운영 규칙을 체계적으로 처음 저술한 사람은 헨리 M. 로버트로서 1837년 미국 사우스캐롤라이나 주에서 탄생, 1923년 뉴욕에서 사망했다. 말년에 그는 미국 육군사관학교를 졸업한 후 모교에서 조교수로 교편을 잡았었다.

그런데 로버트 씨의 이 《Robert of rule order》는 초판에 이어 그 후 몇 회 개정판이 나왔다. 그가 쓴 이 《의사 운영 규칙》은 현재 각종 단체·의회 등에서 채택되고 있다.

원래 이러한 범주에 속하는 저작물은 여러 방면에 영향을 미치나 그것이 오랫동안 영향을 미치는 일은 극히 드문 일이다. 이런 점에서 보아 로버트 씨가 저술한 의사 규칙이 100여 년이 지난 오늘에 있어서도 회의의 분야에 있어서는 커다란 영향을 미치고 있다는 것은 놀라운 일이다. 후술하겠지만 로버트 씨의 《의사 운영 규칙》의 불후(不候)의 원칙은 '다수가 결정짓는 권리'이나, '소수가 존중되며 또한 이에 따르는 권리'이다. 또, '개인이 또는 부재자(不在者)가 보호되는 권리'이다. 이러한 사상이 로버트 씨의 《의사 운영 규칙》중에 면면히 흐르고 있다. 이것이 바로 오랫동안 보급되고 계속되어온 원인이라 말할 수 있다.

어떠한 공동체에 있어서도 개인이 바라고 있는 상황이 전체의 이익과 일치하여 양립하기란 매우 어려운 것이다. 그러한 경우에 만약 룰이라는 것이 없어 모든 사람이 자기가 하는 것이 제일 올바르다 생각하고 자기 생각대로 행동한다면 거기에는 진정한 자유라는 것은 존재하지 못할 것이다. 역시 거기에는 룰이 존재해야 한다. 회의의 경우에도 이와 같다. 회의의 장소에서도 회의가 원만하게 유효히 진행되려면 하나의 룰이 필요하다. 이 룰을 처음으로 손댄 것이 로버트라는 인물이다. 그리고 '개인'의 존중을 가장 기본으로 생각한 것이야말로 이 의사 운영 규칙의 훌륭한 점이라고 말할 수 있다.

의사법의 기본 원칙

1. 의사법의 기본 원칙

의사법에 있어서는 우선 다음과 같은 네 가지 권리가 지켜져야 한다.
① 다수자의 권리
② 소수자의 권리
③ 개인의 권리
④ 부재자의 권리

(1) 다수자의 권리

다수결이 존중되어 있는 바와 같이 대개의 경우 과거에 우리들은 다수의 결정이라는 것에 따라야 했다. 또한 그것이 가장 민주적인 방법이라고 믿어왔다.

확실히 다수의 의견은 존중되어야 하고 그것이 의회제 민주주의의 근본이념이라는 것은 누구나가 인식하고 있는 것이다. 그런 만큼 다수자의 권리가 존중되게끔 되었다. 그렇다 해도 소수자를 전혀 무시해도 상관없다는 것은 아니다. 다수자의 존재 이면에는 항상 소수자도 존중을 제창한 것이 소수자의 권리이다.

(2) 소수자의 권리

소수자의 의견도 존중해야 한다고 흔히 말하는데 실제에 있어선 그대로 되지 않는 것이 상례이다. 그러나 회의에 있어서는 특히 이 소수자의 존재를 무시할 수는 없다.

즉 우리들의 보통 감각에서 생각할 경우, 다수라는 것은 예를 들면 100명의 경우 70명, 80명이라는 인원수를 지칭하며, 소수라고 하면 100명 중 5명이라든가 6명이라든가의 인원수를 지칭하는 수가 많다. 그러나 엄격하게 생각한다면 최소한의 다수는 100명 중 51명이고, 최대한의 소수는 100명 중 49명이다. 그 차이는 겨우 2명으로, 어떤 약간의 의지가 작용하면 언제 소수 의견이 다수 의견으로 바뀔지 모르며 다수 의견이 소수 의견으로 돌변할지도 모르는 것이다. 이러한 예로 보아 다수와 소수의 권리의 접촉점이 미묘하다는 것을 알 수 있다. 그러한 뜻에서 소수의 권리도 충분히 존중되어야 한다.

(3) 개인의 권리

회의에 있어 개인의 권리를 공개 석상에서, 특히 개인을 비방하는 등의 언동은 삼가야 한다.(회의 공개의 원칙과도 관련된 문제인데…….)

흔히, 회의석상에서 기회라 생각하고 어느 특정한 개인의 이름을 들어 비방·모략하는 사람이 있는데 이것은 보기에도 흉할 뿐만 아니라 회의의 룰에도 위배되는 것이다. 더구나 회의석상에 없는 사람을 비방하는 행위는 비신사적인 거동이다.

(4) 부재자의 권리

그리고 회의에 참가하지 못한 사정 때문에 그 권리가 상실되어서는 안 된다는 것이 이른바 부재자의 권리이다. 일정한 기일과 시간을 정해 개최되는 회의에는 반드시 모든 사람이 출석할 수도 없다. 그러므로 부재자의 권리도 존중되어야 한다.

2. 의사법은 결코 어려운 것이 아니다

첫 머리에서 의사법은 매우 어렵고 까다로운 회의 규칙이라고 말했기 때문에 부담을 갖는 사람이 있는데 이것은 당치 않은 기우(杞憂)로써, 실제 우리들의 일상생활과 밀접한 관계를 갖고 있는 것이 많다. 의사법이라는 것을 어떤 특수한 회의 운영법이라 생각하고 그 고정 관념에서 벗어나지 못하는 사람은 간혹 다음과 같은 말을 한다.

"오늘의 회의는 의사법적 룰에 얽매이지 말고 자유롭게 진행하고 싶다."

이러한 사고방식은 참으로 어리석인 것이다.

왜냐하면 어떠한 회의에 있어서도 정족수라는 것이 문제시되고 어떤 사항을 결정하는 데는 과반수라는 다수결의 원리에 따라 의장이 존재하며 부의장·서기가 존재하고 있다는 사실이 있기 때문이다. 이와 같이 우리들이 개념적으로 생각하고 있거나 또는 이미 존재하고 있는 룰이라는 것은 모두 의사법 중에 포함되어 있는 사항이기 때문이다. 즉 우리들이 의식하든 못 하든 간에 크나 작으나 실제로 의사법적 사고방식에 의해 회의를 운영하고 있기 때문이다. 그러므로 의사법을 도외시하고 회의를 진행한다는 것은 실제로 불가능하며 또한 어리석은 것이라 말할 수 있다.

이렇게 생각해보면 의사법이라는 것은 그다지 어려운 것이 아님을 알 수 있을 것이다. 그런데 처음부터 너무 현실에만 구애된 의사법에 따라 회의를 진행하려 들면 회의 참가자로부터 거부 반응이 일어나기 쉽다. 이른바 알레르기 현상인 것이다. 그러므로 의사법을 이해하는 데에는 서로 흉금을 털어놓고 오직 상식적으로 이것을 다루어나가는 것이 좋다. 또 그렇게 함으로써 의사법을 이해할 수가 있고 그 운영에 관해서 저항을 제거 할 수가 있다. 사실 그다지 형식을 취하지 않는 일반 회의에서는 의사법에 따른 어려운 용어나 규칙·수법 등은 구태여 사용하지 않는 것이 좋다. 예를 들면 '동의(動議)의 제출'이 그것이다. 보통 회의에서는 '동의'라는 용어는 쓰지 않는다. 그러나 국회라든가 큰 단체의 회의에서는 이것이 당연한 것으로 쓰여 지고 있다.

여하튼 낯설은 용어가 자주 나오기는 하지만 이 의사법에 담겨진 의사 규칙을 이해하는 데는 이 의사법에 내포된 기본 이념을 우선 이해할 필요가 있다. 그것을 이해할 수 있으면 간혹 일어나기 쉬운 알레르기라는 것도 해소시킬 수 있는 것이다. 사회생활을 해나가는 데 있어 무엇이든 어렵게만 생각하는 사람이 간혹 있으나, 의사법이라는 것은 그렇게 어려운 것이 아니라는 점을 우선 이해하고 차근차근 검토해보는 것이 중요하다.

3. 의사법에 의한 회의와 일반 회의의 차이

일반 회의에 있어서도 이 의사법의 룰이 많이 이용되고 있는 현실에서 판단하면, 새삼스레 의사법과 일반 회의라는 항목을 따로 잡아 설명할 필요는 없지만 이것을 정리해보는 뜻에서 보통의 회의와 의사법과의 사소한 차이에 대하여 언급해보려 한다. 그렇게 함으로써 의사법 운영에 대하여 한층 이해가 깊어지리라 생각된다.

앞에서 말한 바와 같이 의사법에 있어서는 '동의'라는 말이 쓰여 진다. 그리고 그 동의는 대개의 경우 한 사람 이상의 찬성 지지를 얻지 않으면 안 되게 되어 있다. 또 의사법에서 의사 리스트라는 것이 있다. 이 중에는 회의 중에 일어날 수 있는 여러 가지 동의 등에 대한 취급 방법이 적혀 있어 회의 주최자는 이것을 참고하면서 진행하게 된다. 발언에 관해서도 일정한 규칙이 있고 그 규칙에 따라 발언을 해야 한다. 다만 동의라고 하면 많은 사람이 이것을 의견과 혼동하는 경우가 흔히 있다. 동의는 어디까지나 이리저리 하자는 식으로 어떤 행동을 취할 것을 다른 회원에게 권유하는 것이므로 의견과 다른 점을 잘 이해하여야 한다.

의사법은 매우 효율적인 회의를 목적으로 하는 것이기 때문에 회의 참가자가 그 의제에 대하여 동등한 지식을 갖고 있어야 한다. 회의 참가자 모두 같은 수준에 있음이 전제 조건이다. 요컨대 룰이라는 것은 전부 암기할 필요가 없는 것으로 그 개념만 이해하면 된다. 우리들이 생활하고 있는 이 사회에서 자신들이 모든 법률에 정통하고 있는 것이 아니다. 자동차를 예로 들어보아도 이러한 경우에는 이렇게 하면 된다는 기초석인 개념만 이해할 수 있으면 자동차는 운선할 수 있다. 의사법도 그런 것으로 그 기초적인 지식만 알고 있으면 별다른 불편을 느끼지 않는다.

의사법에 의한 발언과 동의

1. 발언의 요령

발언은 반드시 의장의 허가를 얻어서 해야 한다. 보통의 경우 발언하고 싶은 회의원은 기립하여 의장에게 "의장!"이라고 소리친다. 의장은 특별한 지장이 없는 한 이 발언 희망자에게 "○선생, 발언해주십시오."라고 발언을 허가한다.

발언권을 얻은 자는 기립하여 비로소 자기의 발언을 할 수 있게 된다. 회장이 넓고 의장이나 회의 참가자가 각 회의원의 성명을 모를 때에는 자기 이름을 밝히는 것이 좋다. 또한 의장은 그 발언자의 성명을 되풀이하여 승인하고 발언권을 주어야 한다. 회의원이 서로 성명을 다 알고 있는 회의에서는 일부러 자기 이름을 밝힐 필요가 없다. 의장도 머리를 약간 숙여 신호를 하는 정도로 하면 된다. 만일 발언권이 주어지지 않았는데도 기립하거나 발언을 하거나 할 때, 다른 누군가가 발언을 정식으로 요구했을 때는 설혹 나중에 요구했다 해도 그 사람에게 발언권이 주어진다.

앞서의 발언자가 발언을 끝낸 다음 그 직후에 발언을 요구한 자가 발언권을 얻게 되는 것은 상식적인 문제인데, 앞서의 발언자가 아직 발언이 끝나지도 않았는데 손을 들거나 일어서거나 하는 것은 예의에 벗어나는 것으로 다음의 발언권을 주지 않아도 상관없다. 또한, 한 사람 이상의 사람이 정당한 발언권을 요구했을 경우는 다음과 같은 규칙이 적용된다. 두 사람의 발언 요구자 중 이미 한편이 발언한 경우에는 발언하지 않은 자에게 우선권이 있으며 찬성 의견이 계속되고 있을 때는 반대 의견을 진술하려는 자에게 우선권이 있다.

어떤 한 가지 의제에 관하여 전회(前回)에 이미 발언을 한 자는 이제까지 전혀 발언이 없었던 자에게 우선권을 주게 마련이다. 요컨대 대개의 경우 발언이 없던 자에게 그 우선권이 있는 것이다. 또한, 전원이 발언이 끝날 때까지 두 번째의 발언을 행하지 못하도록 규정되어 있다. 특히 발언에 있어 주의할 점은 타인의 발언 중 의장의 허가도 없는데 멋대로 발언하는 자가 매우 많다는 것이다. 이것은 단지 회의의 진행을 지연시킬뿐더러 이제까지 진행하여 마무리 지으려는 의제를 다시 처음부터 심의 정리해야 하는 결과도 초래하기 쉽다.

설혹 회의의 규모가 작고, 상호 잘 아는 사이의 회사 내 회의에 있어서도 발언이 있는 경우는 반드시 의장이나 사회자 등의 발언권을 얻은 다음에 발언하는 습관을 길러야 한다. 또한, 발언 중인 사람은 만일 누구는 발언을 방해하는 자가 있으면 "발언 중!"이라고 말하여 그를 제지할 수 있다.

그러나 의장의 의사 정리(議事整理)의 필요상, 발언을 도중에서 주의시키거나 중지시키는 것은 허용되고 있으며, 또한 그것이 의무이기도 하다.

2. 동의(動議)의 요령

동의란 일반적으로 말하면 '회의에서 예정되고 있던 의안(議案) 이외의 사항을 의제(議題)로 하기 위해, 의원 또는 위원으로부터 제출되는 발의(發議)'라 말할 수 있으며, 한편 이것을 달리 정의하면 '회의에 있어 하나의 목적을 부여하는 제안(提案)'이라고 말할 수 있다. 어떠한 종류의 회의를 하고 있는 경우에서나 그 회의의 목적이 없는 것은 없다. 목적이 없으면 그 회의는 진행될 리 없다. 그 목적을 명확히 하는 것이 동의이다.

회의가 시작되고부터 끝날 때까지의 사이에는 여러 가지 동의가 제출된다. 의장이 아무리 솜씨 있는 명 의장(名議長)이더라도 회의원이 적당한 동의를 내놓지 않는다면 회의의 진행은 정지되어버린다. 회의는 동의로써 움직인다고 하여도 과언이 아닐 것이다. 의사법에 있어서는 이 동의를 어떻게 교묘하게 구사하느냐가 중요한 요소로 되어 있다. 회의의 목적을 부여하며, 어떤 때에는 동의는 회의의 교통정리의 구실을 완수하며 개인이나 부재자 또는 다수자의 권리를 보호하는 역할을 하는 수가 있다. 또 회의 자체를 보호하는 역할을 지니는 경우도 있다.

의사법에 있어서는 다수결에 의해 모든 사항이 결정되는데 소수자가 그 권리를 수호하기 위해 토의되고 있는 문제를 일시 보류하거나 위원회에 회부함으로써 시간을 끌기 위한 동의를 제출하는 수가 있다. 그 결과, 때에 따라서는 소수자였던 자가 그러한 동의에 의해 언제 다수자로 바뀔 수 있을지 모른다. 또한 동의라는 것은 잡다한 의견 중에서 하나의 방향을 명시하는 것으로서, 이러저러한 행동을 취할 것을 스스로 생각해내 다른 사람에게 그것에 따르도록 권유하는 의지의 동작을 말한다.

여러 번 되풀이하는 바이나 어떠한 경우에 있어서나 반드시 긍정 형으로 해야 한다는 점이다. 그렇지 않으면 즉 부정형의 동의는 찬성자와 반대자에게 쓸데없는 오해와 혼란을 가져오게 되기 때문에 이를 막는다는 의미에서 극히 중요하다.

예컨대, "내일 회의를 하자."는 내용의 동의라면 찬성이나 반대를 뚜렷이 구분할 수 있지만 "내일 회의를 열지 않기를 동의합니다."라고 부정형으로 동의를 내면 이 동의에 반대한다는 것은 내일 회의를 여는 것에 찬성한다는 결과가 되어 뭔가 오해될 우려가 있기 때문이다. 또, "A회사와의 계약은 응하지 말자."와 같은 부정형이 내포된 동의보다는 "A회사와의 계약은 폐기하기로 하자."라고 긍정 형으로 동의해야 한다. 상식적으로 특별히 정해진 회의 규칙이 그 회의에 없는 경우는 동의의 취소·동의의 분할·의사 진행·심의의 반대 및 보충·자료의 제시 요구·사람의 추천·긴급 질문·의사 진행 등의 동의는 찬성 지지를 필요로 하지 않는다.

그리고 흔히 오해를 가져오기 쉬운 것으로 동의가 나오고 거기에 새로운 동의 찬성 지지가 있으면 그 동의 사항이 결정된 것이라 생각하는 수가 있는데 이것은 결정된 것이 아니라 동의가 의제로서 성립된 것뿐으로 토의 후 가결되어야 한다는 점을 잘 알아두어야 한다.

3. 동의와 의견을 혼동하면 안 된다

의사법에 익숙하지 못한 사람이 범하는 과오 중에 동의와 의견의 혼동이 있다. 예컨대 어느 주제에 대하여 또는 토의가 시작되지도 않았는데 처음부터 동의를 내는 경우이다.

천 원의 회비를 2백 원 인상하는 의제를 예로 들어보기로 한다. 그 토의 대상은 2백 원의 인상안으로 그 경우 우선 첫째 "나는 천 원의 회비를 1천 2백 원으로 인상할 것을 동의합니다."라는 식으로 제안하는 것이다. 이것은 결코 잘못된 것이 아니다. 그러나 천 원의 회비를 2백 원 인상한다는 주제가 이미 정해져 있는 것이므로, 오히려 그 경우에는 그 문제에 초점을 맞추어 "나는 2백 원 인상하는 것에 반대입니다. 오히려 5백 원으로 인상하는 것이 좋다고 생각합니다."라고 말해야 할 것이다. 2백 원 인상하느냐, 인상하지 않느냐에 관한 주제를 중심으로 우선 의견을 교환해야 한다. 그 결과 인상하느냐, 또는 인상하지 않느냐가 결정되는 것이다.

즉 이 회의의 주제는 1천 원에서 2백 원을 인상하느냐, 안 하느냐에 토론의 대상이 있음을 잊어서는 안 된다. 토론의 결과, 인상하는 데 대하여 전원이 이것을 필요로 했다고 하자. 그러나 2백 원의 인상으로는 불충분한 경우, 또 전원이 그렇게 생각한 경우, 여기에 비로소 어느 제안자에 의해 5백 원이라는 인상을 위해 수정 동의가 제안되는 것이다. 맨 처음에 "나는 1천 원을 1천 5백 원에 할 것을 동의합니다."라고 하는 것이 아니고, 우선 2백 원 인상안에 대한 토의가 끝나거나 또는 끝나기에 앞서 비로소 수정이라는 형식으로 제안되는 것이다. 그러므로 2백 원 인상안의 토의가 끝나기도 전에 5백 원 인상안을 제안하는 것은 이상과 같은 뜻에서 바람직하지 못하다.

한편, 이 2백 원 인상안이 부결되었다고 하자. 그 부결된 이유에는 여러 가지 이유가 있다고 생각하나, 그러한 이유에는 인상할 필요가 없다는 경우와 2백 원으로 부족하다, 더 올려야 한다는 경우가 생각된다. 주제라는 것이 부결되었다는 것은 그 회의에 있어서 목적을 상실한 것과 다름없다. 그러나 이 경우에도 만약 전체의 분위기가 인상하는 방향으로 향해 있다면 새로운 동의로써 즉 수정 동의가 아니라 원동의(原動議 또는 主動議)로써 "2백 원보다 5백 원 인상한다."는 동의를 제안하여야 한다.

4. 의사법에 따른 동의의 분류

동의를 크게 분류하면 네 가지가 있는데
① 원 동의
② 보조 동의
③ 부대 동의
④ 우선 동의
가 그것이다.
그래서 이 네 가지 동의에 대하여 간단히 설명하기로 한다.

(1) 원 동의

본 동의는 어떤 문제를 제출하는 가장 근본이 되는 동의이므로, 이것을 원 동의 또는 주 동의라고도 하며, 또는 원안(原案)이라고도 한다. 그리고 이 원안에 대한 심의가 행하여지고 있는 동안에 형편에 따라서 보조 동의, 임시 동의, 우선 동의, 또는 특권 동의의 각 동의가 나오곤 하는 것이다.

(2) 보조 동의(補助動議)

보조 동의는 어떤 '원 동의'가 이미 상정되어 있을 때는 그 동의에 관해서 수정이라든지 특별한 조처를 요구하여 그 동의를 목적대로 능률적으로 처리하기 위하여 제출되는 동의이다. 비록 보조란 이름은 붙어 있으나 관련되는 '원 동의'보다 우선적으로 처리하게 되어 있다.

(3) 임시 동의 또는 부대동의(附帶動議)

임시 동의는 의제의 순서와 절차에 관한 것으로서 회의 중 다른 동의가 존재하고 있을 때에 우연히 일어난 사항에서 발생하는 동의를 말한다. 이 임시 동의에 속하는 여러 동의들 사이에는 보조 동의에 있어서와 같은 우선순위는 없다. 그리고 우선 동의를 제외한 다른 모든 동의보다 순위가 위이므로 이 동의가 제출되었을 때는 그것이 처리된 뒤가 아니면 다른 의제를 진행시키기 못한다.

(4) 우선 동의(優先動議)

이 동의는 특권 동의(特權動議)라고도 하며 회의원의 권리와 특권에 관한 동의를 말하는 것으로서, 이것은 다른 동의에 구애됨이 없이 독립적으로 제출할 수 있다. 이 우선 동의는 일반적으로 의사 진행에 관한 동의가 가장 많으며 의사 규칙에 위반되고 있는 것을 지적하는 동의라든가 특별히 긴급을 요하는 의제를 제안할 경우 등에 제안되는 동의이다.

보통 의사법에 있어서 이 네 가지로 분류된 동의가 상관관계를 가지면서 하나의 주제가 토의되는 것이다. 그런데 자기의 의사가 통하지 않는다고 해서 이 각종 동의를 난발하는 것은 삼가야 한다. 즉 회의 정리사항에 도움이 될 수 있는 건설적인 방향을 향해 이들 동의가 적시에 제출되는 것이 바람직하다. 그리고 동의는 대개의 경우 동의·찬성·지지를 필요로 하는 것이지만 그 중에는 이것을 필요로 하지 않는 동의도 있다.

동의에 관한 장을 따로 설정하여 자세히 언급하겠지만, 우선주요 동의는 4종류가 있다는 것을 잘 이해하고, 또 그 각기의 동의 내용이나 사용법을 잘 알아두어 실제 회의에 있어서 유효하게 구사할 수 있어야 한다. 그렇게 함으로써 회의는 원만히 진행되며 공연한 낭비 없이 진행할 수가 있는 것이다.

(5) 동의를 제출하기 위한 최저 조건

동의라는 것이 제출되면 대개의 경우는 그 동의에 대한 찬성 지지자가 1명 이상 필요하다. 이것은 단지 2명만 흥미나 관심이 있는 문제에 대하여 회의 전체가 이끌려 혼란을 가져오거나 회의 진행이 지연되는 것을 방지하기 위하여 고려된 것이다. 그러므로 동의 제출자와 그 동의에 대하여 찬성 지지자가 필요한 것으로서 그 동의가 찬성 지지를 얻게 되면 비로소 회의에서 다루게 되는 것이다.

우선 의장은 그 발언자에 발언권을 준다. 발언자는 나는 "○○와 같은 것을 동의합니다."라고 한다. 반드시 "……동의합니다."라는 말이 필요 하다.

의장은 이것을 받아 "지금 ○○과 같은 동의의 제출이 있었습니다."라고 반드시 복창하고, 다음에 "그러면, 이 동의에 찬성·지지하는 분이 계십니까?"라고 회의 참가자 전체에 물어본다. 흔히, 이 찬성·지지라고 하는데, 국제회의 등에 있어서는 세컨드(second)라고 부르고 있다. 우리말로 했을 경우에는 "이 동의에 찬성하는 분이 있습니까?" 또는, "이 동의를 지지하는 분이 있습니까?"라고 하면 좋다. 그래서 의장이 그 동의에 대하여 찬성·지지를 회의 참가자에게 구하는 것으로 그 결과 그 회의 참가자의 어느 한 사람이 손을 들어 "나는 지지합니다."

또는 "본인은 찬성·지지합니다."라고 했다고 하자. 그렇게 되면 그 동의는 비로소 성립된다.

그런데 의장이 회의 참가자에게 질문을 했는데도 동의에 대하여 아무도 찬성·지지자가 없었다고 하면 이 경우에 그 동의는 즉시 취소된다. 즉 성립되지 않은 것이다.

동의를 제출하는 데 대하여 유의할 점은 반드시 동의는 긍정 형으로 해야 한다는 것이다. 이것은 오해와 쓸데없는 혼란을 막는다는 의미에서 극히 중요한 일이다. 왜냐하면 가령 "내일 회의를 하자."는 내용의 동의라면 찬성도 반대도 뚜렷이 구분할 수 있지만, "내일 회의를 하지 말자."는 내용의 동의를 제출할 때 "내일 회의를 열지 않기를 동의합니다."처럼 부정형으로 동의를 내면 이 동의에 반대한다는 것은 내일 회의를 여는 것에 찬성한다는 결과가 되어 뭔지 오해될 우려가 있기 때문이다. 따라서 그런 내용의 동의를 내고 싶으면 "내일의 회의는 휴회로 할 것을 동의합니다."라는 식으로 긍정형인 용어를 골라 써야 한다.

(6) 수정 동의의 제안 법

수정 동의라는 것은 원 동의 즉 주 동의에 대한 수정을 말한다. 대개의 경우 원 동의의 경우와 마찬가지로 찬성·지지가 필요하다.

수정을 할 경우에는 반드시 그 원 동의가 토론 중이어야 한다. 그리고 수정 동의를 제출하는 경우, 그 원 동의가 근본적으로 바꾸어지는 수정은 할 수 없다는 것을 분명히 알아두어야 한다. 왜냐하면 수정이라는 말을 빌려 그 원 동의는 아주 바꾸어지는 것이 되므로 원 동의를 부결하고 새로운 동의를 내도록 하여야 한다. 어디까지나 원 동의의 취지가 남아 있어야 하며 수정 동의는 어디까지나 수정 동의이며 원 동의가 아니라는 것을 인식할 필요가 있다.

또한, 수정의 방법으로서는 일부를 제거하는 경우와 일부를 추가하는 경우라든가 또는 일부를 바꾸는 경우라든가 등의 형태로 수정되는 것이 일반적인 예이다. 또, 수정 동의는 무한히 제출되는 것이 아니고 두 번까지 즉 재수정(再修正)까지이며 그 이상은 할 수 없다. 그 이유는 재재수정(再再修正) 즉 제3차 수정 및 제4차 수정으로 계속 되어 가면 끝이 없기 때문이다.

앞서 말한 일부 제거라는 수정 동의의 경우는 다음과 같이 된다. 원 동의, 즉 의제가 "11월 9일, A유원지에서 운동회와 오락회를 개최한다."라는 것이라고 하자. 그것을, "11월 9일 A유원지에서 운동회를 개최한다."와 같이 일부 제기 수정을 하는 것이다. 일부 추가의 경우는 "11월 9일, A유원지에서 운농회와 오락회와 간부회를 개죄한다."라는 식이 된다. 일부를 바꾸는 경우는 "11월 10일, A유원지에서 운동회와 오락회를 개최한다."라는 형식이 된다.

이 예에서도 알 수 있듯이 어느 수정 동의도 원 동의의 취지에 하등의 변함이 없다. 원 동의의 취지라 하면 11월의 어느 날에 A유원지에서 운동회 등을 개최하는 것이다. 그러므로 이 원 동의에 대한 수정 동의는 개최일이 변경이라든가 행사 내용에 관한 약간의 변경 뿐으로서 원 동의의 취지 그 자체가 모두 뒤바뀌는 것과 같은 수정동의—예컨대, "12월 4일, 강당에서 음악회를 개최하고 싶다."—와 같은 것은 절대로 제출될 수 없다는 것이다.

(7) 회의에 어울리는 표결 방법

의제에 대하여 토론이 끝나면 마지막으로 그것을 표결에 붙이게 되는데, 표결(또는 채결)이란 새삼스러이 말할 필요도 없겠지만 '회의원이 의제에 대하여 찬성과 반대의 의사를 표시하고 그 수효를 집계하여 가부를 결정함'이다. 바꾸어 말하면 표결이란 회의의 전체 의사를 결정하는 유일한 방법이며 절차이다.

표결의 방법에는 보통 다음과 같은 다섯 가지 방법이 있다. 즉
① 묵락(默諾)에 의한 방법(만장일치의 법칙), ② 발성에 의한 방법, ③ 거수 또는 기립에 의한 방법, ④ 점호(點呼)에 의한 방법, ⑤ 투표에 의한 방법 등 이다.

① 묵락(默諾)에 의한 표결

이것은 중요한 문제를 표결할 때엔 쓰이지 않지만 지극히 당연한 일에 관한 동의가 나왔을 경우, 그리고 의사록(회의록)의 승인이라든지, 대다수의 회의원이 찬성하리라고 생각되는 경우의 동의가 나왔을 경우엔 의장은 일일이 시간을 들여서 질문·토론·표결이란 등의 복잡한 절차를 밟지 않고 표결할 때 사용된다. 그런데 만일 한 사람이라도 이의(異議)가 나오면 동의는 일반적인 절차를 밟아서 정식으로 표결되어야 한다.

② 발성에 의한 표결

이것은 어떤 동의가 표결에 붙여질 단계에 이르렀을 때 의장은 "이 동의에 찬성하시는 분은 찬성(또는 예) 하고 외쳐주십시오." 또는 "이 동의에 찬성하시는 분은 박수를 쳐주십시오."라고 말하고서 이의 유무를 확인하는 표결 방법이다.

③ 거수 또는 기립에 의한 표결

이것도 앞에서 말한, 묵락에 의한 표결과 발성에 의한 표결 방법보다 정확하다. 의장은 "이 동의에 찬성하시는 분은 오른손을 들어보십시오." 또는 "이 동의에 찬성하시는 분은 기립해주십시오."라는 식으로 말하고 서기에게 그 수를 세게 한 다음, 이어서 "이 동의에 반대하시는 분은……."라고 하여 반대쪽의 수도 조사해서 그로써 결정을 내리는 방법이다.

④ 점호에 의한 표결

이것은 서기가 회의원의 이름을 명부에 따라 차례로 부르면 회의원은 자기가 호명 당하였을 때 찬성인지 반대인지 기권인지를 한 마디로 답한다. 회의 원 한 사람 한 사람의 찬부를 기록하고 싶을 때에 이 방법을 쓴다.

⑤ 투표에 의한 표결

이에는 무기명 투표와 기명 투표가 있다. 무기명 투표는 비밀을 지킬 수 있다는 점이 장점이며 기명 투표는 가부의 표결을 기록해 남겨 그 책임을 명백히 할 필요가 있을 경우에 잘 쓰인다. 특히 무기명 투표는 임원 선거를 하는 등의 경우에 있어서 후보자의 이름을 기입한다든가 또는 이름에다가 ○나 ×를 표하는 방식이 쓰여 진다.

(8) 과반수와 3분의 2의 의미

과반수라 함은 반수 이상의 찬성을 말하는 것이다. 정족수에 이르고 있는 회합에서 백지 표 즉 의사를 명확히 표시하지 않은 표를 제외한 반수 이상을 얻으면 좋다는 것이다.

그런데 주의해야 될 것은 과반수라 해도 표결권이 있는 전원의 반분 이상이거나 회의에 출석하여 실제로 표결에 참가한 전부의 반분 이상인가를 확실히 해둘 필요가 있다. 가령 백 명이 표결권을 갖고 있는데 86명이 출석한 경우, 여기서 과반수라는 것은 전자의 경우는 51명이며 후자의 경우는 44명이기 때문이다. 또, 이런 경우도 있다. 100명이 참석한 회의에서 정족수를 과반수라고 하면, 51명의 출석으로 회의는 성립되며 그 출석 인원의 과반수로 표결된다고 하면, 26표로도 될 수 있다. 즉 정족수의 4분의 1표로 결정되는 것이다. 그러므로 규칙을 정한다든가 표결에 앞서 확인해둘 필요가 있다.

3분의 2라는 것은 과반수의 경우와 마찬가지로 백지 표를 제외한 투표의 3분의 2를 말한다. 문제는 회의 참가자의 3분의 2의 표, 또는 그 회의를 구성하고 있는 인원의 총 인원수의 3분의 2와 혼동하면 안 되는 것은 과반수의 경우와 마찬가지이다.

대개의 경우 표결 사항은 과반수에 의해 결정되는데 이전에 한 번 결정된 사항에 관한 것이라든가, 회의에 대하여 어떠한 제한을 가하는 사항이라든가 등의 중요성을 갖는 의제에 대해서는 과반수만의 의지에 따르지 않고 3분의 2라는 많은 사람의 찬성을 구하는 것이 필요하다. 3분의 2라는 것은 한쪽이 다른 쪽의 2배의 표를 얻는다는 것으로 즉 다수의 찬성자가 있지 않으면 가결되지 않는다. 가령, 회(會)의 정관(定款)이라든가 총회에 있어서 규칙의 변경이라든가 특별히 중요한 성격을 갖는 것에 채용되고 있다. 동의 중에도 그러한 표결 방식이 있으며 의사일정을 변경하는 데 따른 표결을 요구하는 동의에는 3분의 2가 적용된다.

대체로 회의에 있어서는 한 번 결정한 사항에 관하여는 자주 변경되어서는 안 되는 것인데, 어쩔 수 없이 변경하지 않을 수 없는 사태가 생기는 경우도 있다. 그러한 경우에는 3분의 2라는 득표에 의해 회의의 타협이 성립되는 것이다.

과반수나 3분의 2나 이른바 다수결의 원리에 바탕을 두는 것인데 그 다수결에 의해 어떤 사항을 결정하는 경우 소홀히 하면 안 되는 것은 소수자의 존중이다. 그 사항이 설혹 다수결로 결정되었다 해도 기타의 소수의결 중에도 귀중한 것이 포함되어 있는 경우가 많기 때문이다.

(9) 의사법(議事法)에 관한 질문과 그 해답

의사법에 관한 강의를 할 때 자주 제기되는 질문이 있다. 그것을 정리하여 해답이라는 형식을 취해 다음에 몇 가지 예를 들어보기로 한다.

질문 1 – 찬성·지지는 1명 이상이라도 상관없는가?

답: 동의가 성립하려면, 찬성·지지하는 사람이 2명 이상 필요하다는 것은 이미 말한 바이다. 1명 이상이므로 이것은 2명이든 3명이든 좋으며 오히려 찬성·지지를 하는 사람이 많을수록 좋은 현상이다. 극단적인 경우, 어느 동의에 대하여 전원이 찬성·지지를 한다면 더 토론할 필요도 없다.

질문 2 – 자기가 제안한 동의를 취소하려면 어떻게 하면 좋은가?

답: 동의를 제안했으나 다시 생각해보니 적당치 않다고 생각되었을 때 동의 제안자는 이것을 취하할 수 있다. 그러나 이것은 어디까지나

그 동의라는 것이 회의에서 다루어지기 이전이어야 하며 만약 그 동의가 성립되었을 때는 회의 전체의 취소를 위한 승인이 필요하다.

질문 3 – 개회 시간이 되었는데 의장이 부재인 경우, 개회를 연장할 것인가 개회할 것인가, 또 개회할 때는 의장은 어떻게 할 것인가?

답 : 의장이 도착하지 않는다, 또는 부재라는 이유로 회의의 개회를 지연시키는 것은 좋지 않다. 부의장이 있으면 부의장이 의장이 되어 개회하면 좋다. 부의장도 없을 경우에는 서기가 이를 맡아야 하며 개회 직후 즉시 임시 의장을 선출하여 회의를 진행시킨다. 그 임시 의장을 선출할 때까지의 역할이 서기의 직무이다.

질문 4 – 표준적인 회의의 순서는 어떻게 되는가?

답 :

① 개회의 선언

② 서기의 임명

③ 출석·결석의 점검(이것은 정족수의 확인을 포함하는 뜻이다.)

④ 전회의 기록의 확인

⑤ 의사록(회의록) 서명자의 지명

⑥ 보고 사항

⑦ 의제의 제출 및 심의(이 경우 전회의 미결사항이 있으면 그것을 먼저 심의한다.)

⑧ 제안 이유의 설명

⑨ 토론 및 표결

⑩ 차회 개최일의 결정

⑪ 폐회 선언

이상 흔히 나오는 질문을 몇 가지 예시해보았는데 역시 동의에 관한 질문이 많다. 그만큼 동의라는 것은 그 취급 방법이 어렵다고 말할 수 있으며 동의에 의해 회의의 진행이 크게 좌우되는 것으로 보아도 납득이 가는 것이다.

5. 회의 기록

(1) 의사록의 목적과 역할

회의 경과와 결론을 기록하는 것이 의사록의 근본 목적이라 할 수 있으며 회의 결론에 의해 실천되어야 할 사항의 증거 자료에 대한 정리가 그 역할이라 하겠다.

아무튼 회의에 대한 기록이라는 의미로만 생각한다면 별로 대단할 것도 없지만 회의의 성질에 따라서 매우 중요한 자료가 되기도 하기 때문에 그리 간단하지만은 않다. 그러므로 경우에 따라서는 기록을 위한 전문가나 테이프 레코더에 의한 완전한 기록을 남기기도 한다. 보편적인 회의의 경우 그렇게까지는 하지 않지만 주최자 측에서 나름대로 담당자를 인선, 기록을 하는 것이 일반적이다.

그렇다면 누구나 그것을 맡을 기회가 있을 것이므로 어느 정도의 기본적인 지식을 가지고 있는 것이 바람직하다.

(2) 의사록 작성의 요령

의사록을 작성하는 데 일정한 양식은 없다. 다만 일반적으로 볼 때 어느 정도 공통적인 요소는 몇 가지 있다. 따라서 그것을 중심으로 살펴보자.

의사록의 체재에서 가장 일반적인 항목은 다음과 같다.

① 회의 명칭
② 회의 개최와 종료일
③ 회의 장소
④ 회의 시간
⑤ 출석자
⑥ 결석자
⑦ 의사 진행
⑧ 경과
⑨ 결론
⑩ 특기 사항
⑪ 주최자

대체로 위와 같은 내용으로 기록을 작성하게 된다. 여기에 회의의 종류나 주최자의 의도에 따라 여러 가지 주문이 따르기도 한다.

아무튼 어떤 형태가 되든 이로써 의사록의 형태는 갖추어진 셈이다.

의사록을 작성하는 데에는 일종의 요령이 있다. 우선 회의 전부를 빠짐없이 기록하는 것은 절대 불가능하다. 또한 그럴 필요도 없을 것이다. 회의를 진행하는 가운데 참으로 필요한 것은 어느 부분 부분에 한정된다.

그리고 결론과 확인 사항이 필요하다. 요컨대 어느 부분의 요점 외에 결론과 확인 사항이 빠뜨릴 수 없는 포인트인 것이다. 그것만 잘 파악하고 있으면 다소 누락 부분이 있더라도 대세에는 큰 영향을 주지 않는다.

그러나 어디가 요점인가를 파악하는 것이 선결 문제이다. 그러나 이는 매우 어려운 작업이다. 여기에는 그 일에 대한 경험이 어느 정도 필요하다. 그러나 구체적으로는 회의 내용에 대한 바른 이해와 흐름에 대한 정확한 파악이 필요한 조건이라 하겠다. 그러한 일련의 흐름 속에서 필요한 키워드를 골라내어 요점을 적어나가면 된다.

의사록의 요점은 그렇다 해도 구체적으로 그것을 기록해가는 경우에는 나름대로 연구와 테크닉이 필요하다.

우선 기록은 가로 쓰기로 한다. 회의에는 숫자, 외국어, 약어, 전문용어 등이 많이 나오는 만큼 가로 쓰기가 적절하다.

다음에는 어느 정도의 스피드가 있어야 진행을 따라갈 수 있으므로 보편적인 방법으로는 무리이다. 그렇다고 속기까지 배울 수는 없으므로 자기 나름대로 연구를 해야 한다. 일단 기록을 한 뒤 정리를 할 때 스스로 판독할 수 있으면 되므로 쓰기 쉽고 알기 쉬운 글자나 표시를 생각하면 된다. 또한 어떤 것과 공통점이 있지만 어느 정도 종합될 수 있는 단어는 자신이 이해할 수 있도록 생략된 단어를 만들면 된다. 참가자의 이름도 마찬가지 방법으로 간략화 한다.

다만 주의해야 하는 것은 고유명사이다. 이것은 정확하게 적어야 하기 때문에 당연히 번거롭다. 분명하게 이해할 수 없는 것은 뒤에 반드시 정확한 명칭을 확인한다.

회의 종료 후에는 기록한 내용을 정리하며 종합해야 한다. 이 작업은 되도록 일찍 하는 것이 바람직하다.

기억이란 시간이 경과함에 따라 점차 희미해지는 것이므로 아직 머릿속에 회의 분위기라든가, 발언의 여운이 남아 있을 때에 정리해야만 정확하게 바로잡을 수 있을 것이다. 또한 많은 시간이 경과된 뒤에 그 기록을 보면 전혀 그 의미를 알 수 없는 경우도 있게 된다. 되도록 빠른 시기에 회의 경과를 더듬어 생각하면서 요점을 파악하고 중요한 사항을 빠뜨리지 않으며 그리고 결론을 분명히 기록해야 한다. 특히 꼭 기록해두어야 할 사항이나 약속 사항은 정확하게 종합해야 한다. 이런 것들만 제대로 이루어지면 기록의 종합으로는 충분하다.

회의 도중의 세밀한 경과나 심의 과정에 대한 묘사 등은 별로 필요가 없다. 요점 주의로 하면 된다.

(3) 의사록의 처리

의사록을 처리하는 경우 기록을 한 사람이 일종의 기록 메모로 간주하여 보존하기도 한다. 이때 회의 리더가 참가자를 대표하여 검열, 그 내용을 확인하고 보존해두는 경우와 회의 서두에서 선임된 의사록 서명인에 의해 검열되고 필요 부분을 정정한 뒤에야 정식 의사록으로 간주하는 경우가 있다. 물론 후자가 신뢰성이 높다.

이는 회의의 종류에 따라 결정된다. 회의는 협의 정도인 것에서부터 격식이 높은 것까지 참으로 여러 가지이다. 따라서 어느 정도 빈번하게 열리는 정례적인 회의와 임시로 열리는 것으로 분류한다. 정례적인 것에 대해서는 의사록의 상태라든가 작성 매뉴얼 같은 것을 사용하여 활용하는 것도 바람직하다. 요컨대 회의에서 소비된 귀중한 시간과 내용을 정확하게 기록한다. 회의 성과를 분명하게 남기는 것이 의사록 처리의 가장 큰 목적이다.

(4) 기록자를 정 한다

기록에 대해 객관성을 부여하기 위한 훈련은 꼭 필요한 사항이다. 그리고 회의에서는 기록자를 분명하게 정해야 한다. 그 기록자는 일정한 기준아래 기록을 해나가게 된다. 여기 어느 그룹이 사용하는 기준을 보자.

① 이야기의 포인트를 파악한다. 속기자가 될 필요는 없다.
② 한 가지 의견에 최저 한 가지 내용은 있을 것이다. 다만 한 가지 발언에 대해서도 반드시 한 가지 내용이 따른다고 한정할 수는 없다.
③ 이야기의 포인트를 그 발언자가 사용하는 말로 메모한다. 발언한 사람의 말을 잘 캐치하면 그내의 분위기와 감정을 기록에 남길 수 있다.
④ 의견과 이견의 차이는 분명하게 해둔다. 마크 등을 연구한다.
⑤ 뒤에 다른 사람이 읽어도 쉽게 알 수 있도록 한다.(구체적으로 주어와 술어를 잊지 않고 숫자나 도해를 활용한다.)
⑥ 지나치게 종합하면 내용을 이해하기가 힘들다.
⑦ 스스로 연구한 약어를 효과적으로 사용한다.
⑧ 특히 많은 공감이나 동의를 얻었다든가 또는 긴장이나 대립을 발생시킨 발언은 누락되지 않도록 주의한다. 특별한 표시를 해둔다. 제공된 아이디어도 잊지 않는다.
⑨ 알아듣기 힘들거나 의미가 분명하지 않은 발언은 그대로 넘기지 않는다. 기록자로서 발언자에게 자유롭게 질문하여 확인한다.

"여기는 이렇게 기록해두면 되겠습니까?" 하는 동의 확인이 중요하다.

⑩ 회의가 끝날 때에는 간결하게 보고한다.

여기서 특히 주의해야 하는 부분은 지나친 종합의 기록이다.

어느 회의에서 항상 같은 사람이 같은 일 때문에 불평을 하는 탓에 담당자가 애를 먹는 경우를 상정해보자. 그 불평은 좀 더 상세히 기록해달라는 것이었다.

기록을 보니 '수요자와 메이커의 견해 차이'라 기록되어 있었다. 그것만으로는 그 자리에 참석했던 사람들밖에 내용을 알 수 없고 참석했던 사람이라도 많은 시간이 지나면 어떤 내용이었는지 상기할 수 없을 것이다. 즉 지나치게 종합하면 내용이 희박해지는 것이다. 적어도 기록의 내용은 문장으로 되어 있어야 한다.

회의 리더가 기록자와는 별도로 칠판이나 벽에 붙인 모조지 등에 확인하고자 하는 사항, 공동 소유했으면 하는 정보를 단지 글자로서만 적지 않고 색채와 함께 공통된 이미지로서 남길 수 있도록 크게 쓰는 것도 효과적이다.

또한 칠판처럼 지워버리는 것보다는 모조지나 보존이 가능한 것이 좋다. 회의 전에 벽이나 칠판에 지난번에 사용했던 모조지를 붙여 두면 분위기는 시간을 초월, 지난번의 회의 종결 시점으로 이어진다. 따라서 도입이 순조로워진다.

공식적인 회의에서는 최종적인 기록(의사록)에 출석자가 확인 서명을 하는 경우도 있을 수 있지만 일반적인 회합에서는 그렇게까지 할 필요는 없을 것이다.

8장
동의에 관한 22항

1. 각종 동의의 의미
2. 특별한 동의의 일람

각종 동의의 의미

　의사법에 있어 동의의 취급에는 그 나름의 룰이 있다. 의사법을 습득하는 데 있어 빠져선 안 될 22항목에 걸친 동의에 대하여 차례로 설명하려는데 우선 그 동의의 종류를 열거해보면 다음과 같다.
　a. 다음번 회합 기일(會合期日) 결정의 동의.
　b. 폐회의 동의, 휴회(休會)의 동의.
　c. 긴급 문제
　d. 의사일정 요구.
　e. 의사 진행 규칙의 위반 지적.
　f. 의장의 결정에 대한 이의 제기.
　g. 규칙의 일시 정지.

h. 특별 의제(또는 일반 의제)로 채택.

i. 동의의 철회 또는 재 제출.

j. 표결 투표, 무기명 투표.

k. 심의 반대와 동기.

l. 보류 동의와 재상정(再上程)

m. 토론 종결(토론 제한)의 동의.

n. 기한부 연기의 동의.

o. 회부 동의(回付動議)와 재 회부.

p. 수정동의.

q. 무기 연기의 동의.

r. 원 동의 또는 주동의·원안.

s. 표결 재심의의 동의.

t. 무표(취소)의 동의.

u. 지명(선거).

v. 그 밖의 여러 동의.

　회의에 있어 그 진행을 돕고 재빨리 처리하여 총의(總意)를 어떻게 모으느냐는 것은 매우 중요한 것인데, 이들 동의를 회의 참가자가 타이밍을 맞추어 어떻게 하느냐에 따라 그 효과가 더욱 높아지게 된다.

　그러나 이들 22항목에 걸친 동의의 내용에 대하여 잘 알아두고 이를 종횡(從橫)으로 구사한다는 것은 상당한 경험과 기억력이 없으면 어렵다. 그러나 이것을 전부 알아야 한다는 것이 아니라 어느 경우에 어떠한 동의를 제출하면 좋은가에 대한 취급 요령만을 알면 되는 것이다.

　그리고 회의 참가자가 동의를 제출했을 때 또는 의장이 동의를 처리할 때 진술 법에 관한 정해진 스타일이 있으므로 이러한 의사 진행을 잘 습득해둘 필요가 있다. 특히 의장으로서는 제안된 동의를 반드시 복창하는 버릇을 붙이도록 해야 한다.

(1) 다음 번 회합 기일 결정의 동의

이 동의는 다음 회합의 기일을 정하는 동의이다.

그런데 다음 회합 기일을 결정하는 데 있어 정례(定例)의 경우와 그렇지 않은 경우가 있다. 그 회합이 정례의 것이라면 제출된 동의는 전혀 우선성을 갖지 않는다. 예컨대 정례의 다음 회합의 시간을 변경하려고 할 때 "다음 회합은 다음 주 수요일 8시 30분을 7시 30분으로 변경하여 개최할 것을 동의합니다."라고 한다. 이것은 본 동의의 형식인데, 이것이 부결되어도 또는 극단적인 경우 제안되지 않아도 정례이기 때문에 다음 번 수요일 8시 30분에는 회합이 열리게 된다.

그러나 정례가 아니고 다음 회합의 기일이 정해져 있지 않은 경우는 그 회의에 있어서 다음 회합의 기일을 정해놓지 않는 한 영구히 열리지 않으므로 우선 심의권이 인정되는 것이다. 가령 폐회의 동의가 제출되어 찬성·지지를 얻어 표결된 후라도 의장이 폐회를 선언하기 전이라면 이 동의를 제출할 수 있다.

회의라는 것은 의장이 폐회를 선언하면 모든 것이 끝나는 것이므로 이점을 주의하여야 한다. 그래서 만약 회합을 다시 계속 개최할 필요가 있다고 생각될 때나 다음 회합의 시간 변경이 필요하다고 여겨질 때에 의장은 폐회 전에 회의 참가자에게 다음 회합에 관한 동의를 제출할 필요가 있다는 것을 알려주는 것이 중요하다.

그러므로 이 동의에는 의장이 폐회를 선언하기 전이라면 제출할 수 있고 또한 장소·시간에 관해서 수정하는 것도 가능하다는 규칙이 적용되는 것이다. 또한 앞에서 말한 바와 같이 정례 회합의 시간이 이미 정해진 경우는 우선 심의권은 없다는 것도 규칙에 정해져 있다. 이러한 동의에서도 찬성·지지가 필요하며 표결은 과반수의 찬성이 필요하다. 이 동의에 적용되는 동의는 수정·재심의가 있다. 재 제안(再提案)은 그 직후에는 할 수 없게 되어 있다.

(2) 폐회의 동의, 휴회의 동의

이 동의에 대해서는 찬성·지지를 필요로 하며 표결은 과반수가 필요하다. 다음 번 회의의 기일 결정의 동의를 제외하고는 모든 동의에 우선한다. 표결 시, 정족수와는 관계없고 재 제안(再提案)에 대해서는 의사 진행 후에 할 수 있다.

휴회 동의에 대해서는 단시간의 것은 긴급동의로 제안되지 않으면 우선성이 없다. 휴회 시간이 끝났을 때 의장은 다시 개회를 선언하고 휴회때 심의 중으로 처리되지 않은 경우는 그 의제를 재개시켜야 한다.

(3) 긴급 문제

회의에서 일어나는 긴급한 문제를 처리하기 위해 제출되는 동의이다. 회의의 명예·권위 또는 안전에 영향을 미치는 것과 같은 제1급의 문제는 최 우선권 을 갖고 있다. 개인의 관한 긴급 문제는 제2급으로 다루는 것이 원칙이다. 만약 즉각적인 행동을 취할 필요가 있을 경우는 발언자를 중단시킬 수도 있다.

의장이 결정하는 것은 개개의 행동에 관한 것이 아니라 그 문제가 긴급문제인가 그렇지 아니한가에 관해 결정을 내릴 뿐이다. 찬성·지지는 필요 없으며 토론도 할 수 없다. 표결은 의장에게 그 권한이 부여되어 있다. 이 동의의 형식을 들어보기로 한다.

멤버 : "의장, 긴급 문제가 있습니다."
의장 : "네, 긴급 문제를 말씀해주십시오."
멤버 : "발언자의 말이 잘 들리지 않습니다. 발언을 단상 앞에 나와서 하도록 바랍니다. 그렇게 하면 전원이 잘 알아들을 수 있을 것입니다."
의장 : "알겠습니다. 당신의 요청을 인정합니다. 발언자는 이 앞으로 나와서 발언을 계속해주십시오."

멤버 : "의장, 긴급 문제가 있습니다."
의장 : "네, 문제를 말씀해보십시오."
멤버 : "현재 심의 중인 문제는 다른 부처와의 영향도 크며, 또한 비밀도 유지해야 할 것이라 생각됩니다. 그러므로 여기 계신 회의 방청자에게 잠시 퇴장을 요청하는 것이 좋으리라 생각합니다. 그러한 뜻에서 방청자 일시 퇴장의 동의를 제안합니다."
의장 : "잘 알겠습니다. 긴급 문제로서 방청자의 일시 퇴장의 동의가 나와 찬성·지지도 있습니다. 그러면 이 우선 동의에 대하여 다른 의견은 없는지요.

　이 예는 긴급동의에서 생긴 우선 동의이다. 이 문제의 처리에 관해서는 만약 멤버로부터 의견이 있으면 찬·부를 물은 후 표결하게 된다.

표결의 방법은 다른 동의와 마찬가지이다. 이 문제가 가결되면 의장은 즉시 우선 동의의 표결에 따라 방청인의 퇴장을 요구하는 행동을 강구해야 한다.

의장은 "회의 방청자의 퇴장을 요구하는 동의가 다수의 찬성으로 가결되었습니다. 그러므로 회의 방청자는 일단 퇴장해주시기 바랍니다."와 같이 말해야 하는 것이다.

그런데 제1급 긴급동의는 회장의 혼란시의 질서 회복·문서의 부정 변경·난방이나 환기의 악화·의사 진행 규칙의 위반 등이 이에 속하며 제2급의 긴급동의는 회의에서의 개인 공격·협박·질병·변명·퇴석 등이다.

긴급 문제의 취급에 대해서는 그 결정이 의장의 판단에 의하는 것인데 멤버 중에는 그다지 긴급한 문제가 아닌데도 어떤 다른 속셈을 갖고 긴급 문제로 제안해오는 자도 있으므로 이러한 짐을 유의해야 한다.

(4) 의사일정의 요구

멤버 : "의장, 오늘은 예정한 의사일정대로 회의에 들어갈 것을 요구합니다."

의장 : "만약 반대하는 분이 없으면 지금부터 의사일정으로 들어가겠습니다."

이렇게 하여 당일의 의사일정으로 들어가게 되는데 특별 의사(特別議事)를 연기할 때는 표결에 있어 2/3의 득표가 필요하다.

이 동의는 찬성·지지를 필요로 하지 않으며 토론도 할 수 없다.

(5) 의사 진행 규칙의 위반 지적

의사(議事)가 규칙대로 행해지지 않을 경우, 또는 그릇된 조처가 취해졌을 경우에 그것을 바로잡는 것이 이 동의의 목적이다. 예를 들면, 의장이 순서에 맞지 않는 동의를 채택하였거나 수정안이 원안에 적합하지 않은 경우, 또는 발언할 자격이 없는 사람에게 발언을 허가하거나 하였을 경우에는 그 자리에서 곧 이 동의를 제출한다. 이 동의는 나중에는 제출 할 수 없으므로 이 점을 주의할 필요가 있다.

이러한 동의를 할 때는, 멤버는

"의장, 규칙입니다." 또는

"나는 의사 진행에 관해서 이의가 있습니다."라는 식을 취한다.

의장은 이 동의가 제출되면 우선적으로 채택하여

"규칙을 말씀하십시오." 또는

"의사 진행에 관한 이의를 말씀해주십시오."라고 발언을 허락해야 한다. 이 동의는 발언자도 중단시킬 수 있으며 필요하면 투표도 중단시킬 수 있다. 그러한 지적이 있을 때는 의장의 판단에 따라 이를 결정한다.

또한, 그 이의가 정당한지의 여부를 결정하는 것은 의장의 임무이다. 의장은 이 결정을 내리기 전에 다른 멤버의 의견을 구할 수도 있고 의사법 위반의 유무(有無)를 표결에 붙여서 결정할 수도 있다. 그런데 의사법에 대한 질문은 토론도 할 수 없고 재청(再請)도 필요 없다.

(6) 의장의 결정에 대한 이의 제기

멤버가 전체적으로 승인하고 있지 않은 것을 의장이 결정한 데 대하여 이의를 제기하는 것이 이 동의의 목적이다.

이 이의의 제기는 의장이 결정을 한 직후에 행해져야 하는데 다른 멤버가 발언권을 갖고 있을 때도 제안할 수 있다. 이에는 재청을 필요로 하며 수정은 못 한다. 이의 제기(공소(控訴)라고도 함)의 내용이 토론할 수 있는 것이라면 토론할 수 있으나, 다음과 같은 경우엔 토론하지 못한다. 즉

① 행동이나 발언이 부당한 것에 관한 것
② 의사의 우선순위에 관한 것
③ 토론할 수 없는 의사일 경우

등이다.

의장의 결정에 대한 이의 제안에 대해서 의장은 멤버에게 표결을 구해 이것이 가결되면 지지된 것이 되며, 부결되었을 때는 폐기된 것으로 한다. 과반수의 찬성이 있으면 가결되나 이 경우에 한해서 가부동수(可否同數)도 가결과 마찬가지가 된다. 즉 의장은 당사자이므로 찬·부 어느 쪽을 택하든 간에 표결에 참가한다는 것은 옳지 않다는 견지에서 공소(控訴)의 경우에 있어서만은 의장의 표결권을 행사시키지 않고 동수(同數)일 때는 그대로 가결되는 것이다.

(7) 규칙의 일시 정지

어떠한 단체라도 근본적인 회칙이나 정관(定款)은, 그것을 개정하기 전에는 결코 일시적이나마 그 효력을 정지시키지 못한다. 그리고 비록 세칙이나 부칙 가운데의 규칙이라 할지라도 그보다 상위의 법률로써 규정되어 있거나 불문율 상으로 보아서 당연하다고 생각되는 것은 그

통용의 정지를 할 수 없다.

그러므로 규칙에 일시 정지를 위한 규정이 정해져 있을 때에만 그 규정에 합치한 것에만 일시 정지를 할 수 있다. 따라서 그 밖에 이 동의를 제출할 수 있는 것은, 이를테면 세칙 가운데서도 사무의 순서라든지 방청자에 관한 것 등이다.

이 동의는 본 동의·보조 동의에 대해 우선권을 갖고 있으며 우선 동의에 대해서는 우선성이 없다. 이 동의에서는 재청을 필요로 하며 토론·수정은 하지 못한다. 이 동의의 표결은 정관·규칙 등에 명기되어 있지 않는 한 2/3의 득표가 필요하다.

표결 결과, 가결되면 그 특정 규칙은 그 의사에 있어서만 일시 정지되며 부결되면 같은 회의에서 다시 제출하지 못한다.

(8) 특별 의제(또는 일반 의제)로 채택

한번 정해진 의사일정은 이미 정해져 있는 규칙과 같은 지위를 갖고 있는 것이다. 그러므로 규칙이나 일시 정지와 같이 2/3의 찬성을 얻어야만 변경할 수 있다. 따라서 의장은 보통 정해진 시각에 이 동의를 다루도록 해야 한다. 만약 의장이 이것을 게을리 했을 때 멤버는 의사일정의 요구를 제안할 수 있기 때문이다.

그러면 이 특별 의제를 다루는 형식을 예로 들어보기로 한다.

멤버 : "의장!(승인을 기다린다) 이 보고에 대한 심의를 금요일 오후3시까지 연기하고 그 시각의 특별 의제로 다루기를 동의합니다."

의장 : "○○위원회에서의 보고에 대한 심의를 금요일 오후 3시까지

연기하고 그것을 그 시각의 특별 의제로 하자는 동의가 있었으며 찬성·지지가 있었습니다. 이 연기의 건, 또는 그 시각의 특별 의제로 하는 두 가지 의견 중 의견이 있으면 말씀해주십시오.

그 다음 득표를 얻어 비로소 의사일정 안에 특별 의제로 그 지위를 획득하는 것이다.

(9) 동의의 철회(또는 재 제출)

동의의 제안자가 그 동의를 취하하기를 요구하는 것이 이 동의의 목적이다. 여하한 동의라도 의장에 의하여 일단 상정이 선포되고 나면 회의의 승인 없이는 철회할 수 없게 된다. 이러한 점이 이 동의의 의의(意議)가 된다.

이 동의의 제안 형식을 예로 들면

멤버 : "나는 ……에 대한 동의를 철회하고자 하니 허가해주시기 바랍니다." 또는 "본인이 제출한 ……하자는 동의의 철회를 허락해주십시오."

의장 : "만일 이의가 없으면 이 동의는 철회됩니다."

라는 식으로 말한다. 그리하여 만일 이의가 제기되지 않으면 의장은 만장일치로 인정해서 표결되지 않아도 괜찮은 것이다.

이 동의의 제안에는 재청은 필요 없고 토론도 하지 않는데 반대가 있을 경우에는 과반수의 찬성이 있으면 가결된다. 가결되면 결국 아무 동의도 제출되지 않았던 것과 마찬가지가 됨은 물론이며 만약 부결되는 그 문제에 대해서는 이제 철회의 동의는 재 제출(再提出)하지 못한다.

즉 동의를 재 제안(再提案)하는 동의라는 것은 있을 수 없다.

(10) 표결 투표 · 무기명 투표

표결은 보통 "찬성!"이라든가 "반대!"라는 식으로 즉 구두 표결에 의해 행한다. 이것은 아주 빠르고 편리한데 찬 · 부가 접근되고 있을 때는 명확하지가 못하다. 이러한 경우 멤버는 정확한 표결을 요구할 수 있다. 큰소리로 외쳐도 좋으며 손을 들어 정확한 표결 요구를 해도 좋다. 그 결과 그 상황에 따라 기립 · 점호 등의 표결로 할 수 있다.

의장 자신이 찬 · 부의 소리에 의한 투표에서 그 결과를 식별하기 어려울 때는 정확한 표결을 하기 위해 의장은 "표결을 확실히 분간할 수 없으므로 찬성하시는 분은 기립해주십시오."라고 멤버에게 말하여 기립한 수를 세어보아 정확한 표결을 해야 한다.

무기명 투표의 표결은 정관 또는 세칙에 정해져 있지 않은 경우는 그 요구 방식의 동의에 따라 행한다. 무기명 투표(또는 점호 투표)는 토론할 수 없다. 무기명 투표가 행해질 경우 의장은 2명 이상의 개표원을 지명한다. 그리고 투표용지의 배부 · 수집 · 계산을 하게 하여 그 결과를 곧 서기 또는 기록원에게 보고하여야 한다.

표결 방법에 대한 동의를 하는 데 있어서 가장 적당하다고 생각되는 방법으로 할 것을 요구하는 것이 목적이다. 예를 들면 "나는 이 의제를 이러이러한 방식으로 표결할 것을 제안합니다."라고 제안하는데 이 동의는 표결이 행하여지기 전이면 언제라도 할 수 있다.

(11) 심의 반대의 동의

심의 반대는 원 동의 및 긴급동의에 대해서만 적용된다. 그리고 이 동의는 토의에 들어가기 전에 제출되어야 유효하다. 이 동의는 발언하고 있는 멤버를 중단시킬 수도 있다. 표결에는 2/3가 필요하다. 또, 의장 자신이 심의하는 것이 적당 한가 또는 회의를 원만히 이끌기 위해 이 심의 반대의 동의를 제안할 수도 있다.

이 동의에서는 찬성·지지는 필요 없으며 또한 회의에서 심의할 것에 찬성하는 멤버가 2/3이상의 경우에는 그 즉시 종결 동의(終結動議)를 제안할 수는 없다.

(12) 보류 동의와 재상정

원 동의의 심의를 심의하기에 더욱 편리할 때까지 연기하고자 한다는가, 더욱 긴급한 사항을 처리하기 위하여 시간을 마련한다든가 하는 것이 이 동의의 목적이다. 이 동의는 다른 보조 동의보다 우선적으로 다루어진다.

이 동의의 형식에는

멤버 : "나는 이 문제(또는 원 동의)를 보류할 것을 제안합니다."

의장 : "지금 원 동의(또는 어떤 의제)를 보류하자는 동의가 제안되었습니다. 보류에 찬성하시는 분은(반대하시는 분은)……." 혹은 "다수의 찬성으로 보류되었습니다. 그러면 다른 의제는 없는지요."

라는 식이 취해진다.

이 동의에서는 재청을 필요로 하며, 토론이나 수정은 할 수 없다. 만약 반대가 있을 경우는 과반수의 찬성이 있으면 가결된다. 이 표결에서 가결되면 그 당시에 미결된 채로 있는 동의의 심의는 모두 보류된다.

한편, 보류되었던 동의의 재상정(再上程)이라 함은 먼저 보류되었던 동의를 부활시키는 것이 이 동의의 목적이다. 이 동의의 형식은 "본인은 보류되어 있는 ……의 동의(안)를 다시 상정할 것을 제안합니다."라고 제안하면 된다. 이 동의의 규칙은 보류 동의의 경우와 마찬가지로 이것이 가결되면 보류되어 있던 원 동의는 다시금 심의에 붙여짐은 물론이며, 만약 부결되더라도 부결된 직후가 아니면 다시 한 번 제안할 수 있다.

(13) 토론 종결(토론 제한)의 동의

지금 심의되고 있는 동의에 대한 토론을 종결하고 곧 표결에 붙이자고 요구하는 것이 이 동의의 목적이다.

이 동의의 형식으로는,

멤버 : "의장,(승인을 기다려) 나는 ……에 대하여 토론을 종결할 것을 제안합니다." 또는 "나는 이로써 토론을 종결하고 곧 표결에 붙이기를 동의(제안)합니다."

의장 : "심의 중인 의제에 대하여 토론을 종결하고, 곧 표결에 붙이자는 동의가 제안되었습니다. 토론 종결에 찬성하시는 분은 거수해주십시오." 또는 "찬성이 다수입니다. 이로써 토론 종결의 동의는 가결되었습니다. 다음 의제는 ○○이라는 동의에 대한 표결입니다."

라는 등이다.

이 동의는 토론할 수 있는 동의가 심의되고 있는 동안에 있어서만 제안되는 것이 옳다. 그리고 이 동의에는 재청을 필요로 하며 토론과 수정은 하지 못한다. 반대의 경우가 있을 때는 2/3이상의 찬성이 필요하다.

다음 토론 제한의 동의는 토론의 시간이나 발언자의 인원 수 등에 대하여 제안을 가하는 동의이다.

이 동의의 형식은,

멤버 : "의장,(승인을 기다린다) 이 건에 관한 토론을(20분간, 각 발언자에 대해 5분간씩, 또는 찬·부 양 파에 따른 발언자 각 3명씩으로)제한할 것(또는 토론이 10시에 종결될 것을)을 동의합니다."

의장 : "토론이 ……에 제한할 것이 제안되었습니다. 찬성하시는 분은……."

"2/3가 찬성입니다. 따라서 ……으로 토론을 제한하는 동의는 가결되었습니다."

(14) 기한부 연기의 동의

심의 중인 원 동의에 대하여 충분히 생각해볼 시간을 부여하기 위하여 일정한 일시(日時)까지 심의를 연기하는 것이 이 동의의 목적이다.

이 동의의 형식은,

멤버 : "의장,(승인을 기다린다) 이 동의에 대한 심의는 2월의 회합까지 연기할 것을 동의합니다."

의장 : "이 동의의 심의를 2월 회합까지 연기하는 동의가 제안되었습니

다. 이 연기의 가부(可否)에 대해서 다른 의견은 없으신지요."

이에는 찬성·지지를 필요로 하며 토론도 가능하다. 그러나 수정은 시간을 변경하는 데 있어서만 할 수 있다. 과반수의 찬성으로 가결된다. 그리고 이 동의는 원 동의에 대해서만 적용된다. 만일 가결이 되면 모든 미결된 동의는 일시적으로 처리되는 것이 된다.

그리고 연기된 동의는 지정된 날의 일반 의사가 되며(2/3의 득표에 의해 변경된 경우는 제외), 지정된 날보다 이전에 심의될 수 없다. 단, 재심의 동의(再審議動議)에 의해 연기 동의의 결정이 반복될 경우에는 그렇지 않다.

(15) 회부 동의와 재 회부

지명된 상임위원회 또는 특별위원회에서 어떤 문제에 대한 조처를 취하게 한다든지, 연구시킨다든지 하는 것이 목적이다.

이 동의의 형식은 "나는 이 문제(안)를 ○○위원회에 회부(부탁)할 것을 제안(동의)합니다."라는 식이다. 이 동의에서는 재청을 필요로 하며 수정 및 토론을 할 수 있다. 과반수 찬성이 있으면 가결된다. 그런데 이 회부 동의에는 부탁할 위원회가 아직 결정되지 않은 경우는 회부 동의 중에 그 위원회의 구성이나 위원의 선출 방법의 보고를 언제까지 시키느냐 하는 경우가 포함되어야 한다. 이러한 문제들은 만일 이 동의의 제안자가 말하지 않는다면 의장이 그것을 보족(補足)해서 전원에게 의논을 제기해야 할 것이다.

한편, 재 회부(再廻付)의 동의가 있는데, 이것은 위원회로 하여금 더욱 심의를 계속시키고 싶을 때에 제출되는 것이다. 이것이 가결되면 먼저 회부되었던 동의는 다시금 그때와 같은 위원회의 손으로 심의되게 된다. 그러나 재회부의 동의 대신에 다른 위원회에 회부하는 동의를 제안할 수도 있다.

(16) 수정동의

수정이란, 수정되어야 할 어구의 추가, 삭제, 삽입을 말한다. 찬성·지지를 필요로 하며, 토론의 대상도 된다. 필요 득표수는 과반수이다. 재수정도 가능하다. 그러나 재재수정(再再修正)은 할 수 없다. 의장은 수정 동의로서의 가부를 결정할 수 있으나 그 의장의 결정에 대하여 이의를 제기할 수 있다. 의장은 수정 동의를 서면으로 제출하도록 요구할 수도 있다. 또한 원 동의에 대한 수정 동의를 보류하거나 연기하거나 또는 회부하는 것은 원 동의 그 자체를 보류하거나 연기하거나 회부하는 것과 마찬가지이다. 그 때문에 혼란을 방지하기 위한 뜻에서 이들 동의는 수정 동의에서 뿐 아니라 원 동의에 대해서도 적용되어야 한다. 이 동의 제안의 형식은, "나는 원 동의(원안)에서 ○○란 말을 삭제할 것을 제안합니다." 또는 "나는 원안에서 △△란 말을 삭제하고 거기에 ○○란 말을 삽입할 것을 제안합니다." 등이다.

이 동의를 다루는 규칙은 첫째, 원 동의와 같은 문제에 관한 것이라야 한다. 과연 원 동의와 같은 성질의 것인지 어떤지는 의장의 판단에 맡겨진다. 그러나 이 의장의 결정엔 이의를 제출할 수 있다. 둘째, 수정 동의를 낼 때는 말씨며 용어에 특히 주의해서 전체적으로 보아 원 동의와의 사이에 용어상의 모순이 없도록 해야 한다.

이 동의에서는 재청을 필요로 하며 토론이나 재심의도 할 수 있다.

(17) 무기 연기의 동의

어떤 중요한 문제가 원 동의로서 예기치 않은 회의에 걸렸을 경우, 이 원 동의가 가결되기 전에 다른 멤버가 어느 정도의 인식을 갖고 있는가를 파악해두는 것은 중요한 일이다. 그래서 이 무기 연기의 동의를 제출함으로써 그 목적을 기하게 되는 것이다. 또, 원 동의 그 자체에 대한 토론을 충분히 할 수 있는 길을 터놓는 것이다. 한편, 이 동의의 목적은 원 동의를 덮어두려는 데 있으므로 원 동의를 실질적으로 부결시키는 것이나 마찬가지이다.

이 동의의 형식은 "나는 이 문제(원안)의 심의를 무기 연기할 것은 제안합니다."라는 등이다. 이 동의에는 재청을 필요로 하며 토론할 수 있다. 그리고 이 동의가 상정되어 있을 땐 지금 문제가 되어 있는 원 동의에 대해서도 토론할 수 있게 되어 있다. 그러나 수정은 할 수 없다. 가결엔 과반수의 찬성을 필요로 한다. 이 동의가 가결되면 원 동의 그 자체는 부결된 것이나 마찬가지가 되며 그 원 동의는 그 회기 중에는 다시금 제출할 수 없다.

이 무기한 연기의 동의의 유일한 목적은 흔히 다수파의 전횡·기습 공격을 저지하기 위한 것이 많으며, 따라서 이 동의의 반대자에게 도움이 되는 동의라 할 수 있다.

(18) 원 동의 [또는 주동의(主動議)·원안(原案)]

이 동의에 대해서는 앞에서도 언급한 바 있듯이 제일 우선성이 없는 동의이다. 원 동의는 어떤 문제를 제출하는 가장 근본이 되는 동의이므로 이것을 주 동의라고도 하고 원안이라고도 한다.

이 동의는 수정도 될 수 있고, 분할도 되며 어떤 다른 동의(즉 보조 동의나 임시 동의 등)가 나오곤 하는 것이다. 이를 바꾸어 말하면 다른 두 동의가 심의 중인 경우에는 제안도 할 수 없는 동의이다. 이 동의는 찬성·지지가 필요하며 필요 득표수는 과반수이다. 또한 복잡한 내용의 동의일 때는 문서로 제안해야 한다.

(19) 표결 재심의의 동의

이것은 일종의 번안 동의(飜案動議)로서 이미 표결된 동의를 다시 한번 회의에 붙여서 심의시키는 것이 이 동의의 목적이다.

이 동의의 형식은,

멤버 : "의장,(승인을 기다려)나는 ……하자는 동의(안건)에 대한 표결을 재심(또는 번안)할 것을 제안합니다."(어느 동의에 대한 표결인지를 분명히 말해야 한다.)

의장 : "……의 동의에 대한 의결을 재심의(또는 번안)하자는 동의가 제안되었습니다. 이 재심의에 대해 다른 의견은 없습니까."

등으로 하여 다음은 표결의 방법에 옮긴다. 이 경우 재 심의될 동의가 토론할 수 없는 성질의 것일 때는 토론 없이 투표하게 된다. 그리고 이 제안은 다수자 쪽에 속한 멤버에 한한다. 이 동의의 규칙은 연일(連日) 회의를 계속할 경우에 이 동의의 제출은 표결한 당일이나 늦어도 이튿날까지 해야 한다.

그리고 어떠한 문제도 두 번 재 심의할 수 없다. 또, 먼저 결정한 사항이 도저히 변경할 수 없는 성질의 것은 재 심의할 수 없음은 당연하다. 또, 무기한 연기 동기에 대한 부결의 표결을 재 심의할 수도 없다.

이 밖에 임원 선거의 표결에 대한 재심의(임원이 사퇴하였을 경우는 예외), 토론 종결에 대한 재심의 등도 요구할 수 없다.

(20) 무효[취소]의 동의

이것은 특별한 목적을 갖는 원 동의의 일종이다. 재 심의할 수 있는 기간이 지나버린 뒤에 먼저 의결한 문제를 무효(취소)로 하자는 것이 이 동의의 목적이다.

이 동의의 형식은 "나는 ……의 결정을 무효로 할 것을 제안합니다." 등이다. 이 동의에는 재청이 필요 없고 수정도 하지 못한다. 토론은 할 수 있으며 과반수의 찬성이 있으면 가결된다. 그런데 이 무효 동의에 대해서 사전에 아무 통고도 없이 제출된 경우에는 출석 멤버의 과반수 또는 전 멤버의 과반수의 득표로 하지만 만약 그 통고가 전회(前回)의 회합 또는 금번 회합 사전에 통고가 있었을 경우에는 출석 멤버의 과반수 득표로 가결된다. 표결 결과 가결되면 이전에 결의한 사항은 무효가 되며 부결되면 같은 회기 중엔 다시 제출하지 못한다.

(21) 지명[선거]

선거 및 지명(추천)이라는 것은 대개의 경우 정관·세칙에 규정되어 있는 것으로 보통 그 절차에 따라야 한다.

선거는 개인적 불화를 피하기 위해 무기명 투표로 행하는 것이 좋다. 우선, 정관에 구체적으로 규정되어 있지 않은 사항이나 절차는 동의(구두호천(口頭呼薦))에 의해 정해진다. 의장은 후보자의 지명(추천)을 회의 전체에서 구해야 한다. 그리고 지명(추천) 종결의 동의는 찬성이나 지지가 필요하며 2/3의 득표로 가결된다. 그러나 이 동의는 멤버가 그 마음의 준비가 될 때까지 제안할 수 없다. 왜냐하면 멤버는 다른 사람을 지명(추천)하려고 생각하고 있을지 모르기 때문이다. 그래서 지명 종결된 동의가 부결되는 경우는 대체로 의장이 이 동의 표결을 너무 서두르는 데 대한 일종의 반항 내지 비판이라 생각해도 좋다.

멤버가 아직 고려하고 있는 중인데 지명 종결의 동의가 나오고 이에 찬성·지지가 있다 해도 의장은 이것을 곧 채택하기 전에 "또 다른 지명은 없습니까?"라고 물어보아 되도록 조급한 동의를 일시 무시하는 것이 좋다. 잠시 시간을 두어 지명이 전혀 없을 경우 의장은 다시 종결 동의를 채택, 표결에 들어가도록 한다. 표결은 만장일치가 필요하다.

(22) 그 밖의 여러 동의

이상 기술한 20개에 달하는 주요 동의는 일반적으로 많이 쓰이는 것들인데 이 외에 여러 가지 동의가 회의 진행에서 사용된다. 그러나 웬만한 회의에서는 그다지 쓰이지 않는 동의라든지, 간단한 설명으로 알 수 있는 것들을 열거해두기로 한다.

① 휴식·폐회 또는 산회 동의

휴식 동의는 회의를 일시 중지하여 휴식하자는 것이 이 동의의 목적이며, 예컨대 식사 때라든지 투표의 결과를 계산하는 동안 또는 전형위원을 인선하는 동안 등에 이 동의가 제출된다. 폐회 또는 산회 동의는 회의를 끝나게 하는 데에 있다.

② 보고의 승인 동의

어떤 위원회가 총회의 지시에 의하여 어떤 보고를 제출한 경우라든지, 그 보고서의 구신(具申)에 대하여 어떤 조처를 강구하고자 할 때 보고서가 낭독되고 나면 곧 이 동의를 제출한다.

③ 회의록의 승인 동의

이것은 회의록을 회의 경과의 정식 기록으로 삼기 위한 동의이다. 낭독된 회의록은 정식적인 동의가 나오든 안 나오든 간에 그 승인 여부에 대하여 회의의 결정을 내려야 한다. 회의록은 멤버 전부의 승인을 얻은 것이 아니면 아무런 가치도 권위도 없는 것이기 때문이다. 그러나 승인하기 전에 회의록을 수정(정정)할 수도 있고, 이 표결을 재심의(번안)할 수도 있다.

④ 공백을 메우는 동의

이 동의의 날짜·명칭·숫자 등을 공백으로 한 채로 제출되는 일이 있는데 이 공백을 메우기 위하여 제안되는 것이 이 동의이다. 이 동의는 수정 동의와 동일한 순위이다.

⑤ 인준 동의(認准動議)

회장·이사회, 때로는 멤버가 회(會)의 이름으로 권한 이외의 일을 하는 수가 있다. 이 동의는 그러한 행동을 총회가 승인하기 위한 동의이다.

특별한 동의의 일람

참고로 이제까지 기술한 동의 가운데서 특별한 것을 몇 가지 추려 묶어보겠다

(1) 정족수가 안 되어도 제출·결의할 수 있는 동의
  a. 휴식.
  b. 폐회·산회.
  c. 다음 번 회의의 일시와 장소의 결정.

(2) 남의 발언 중에도 제출할 수 있는 동의
  a. 일정(日程)의 촉진.
  b. 심의 반대.
  c. 의사 진행에 관한 이의.
  d. 공소(控訴)[의장의 결정에 대한 이의].
  e. 특청(特請)[특권 문제].

(3) 3분의 2 이상의 찬성을 필요로 하는 동의
  a. 토론의 제한·연장.
  b. 토론의 종결.
  c. 규칙의 일시 정지.
  d. 심의 반대.
  e. 일정의 변경.
  f. 지명(구두 호천)의 중지.

부록

유명 인사들의 교훈

테이블 스피치에 필요한 금언·명구

유명 인사들의 교훈

세계 여러 나라의 유명한 학자, 정치가, 웅변가들이 좋은 연설이나 웅변을 하기 위해 도움이 될 내용의 말들을 한 것을 소개하겠다.

카네기 A. Carnegie

1. **지나친 자아의식으로부터 해방되라.**

지나친 자아의식은 스스로를 구속하고 긴장하게 되는 것이므로, 그 자아의식으로부터 해방되면 훨씬 부드럽고 자연스러운 말을 할 수 있다.

2. **자신의 개성을 살려라.**

사람은 누구나 눈, 코, 귀, 입 등을 가지고 있다. 그러나 사람마다 그 생김새가 모두 다르고 성질이 다르듯이 말하는 타입도 모두 다르다. 그런데 남의 말솜씨를 함부로 흉내만 낸다거나 하는 것은 바로 자기의 개성을 죽이는 것과 같다. 말하는 사람으로서의 개성은 사람마다의 귀중한 재산이다. 자기의 개성을 최대한으로 살리는 것을 잊지 마라.

3. 이야기에 자기 자신이 빠져들라.

성실하고 진실하게 말하라. 성실과 진실로 말할 때 자기 스스로 자기의 이야기에 빠져들게 되고 자연히 설득력이 생기는 것이다.

4. 청중과 이야기하듯 하라.

오늘날에는 옛날처럼 소리나 지르고 하는 웅변가의 연설은 이미 매력을 잃고 있다. 몇 사람의 모임이건 수천의 군중이건 현대의 청중은 연사가 회화 할 때처럼 아담하게 이야기하는 태도로 해야 한다. 다만, 보통 회화보다 좀 더 힘 있게, 그리고 논리적으로 이야기해야 한다.

글래드스턴 W.E. Gladstone

1. 어구를 될 수 있는 대로 짧게 하라.

말이란 청중의 시각이 아닌 청각에 의해 순간적으로 전달되기 때문에 짧고 이해하기 쉬운 어구를 써야 한다.

2. 용어는 쉬운 것을 써라

대개의 사람들은 필요 이상의 권위 의식을 가지고 어려운 한자 숙어·외래어·전문 용어 등을 즐겨 쓰고 있으나, 이것은 잘못된 것이다.

그 까닭은, 청중 가운데는 학력과 지식 및 교양이 각각 다른 사람들이 있는가 하면 연사의 말을 받아들이는 자세도 각각 다르기 때문이다.

따라서 누구나 알기 쉬운 말을 선택하는 것이 바람직하다.

3. 발음을 명확하게 하라.

의사를 전달함에 있어서 가장 큰 문제점은 발음을 정확하게 하지 못하는데 있다. 따라서 연사는 자기의 발음을 녹음해서 들어보고 항상 정확한 발음이 나오도록 연습해야 한다. 이 때, 발음을 정확히 하기 위해서는 입 모양을 바르게 해야 함을 염두 해두어야만 한다.

4. 청중을 파악하라.

청중을 파악한다는 것은 청중의 심리와 욕구가 무엇인가를 잘 알아서 그에 알맞은 내용의 말을 하라는 것이다.

청중의 욕구와 심리 상태를 외면한 채 연사가 마음대로 말하는 것은 청중으로부터 버림을 받는다.

브로드 J.M. Braude

1. 준비를 철저히 하라.

연설이나 웅변에서 효과를 얻기 위해서는 먼저 철저한 사전 준비를 해야 한다. 여기서 준비란 여러 가지가 있을 것이다.

2. 성실하라.

사람은 모든 일에 성실해야 한다. 그 중에서도 청중 앞에서 말을 할 때 성실하지 못한다면 누가 그 사람의 말을 들어 줄 것이며 또 그 말을 믿겠는가?

3. 솔직하라.

연사가 솔직해야 한다는 것도 매우 중요하다. 연사가 솔직해지기 위해서는 우선 자신이 믿고 있는 것을 말해야 한다. 허식과 가면적인 말은 그때에는 돋보일지 모르나 시간이 지날수록 신뢰도가 떨어진다는 것을 알아야 한다.

4. 단순하라.

이 말은 될 수 있는대로 간단한 말을 하라는 뜻이다. 앞에서도 말했지만 복잡하거나 과장된 언어는 피해야 한다. 만일 연사의 말이 어렵고 복잡해서 청중이 알아듣지 못하거나 싫증을 느낀다면, 연설의 효과는 그만큼 떨어질 것이고, 청중과의 대화도 성공할 수 없게 될 것이다.

5. 상냥하고 정중하라.

연사의 태도는 청중에게 상냥스럽고 정중하게 보여야 한다. 그렇지 않으면, 청중을 존경하고 있다는 태도라도 보여 주어야 한다. 이와 같이 연사가 청중을 존경하게 되면, 청중 역시 연사를 존경하는 마음으로 귀를 기울이게 될 것이고, 그 연설은 효과를 크게 거둘 수가 있는 것이다.

6. 명확하라.

명확히 한다는 것은 연사가 자신의 입장을 분명하게 밝힌다는 뜻이다. 연설이나 웅변에서 자신의 사상을 애매하게 표현할 것이 아니라 곧장 요점을 찔러야 한다. 하나의 생각에 집중해야 한다. 옆길로 새지 말고 청중이 알아듣도록 분명한 의사를 밝혀야 한다.

7. 주저하지 말라.

연사 자신의 사상을 밝힘에 있어서 비굴하게 굴하거나 머뭇거리지 말고 끝까지 열과 성을 다하여 밀고 나가는 것이 중요하다.

8. 끝맺음할 때를 알라.

중심 내용이나 주된 문제가 요구하는 것 이상으로 깊이 들어가서 열변을 토하는 것은 오히려 청중을 죽이는 것과 같다. 최초의 10분간에 모든 요점과 문제점을 파헤치고 언제 끝내야 할지를 생각해야 한다. 흔히 자기 혼자 깊이 빠져 청중을 무시한 채 계속 떠들어대는 연사를 볼 수 있는데, 이런 점을 철저히 경계하기 바란다.

올리버 R.T. Oliver

1. 상대를 확실하게 알아 두자.

훌륭한 연사, 특히 설득력 있는 연사가 되려면 상대 즉, 청중을 철저히 분석해야 한다. 어떠한 연설이라도 청중을 모르고는 성공할 수 없으므로 연사가 제안한 것이 청중 개개인에게 어떤 영향을 줄 수 있을 것인가를 깊이 생각해야 한다.

2. 명확한 목표를 결정하라.

청중을 묶어 두려면, 먼저 달성하고자 하는 목표를 분명히 설정해야 한다. 목표를 결정함으로써 거기에 알맞은 연설을 할 수 있고, 청중으로 하여금 그 목적을 받아들일 수 있게끔 하게 되는 것이다.

3. 비평(논평)보다는 화해를 하라.

말을 하는 것이 마치 연사와 청중과의 싸움처럼 되어서는 안 된다. 연사가 논쟁으로 청중을 설득시키려고 하면 할수록, 청중의 마음은 강한 반발의 장벽을 구축할 뿐이다.

따라서 현명하고 유능한 연사는 자신의 제안이 어떻게 청중의 이익에 공헌하게 될지를 모색해야 한다. 그렇게 하여 청중의 대변자로서 겸손하게 말해 나가야 한다.

4. 과장하지 말고 여유 있게 하라.

경험이 없는 연사는 대개 자기의 생각을 과장하여 표현하려는 경향이 많다. 그러나 세련된 연사는 당면한 문제를 최소한 축소시켜 여유 있고 겸손한 자세로 말한다.

휠러 E. Wheeler

1. '시즐Sizzle'을 잡아라.

스테이크 요리를 할 때 고기가 지글지글 구워지는 소리를 '시즐'이라고 한다. 결코 소리이지 고기는 아니다. 즉, 청중이 가장 빨리 반응하는 고기 굽는 소리처럼 청중이 가장 빨리 반응하는 감각적 충격을 파악해서 활용하라는 뜻이다.

2. 최초의 10초안에 '시즐'을 냄새맡게 하라.

최초의 10초는 그 다음의 10분보다 더 중요하다. 즉 최초의 10초안에 청중으로 하여금 무엇인가를 확실히 깨닫도록 하라는 뜻이다.

3. 청중의 입맛에 맞는 스테이크를 제공하라.

스테이크를 먹는 사람들의 개성은 여러 가지이다. 어떤 사람들은 덜 구운 것을, 또 어떤 사람들은 잘 구은 것을, 또 어떤 사람들은 그 중간 것을 좋아 한다. 이처럼 각각의 구미에 맞는 사실을 가지고 연설함으로써 청중으로부터 호감을 살 수 있고, 성공적으로 연설을 끝낼 수 있는 것이다.

테이블 스피치에 필요한 금언 · 명구

해리슨
"언어도 회화나 음악이나 문학에 못지않은 예술이요, 안전한 피신처다."

공자
"평생 선을 행해도, 한 마디 말의 잘못으로 이를 깨뜨린다."

논어
"새가 장차 죽으려 함에 그 울음이 슬프고, 사람이 장차 죽으려 함에 그 말이 착하다."

노자
"진실한 말은 아름답지 않고, 아름다운 말은 더럽지 않다."

영국 격언
"눈은 둘, 귀도 둘, 입은 다만 하나이니, 많이 보고 많이 듣고, 그리고 조금만 떠들어라."

독일 속담
"진정한 친구를 갖지 못한 사람은 그 일생을 절반밖에 맛보지 못한 셈이다."

* 눈이 보이지 않는 것보다는, 마음이 보이지 않는 쪽이 더 두렵다.
* 하느님이 최초의 여자를 남자의 머리로 만들지 않았던 이유는, 남자를 지배해서는 안 되기 때문이다. 그리고 발로 만들지 않았던 것도, 그의 노예가 되어서는 안 되기 때문이다. 갈비뼈로 만든 것은 여자가 언제나 그의 마음 가까이에 있을 수 있도록 하기 위해서이다.
* 악마가 사람을 방문하기에 너무 바쁠 때에는, 자기 대신으로 술을 보낸다.
* 한 개의 촛불로써 많은 촛불에 불을 붙여도 처음의 빛은 약해지지 않는다.
* 포도주는 새 술일 때에는 포도와 같은 맛이 난다. 그러나 오래되면 오래될수록 맛이 좋아진다. 지혜도 이 포도주와 똑같다. 해를 거듭할수록 지혜는 빛을 더한다.
* 아내를 고를 때에는 한 계단 내려가고, 벗을 고를 때에는 한 계단 올라가라.
* 향수 가게에 들어가서 향수를 사지 않아도, 나올 때에는 향기가 풍긴다. 가죽 가게에 들어가서 가죽을 사지 않아도, 나올 때에는 매우 나쁜 냄새가 몸에 옮겨 온다.
* 만난 사람 모두에게서 무언가를 배울 수 있는 사람이 세상에서 가장 현명하다.

성공하는 리더의 회의 진행 핸드북

발행일 | 2008년 9월 30일
편저자 | 조량제
발행자 | 남　용
발행소 | 일신서적출판사
주　소 | 서울시 마포구 신수동 177-3
등　록 | 1969. 9. 12 NO.10-70
전　화 | 02) 703-3001~5 (영업부)
　　　　　02) 703-3006~7 (편집부)
F A X | 02) 703-3009

Copyright ⓒ by ILSIN 1994. 08-①